区块链

推动政府治理现代化

赵永新　刘　权　尹巧蕊　等编著

電子工業出版社
Publishing House of Electronics Industry
北京•BEIJING

内 容 简 介

本书力求用通俗易懂的语言解释区块链的技术原理，让广大非技术工作者也能较为全面、准确地把握区块链的核心价值，并在此基础上结合中国共产党第十九届中央委员会第四次全体会议提出的推进政府治理现代化相关内容，针对政府治理过程中的法治现代化、政务治理现代化、税收治理现代化、司法治理现代化、应急管理现代化等多个治理场景中的应用进行详细剖析，根据当前政府各部门、各领域存在的数据不能有效共享、数据隐私保护不足等难点，结合大量真实案例，提出区块链技术应用的解决方案。同时，本书结合“区块链+商品溯源”“区块链+教育”“区块链+不动产登记”“区块链+知识产权保护”“区块链+精准扶贫”“区块链+智慧城市建设”等民生领域的具体应用，汇集大量实践案例并进行阐述与分析，以期为从事社会治理行业、政府管理领域的职业群体带来有益参考。

本书不仅可供广大政府工作者阅读，也可作为区块链应用人才的培训用书。

图书在版编目（CIP）数据

区块链推动政府治理现代化 / 赵永新等编著. —北京：电子工业出版社，2021.8

ISBN 978-7-121-41729-0

Ⅰ. ①区… Ⅱ. ①赵… Ⅲ. ①区块链技术－应用－国家行政机关－行政管理－现代化管理－研究－中国 Ⅳ. ①D630.1

中国版本图书馆 CIP 数据核字（2021）第 154685 号

责任编辑：秦淑灵　　　　特约编辑：田学清

印　　刷：中国电影出版社印刷厂

装　　订：中国电影出版社印刷厂

出版发行：电子工业出版社

北京市海淀区万寿路 173 信箱　　邮编：100036

开　　本：720×1000　1/16　印张：15.75　字数：306 千字

版　　次：2021 年 8 月第 1 版

印　　次：2021 年 8 月第 1 次印刷

定　　价：58.00 元

凡所购买电子工业出版社图书有缺损问题，请向购买书店调换。若书店售缺，请与本社发行部联系，联系及邮购电话：(010)88254888，88258888。

质量投诉请发邮件至 zlts@phei.com.cn，盗版侵权举报请发邮件至 dbqq@phei.com.cn。

本书咨询联系方式：qinshl@phei.com.cn。

“区块链+”应用丛书编委会

一、发起单位

亚洲区块链产业研究院
清华大学技术创新研究中心
中国技术经济学会金融科技专业委员会
中国移动通信联合会区块链专业委员会
全国高校人工智能与大数据创新联盟
深圳市信息服务业区块链协会

二、编委会构成

名 誉 主 任：杨兆廷
主　　　任：赵永新
执 行 主 任：钟　宏　陈柏珲
副　主　任：刘　权　朱启明　李　慧　秦响应
　　　　　　陈洪涛　万家乐　陆　平
秘　书　长：黄　蓉
执行秘书长：张晓媛　尹巧蕊

三、编委会名单

姓　　名	职称或职务	工 作 单 位
杨兆廷	党委书记 常务副理事长	河北金融学院 中国技术经济学会金融科技专业委员会
赵永新	教　授 副院长	河北金融学院 亚洲区块链产业研究院
钟　宏	院　长	清华大学 x-lab 青藤链盟研究院
陈柏珲	院　长	亚洲区块链产业研究院
黄　蓉	秘书长	传媒区块链产业智库
朱启明	秘书长	全国高校人工智能与大数据创新联盟
秦响应	院　长	河北金融学院金融科技学院

续表

姓　　名	职称或职务	工 作 单 位
刘　权	院　长	赛迪区块链研究院
陈晓华	秘书长	中国移动通信联合会区块链专业委员会
沈春明	博士/高级经济师	清华启迪区块链有限公司
翟欣磊	区块链负责人	京东集团数字科技有限公司
尹巧蕊	博　士	中央司法警官学院
张小军	区块链负责人	华为集团有限公司
张晓媛	负责人	区块链产业人才研究所
吴俊杰	秘书长	深圳市南山区区块链应用协会
陈意斌	会　长	福建省区块链协会
刘　靖	总经理	国数青云（北京）科技有限公司
刘志毅	主　任	商汤科技智能产业研究院
刘永相	秘书长	中国电力企业联合会能源区块链标准委员会
万家乐	总经理	上海持云管理有限公司
陆　平	负责人	国际数字经济研究中心亚洲区
张　权	创始合伙人	上海持云管理有限公司
宇鸣初	发起人	BTRAC 全球数字网络高等智库
黄　锐	总经理	成都雨链科技有限公司
丁晓蔚	博士/副教授	南京大学
赵　勇	会　长	中国西部互联网与大数据产业协会
李　慧	副院长	火币区块链应用研究院
罗　骁	总经理	杭州宇链科技有限公司
郝　汉	首席信息官	安妮股份有限公司
武艳杰	教　授	华南师范大学
刘晓俊	副秘书长	深圳市南山区区块链应用协会
郑相涵	博　士	福州大学
杨国栋	总经理	中化能源科技有限公司
宣宏量	常务秘书长	首都版权产业联盟
梅　昕	博士/主任	全球金融科技实验室
段林霄	联合创始人	微观（天津）科技发展有限公司
郑烨婕	副院长	商汤科技智能产业研究院
宋　森	主　任	华南师范大学区块链经济研究中心
向峥嵘	总　监	中博聚力（北京）投资管理有限公司
李瑞静	总　监	保定金融谷有限公司
陈洪涛	党委委员 副行长	广发银行股份有限公司西安分行
杨锦帆	副教授	西北政法大学

总　序

区块链是比特币的底层技术，是一种集合分布式存储、共识机制、非对称加密、智能合约等多种技术于一体的综合性技术，该技术的价值是在区块链世界中建立一种分布式或多中心的可信化高效运转社会。区块链出现至今已历十多年，底层技术相对成熟。近年来，联合国、国际货币基金组织和多个发达国家政府先后发布了区块链的系列报告，探索区块链技术及其应用。联合国秘书长安东尼奥•古特雷斯（Antonio Guterres）表示，联合国必须拥抱区块链技术。他说："为了使联合国更好地履行数字时代的使命，我们需要采用区块链之类的技术，以帮助加速实现可持续发展目标。"

从国际来看，英国、美国、俄罗斯、日本、新加坡等国家的政府、金融机构、互联网企业和制造企业积极投入区块链技术研发与应用推广，发展势头迅猛。

2019 年 10 月 24 日，习近平总书记在主持中共中央政治局第十八次集体学习时强调："区块链技术的集成应用在新的技术革新和产业变革中起着重要作用。我们要把区块链作为核心技术自主创新的重要突破口，明确主攻方向，加大投入力度，着力攻克一批关键核心技术，加快推动区块链技术和产业创新发展。"这标志着区块链已经上升为国家战略。事实上，2016 年年底，国务院就已经把区块链技术列入《"十三五"国家信息化规划》中，中国人民银行建立数字货币研究所并内测成功、北京市"十三五"规划确定区块链为发展方向、2020 年区块链被列入"新基建"……目前，全国有 20 多个省、自治区、直辖市的地方政府发布了区块链专项行动，积极探索利用区块链解决政务数据共享、政务效率提升、智慧税务、司法存证、城市交通拥堵等问题；各金融机构积极探索并应用区块链实现银行、保险、证券等金融业态更好地服务实体经济、提升服务效率、降低服务成本、降低金融风险；工业、农业、服务业等各行各业都在快速拥抱区块链，提升实体经济运行效率，创新商业模式，构建新商业生态。区块链正在与各个领域深度整合。

当前谈及区块链的相关著作不少，但全面、系统、深入介绍区块链各类应用场景的著作还相对较少。因此，由亚洲区块链产业研究院、清华大学技术创新研究中心、中国技术经济学会金融科技专业委员会、中国移动通信联合会区块链专业委员会、全国高校人工智能与大数据创新联盟、深圳市信息服务业区块链协会，联合发起成立“区块链+”应用丛书编委会，汇集来自河北金融学院、中国技术经济学会金融科技专业委员会、亚洲区块链产业研究院、清华大学 x-lab 青藤链盟研究院、传媒区块链产业智库、全国高校人工智能与大数据创新联盟、赛迪区块链研究院、中国移动通信联合会区块链专业委员会、清华启迪区块链有限公司、京东集团数字科技有限公司、中央司法警官学院、华为集团有限公司、区块链产业人才研究所、深圳市南山区区块链应用协会、福建省区块链协会、国数青云（北京）科技有限公司、商汤科技智能产业研究院、中国电力企业联合会能源区块链标准委员会、上海持云管理有限公司、国际数字经济研究中心亚洲区、BTRAC 全球数字网络高等智库、成都雨链科技有限公司、南京大学、中国西部互联网与大数据产业协会、火币区块链应用研究院、杭州宇链科技有限公司、安妮股份有限公司、华南师范大学、福州大学、中化能源科技有限公司、首都版权产业联盟、全球金融科技实验室、微观（天津）科技发展有限公司、华南师范大学区块链经济研究中心、中博聚力（北京）投资管理有限公司、保定金融谷有限公司、广发银行股份有限公司西安分行、西北政法大学等在区块链领域开拓创新的学界与业界的 40 多位精英，基于对区块链技术的系统化解读，聚焦区块链应用于政府治理现代化、经济现代化、金融现代化、管理现代化等多维层面的深度阐释，希望在区块链应用理论体系建设方面进行有益探索，为区块链促进社会全面健康发展提供智力支持。

此套丛书不仅可供广大读者分享，亦可作为相关行业区块链应用人才培训的指定教材。

由于编者水平有限，加之时间紧张，丛书难免存在不足之处，欢迎广大读者批评指正。

“区块链+”应用丛书编委会主任　赵永新

2021 年 8 月

前　言

中国共产党第十九届中央委员会第四次全体会议审议通过的《中共中央关于坚持和完善中国特色社会主义制度　推进国家治理体系和治理能力现代化若干重大问题的决定》中指出："到二〇三五年，各方面制度更加完善，基本实现国家治理体系和治理能力现代化；到新中国成立一百年时，全面实现国家治理体系和治理能力现代化，使中国特色社会主义制度更加巩固、优越性充分展现。"

近年来，我国在利用互联网、大数据等技术推动政府完善国家行政体制、着力提升政府治理效能方面做了大量工作，取得了显著效果，国家治理体系和治理能力现代化水平不断提升。但是，依然客观存在着部门之间数据孤岛、用户隐私保护不足、智能运行程度不高，甚至数据篡改等问题，成为掣肘政府治理现代化大刀阔斧前行的重要因素。而区块链的分布式存储、共识机制、非对称加密和智能合约等技术恰恰可以有效解决上述有碍于政府治理现代化进程的突出问题。因此，如何利用区块链这一集成系统技术实现政务数据融合，进而提升政府治理效能、降低社会运行成本，是各级政府都需要认真思考、深度关注的问题。

本书力求用通俗易懂的语言解释区块链的技术原理，让广大非技术工作者也能较为全面、准确地把握区块链的核心价值，并在此基础上结合中国共产党第十九届中央委员会第四次全体会议提出的推进政府治理现代化相关内容，针对政府治理过程中的法治现代化、政务治理现代化、税收治理现代化、司法治理现代化、应急管理现代化等多个治理场景中的应用进行详细剖析，根据当前政府各部门、各领域存在的数据不能有效共享、数据隐私保护不足等难点，结合大量真实案例，提出区块链技术应用的解决方案。同时，本书结合"区块链+商品溯源""区块链+教育""区块链+不动产登记""区块链+知识产权保护""区块链+精准扶贫""区块链+智慧城市建设"等民生领域的具体应用，汇集大量实践案例并进行阐述与分析，以期为从事社会治理行业、政府管理领域的职业群体带来有益参考。

本书共十章，具体编写分工如下：第一章"区块链与数字货币"、第二章"区块链技术原理"由尹巧蕊编写；第三章"区块链技术网络架构"、第五章"区块链与国家战略"、第七章"区块链推动政府治理现代化的应用场景"、第八章“区块链促进民生高质量发展”、第九章“政府推动区块链发展的建议”由赵永新编写；第四章“各国区块链相关发展政策”、第六章“区块链推动政府治理现代化的技术原理”由刘权编写；第十章“‘区块链+政府治理现代化’应用案例”由陈意斌、张小军等提供。

本书不仅可供广大政府工作者阅读，也可作为区块链应用人才的培训用书。由于编者水平有限，本书难免有不足之处，请广大读者批评指正。

赵永新

2021 年 8 月

目　　录

第一章

区块链与数字货币

第一节　区块链 1.0 时代：可编程货币

一、区块链的起源

区块链起源于比特币。日裔美国人中本聪（Satoshi Nakamoto）于 2008 年 11 月 1 日发表了《比特币：一种点对点的电子现金系统》一文，阐述了基于点对点传输（Peer to Peer，P2P）网络技术、加密技术、时间戳技术、区块链技术等的电子现金系统的架构理念。两个月后理论应用于实践，2009 年 1 月 3 日，第一个序号为“0”的创世区块诞生，这标志着比特币的诞生。2009 年 1 月 9 日，出现序号为“1”的区块，并与序号为“0”的创世区块相连形成了链，这标志着区块链的诞生。和法定货币相比，比特币没有一个集中的发行方，而是由网络节点的计算生成，谁都有可能参与制造比特币，而且它可以全世界流通，可以在任意一台接入互联网的计算机上买卖。不管身处何方，任何人都可以挖掘、购买、出售或收取比特币，并且在交易过程中外人无法辨别用户身份信息。比特币是一种数字货币，它由计算机生成的一串串复杂代码组成，通过预设的程序制造。比特币网络通过“挖矿”来生成新的比特币。所谓“挖矿”，实质上是用计算机解决一项复杂的数学问题，来保证比特币网络分布式记账系统的一致性。比特币网络会自动调整数学问题的难度，让整个网络约每 10 分钟得到一个合格的答案。随后，比特币网络会生成一定量的比特币作为区块奖励，以此奖励获得答案的人。

2009 年比特币诞生的时候，区块奖励是 50 个比特币。诞生 10 分钟后，第一批的 50 个比特币生成了，而此时的货币总量就是 50 个。随后，比特币以约每 10 分钟 50 个的速度增长。当总量达到 1050 万个时（2100 万个的 50%），区块奖励减半为 25 个；当总量达到 1575 万个（新产出 525 万个，即 1050 万个的 50%）时，区块奖励再减半为 12.5 个。该货币系统曾在 4 年内只有不超过 1050 万个，之后的总量将被永久限制在约 2100 万个。

比特币是一种虚拟货币，数量有限，但是可以用来套现，即可以兑换成大多数国家的货币。人们可以使用比特币购买一些虚拟的物品，如网络游戏中的衣服、帽子、装备等，只要有人接受，就可以使用比特币购买现实生活中的物品。

近年来，世界各国对比特币的态度起起落落，但作为比特币底层技术之一的区块链技术日益受到重视。在比特币形成过程中，区块是一个一个的存储单元，记录了一定时间内各个区块节点全部的信息。各个区块之间通过随机散列（也称哈希算法）实现链接，后一个区块包含前一个区块的哈希值。随着信息交流的扩大，一个区块与一个区块相继接续，形成的结果就叫区块链。

二、比特币的全新特征及优缺点

1. 比特币与其他传统货币完全不同，具有全新特征

（1）去中心化。比特币是一种分布式的虚拟货币，整个网络由用户构成，没有中央银行。去中心化是比特币安全与自由的保证。

（2）全世界流通。比特币可以在任意一台接入互联网的计算机上管理。不管身处何方，任何人都可以挖掘、购买、出售或收取比特币。

（3）专属所有权。操控比特币需要私钥，私钥可以被隔离保存在任何存储介质中，除了用户自己，无人可以获取。

（4）低交易费用。用户可以免费汇出比特币，但最终系统会对每笔交易收取约 1 比特分的交易费用，以确保交易更快执行。

（5）无隐藏成本。作为由 A 到 B 的支付手段，比特币没有烦琐的额度与手续限制，只要知道对方的比特币地址就可以进行支付。

（6）跨平台挖掘。用户可以在众多平台上挖掘不同硬件的计算能力。

2. 比特币的优点

（1）完全去中心化，没有发行机构，也就不可能操纵发行数量。其发行与流通，是通过开源的 P2P 算法实现的。

（2）匿名、免税、免监管。

（3）健壮性。比特币完全依赖 P2P 网络，无发行中心，所以外部无法关闭

它。比特币价格可能波动、崩盘，多国政府可能宣布它非法，但比特币和比特币庞大的 P2P 网络不会消失。2017 年 9 月 4 日，中国人民银行等七部委发布的《关于防范代币发行融资风险的公告》中要求："对于存在违法违规问题的代币融资交易平台，金融管理部门将提请电信主管部门依法关闭其网站平台及移动 App，提请网信部门对移动 App 在应用商店做下架处置，并提请工商管理部门依法吊销其营业执照。"2021 年 5 月 21 日，国务院金融稳定发展委员会召开第五十一次会议，要求打击比特币挖矿和交易行为，坚决防范个体风险向社会领域传递。

（4）无国界，方便跨境交易。传统跨国汇款须经过层层外汇管制机构来完成，而且交易记录会被多方记录在案。但如果用比特币交易，直接输入数字地址，点一下鼠标，等待 P2P 网络确认交易后，大量资金就转过去了，不经过任何外汇管制机构，也不会留下任何跨境交易记录。

（5）山寨者难以生存。由于比特币算法是完全开源的，谁都可以下载到源码，待修改参数、重新编译后，就能创造一种新的 P2P 货币。但这些山寨币很脆弱，极易遭到"51%攻击"。任何个人或组织，只要控制一种 P2P 货币网络 51%的算力，就可以随意操纵交易、币值，这会对 P2P 货币构成毁灭性打击。很多山寨币止步于此。而比特币网络已足够健壮，想要控制比特币网络 51%的算力，所需要的 CPU/GPU 数量将是一个天文数字，这是山寨币望尘莫及的。

3. 比特币的缺点

（1）交易平台的脆弱性。比特币网络很健壮，但比特币交易平台很脆弱。交易平台通常是一个网站，而网站会遭到黑客攻击或者被主管部门关闭。

（2）交易确认时间长。初次安装比特币钱包时，会消耗大量时间下载历史交易数据块。同时，交易比特币时，为了确认数据的准确性，会消耗一些时间，与 P2P 网络进行交互，得到全网确认后，交易才算完成。

（3）价格波动极大。由于大量炒家介入，导致比特币兑换现金的价格如过山车般起伏，这使得比特币更适合投机，而不是匿名交易。

（4）大众对原理不理解，传统金融从业人员抵制。活跃网民可能了解 P2P 网络的原理，知道比特币无法人为操纵和控制，但大众并不理解，很多人甚至无法分清比特币和 Q 币的区别。"没有发行者"是比特币的优点，但在有些人看来，"没有发行者"的货币毫无价值。

三、比特币的底层技术——区块链

比特币采用了一套复杂的集成技术来保证比特币的可靠性，这些技术可以统称为区块链（Blockchain）。实际上，比特币白皮书英文原版其实并未出现“Blockchain”一词，而是使用“Chain of Blocks”。在该白皮书最早的中文翻译版本中，将“Chain of Blocks”翻译成了“区块链”，“区块链”一词由此诞生。

那么，究竟什么是区块链？从科技层面来看，区块链涉及数学、密码学、互联网和计算机编程等很多科学技术问题；从应用视角来看，区块链是一个分布式的共享账本和数据库，具有去中心化、不可篡改、全程留痕、可以追溯、集体维护、公开透明等特点。这些特点保证了区块链的“诚实”与“透明”，为区块链创造信任奠定了基础。而区块链丰富的应用场景，基本上都基于区块链能够解决信息不对称问题，实现多个主体之间的协作信任与一致行动。

区块链是集分布式存储、点对点传输、共识机制、加密算法等计算机技术于一体的新型应用模式。区块链是比特币的一个重要概念，它本质上是一个去中心化的数据库。同时，作为比特币的底层技术，区块链是一串使用密码学方法相关联产生的区块，每个区块中包含一批次比特币网络交易的信息，用于验证其信息的有效性（防伪）和生成下一个区块。

四、比特币的发展历程

2008 年，中本聪第一次提出了区块链的概念，在随后的几年中，区块链成为电子货币比特币的核心组成部分，是所有交易的公共账簿。通过利用 P2P 网络和分布式时间戳服务器，区块链数据库能够进行自主管理。基于区块链技术的比特币，成为第一个解决重复消费问题的数字货币。比特币的这一设计原理与运行效应成为区块链的其他应用场景与技术想象的灵感来源。与传统货币不同，比特币不依靠特定的货币机构发行，它依据特定算法，通过大量的计算产生。比特币经济使用整个 P2P 网络中众多节点构成的分布式数据库来确认并记录所有的交易行为，这一去中心化特性与算法本身可以确保无法通过大量制造比特币来人为操控币值，并使用密码学的设计来确保货币流通各个环节的安全性，使比特币只能被真实的拥有者转移或支付，这极为有效地确保了货币所有权与流通交易的匿名性。总而言之，比特币被称为“电子货币”也好，“网络虚拟货币”也罢，早先当比特币进入主流媒体的视野时，经济学家们多是集中分析比特币是否为金融骗局，而如今随着区块链技术的不断迭代，争论的焦点则集中于比特币能否成为未来的主流货币。毕竟，比特币的价格走势波动较大，从最初的不足 1 美分，到 2021 年 4 月中旬达到历史高位约 6.5 万美元。截至 2021 年 5 月 30 日比特币价格趋势如图 1.1 所示。

尽管目前世人对比特币的认知与评价良莠不齐，但比特币确实开创了去中心化密码货币的先河，而且验证了区块链技术的可行性和安全性。事实上，以比特币为应用载体的区块链是一套分布式的数据库，其中以比特币为符号规定了一套可以在数据库上安全地转移且无须信任第三方的协议，这不仅完美地构造了一个以比特币网络为特征的货币编程传输体系，而且实证性地说明：比特币已经成为撬动世界改变对货币看法的支点。

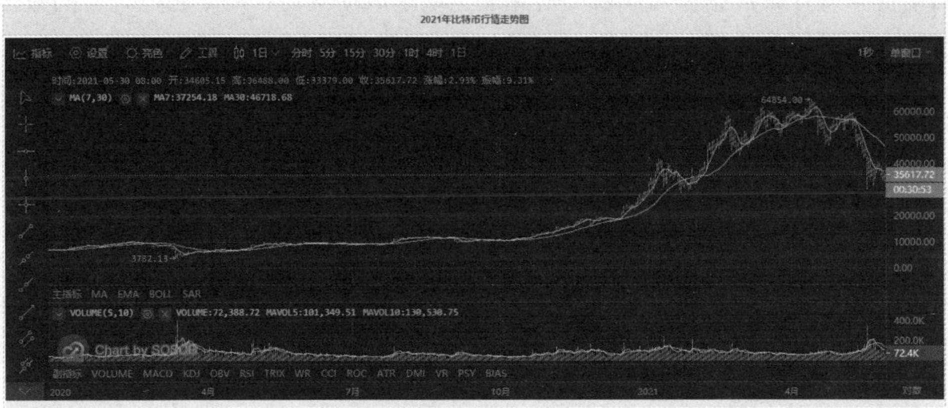

图 1.1 截至 2021 年 5 月 30 日比特币价格趋势

第二节 区块链 2.0 时代：可编程金融

自 2014 年秋开始，“区块链 2.0”这个关于去中心化区块链数据库的术语就成为区块链行业向纵深发展的又一个重大节点。它主要所指的就是可编程区块链，这也被经济学家们认为是一种编程语言，可以允许用户写出更精密和智能的协议，并能够跳过交易和价值交换中担任金钱和信息仲裁角色的中介机构。换言之，区块链 2.0 对于金融场景创新、交易效率提高、价值流转加快等金融科技新生态的构建有着强大的技术（平台）优势，而这种技术优势正是借助以太坊平台而得以成就的。所以，概括地讲，如果区块链 1.0 时代以比特币代表的虚拟货币为载体，解决的是货币和支付手段的去中心化问题，那么区块链 2.0

时代则以驱动智能合约成功搭载以太坊平台为标志，构建的是转换不同种类资产交易或支付的宏观金融新生态，从而实现对整个资产市场的去中心化。

一、智能合约

1. 智能合约与区块链

智能合约这一概念最早出自1995年密码学家尼克·萨博提出的类似计算机程序“if…then…”的语句表达，其实质是在计算机中以代码形式呈现协议或定义承诺，并基于内置算法具备了自动化、强制性、无干预的特征属性，从而高效执行分布存储在区块链上的合约。简言之，智能合约是指在基于区块设置的前提下进行大数据输入，以加密算法自动生成的交易合约。它在现有的数据基础上不可更改、自动执行。

在应用实务中，自2015年以来，智能合约就逐步应用于股票、债券、信托、保险等金融领域。可以预见，随着区块链2.0时代的成熟发展，智能合约应用的范围将不再局限于金融领域，诸如地产、能源、运输或其他资产类行业，都将是智能合约大展拳脚的地方。

从技术形式上看，尽管智能合约与区块链是两个独立的存在，但随着区块链链接的数据量以几何级增容叠加，为智能合约的履行提供了更充足与更优化的数据源，从而驱动智能合约在发挥其技术效能的广度和深度上获得迭代性的量级提升，由此智能合约也就成为当前区块链技术升级发展的最好载体。而智能合约正是在区块链的加持下获得了有效的信任机制和数据来源两大优势，由此弥补了智能合约自身在工作理论中缺乏能够支持可编程合约的数字系统和技术的实操缺陷，同时为区块链实现对传统金融领域的数字化创新提供了更为广阔的应用场景。

2. 智能合约的优与劣

任何一项技术都是为更高效地解决现有问题而生，而在技术的开发与成长过程中，也会在不同程度上产生新技术与旧事物在磨合与接纳中的不适，这是科学发展历程中不可回避的客观规律。智能合约的发展同样以其优劣之势印证了信息技术完善的曲折性与复杂性。

（1）智能合约的优点。

第一，智能合约的功能在于通过提高交易效率，从而弥补传统交易达成率低、交易成本高的不足。与传统交易过程中从合意到缔约直至履约的过程相比，智能合约的自动化执行将极大地消减不确定因素对交易的干扰与影响，从而避免因多重解释和重复谈判而产生的非必要成本。所谓智能合约的自动化执行，是指当满足交易订立的相关条件时，则基于数据算法自动输出相应的交易结果而无须再由当事人配合。由此，有效节约了交易各方在执行过程中的人力、物力。

第二，基于区块设置的智能合约可以将交易数据实时传输给每个节点进行存储，并用于下一次交易的验证。若要篡改智能合约的数据，则需要得到至少过半数节点的支持，这就使交易的安全性获得了强制性的保障。

第三，去信任化是智能合约的核心优势。智能合约履行中的所有交易都是公开透明的，节点间欺诈的可能性基本为零，因为所有节点的交易无须受制于信任度的高低，而是依托分布存储的区块信息。这种去信任化的效能优势不仅使实践中的交易因相对人地位不平等而显失公平的陋象得以整治，而且还可以有效保护缔约各方的隐私信息。

第四，智能合约可以冲破传统金融交易中的时空限制。在区块链加持下的智能合约可以适用于全球范围，如果接入虚拟货币，只需借用区块链中虚拟货币的“数字代码”这一脚本语言，便可以畅通地扩展其适用范围。

（2）智能合约的缺陷。

第一，智能合约的自动执行性，使得在交易实践中确有必要的要约、承诺、新要约等的撤回、变更甚至解除的需求无法实现，也就使得对现实中而非链条上的协议效力、交易能力的判断变得更加复杂。

第二，智能合约带给市场最大的诱惑力便是其高效性，但其高效性效应的获取则以牺牲交易的灵活性为代价。智能合约本身在运行进程中无法被中止，也不可被撤销，因此智能合约订立后一旦进入执行进程，则无法进行随时磋商或修改。所以，这对智能合约订立的精准无误性要求非常高，使得智能合约在一定程度上丧失了合意协商的灵活与契约自由的意义。

第三，智能合约是基于内置算法及强大算力而自动生成的交易合约，这往往需要专业的计算机人才进行编码设计，以确保智能合约的精确性。无疑，这是在获得智能合约降低交易成本预期结果的同时，却需要先行付出缔约成本高昂的代价。这正是在当前金融领域中数字革命呼声高但在实践中望而却步的原因之一。

可见，若想在交易实践中充分发挥智能合约的技术效能，则还须倚重能够提供强大合约编程环境的应用平台。那么，这里就不得不提到“以太坊”这个概念。

二、以太坊：打造可编程金融应用平台

1. 以太坊与区块链

以太坊的概念由俄罗斯程序员维塔利克·布特林（Vitalik Buterin）在2013—2014 年首次提出。维塔利克·布特林看到了以比特币为载体的区块链1.0 的技术应用缺陷：在比特币协议中只有一种网络符号——比特币，而用户无法自定义可以代表公司股票或债务凭证等的其他符号，这就显现了其功能的扩展性不足；另外，比特币协议里使用了一套基于堆栈的脚本语言，这种语言虽具有一定的灵活性，可以让诸如多重签名这样的使用意图得以实现，但它不足以构建诸如去中心化交易所这样的更高级的应用。

以太坊设计的初衷是希望通过以太坊区块链协议内置编程语言，利用一个开源的有智能合约功能的公共区块链平台，借助其专用加密货币以太币（Ether，代码为 ETH）提供的去中心化的以太坊虚拟机（Ethereum Virtual Machine，EVM）来处理点对点合约，从而达到兼容各种区块链应用的效能，而非以前各自为政分别定义自己的区块链协议，从而弥补比特币扩展性不足的缺憾。该设想的实践是在 2014 年通过首次代币发行（Initial Coin Offering，ICO）开始得以落实的。而随着之后的不断完善性发展，以太坊不仅为新一代加密货币与去中心化应用搭建了升级化平台，而且促使区块链技术应用快速扩展至加密货币之外的领域。

所以，以搭载以太坊平台为标志的区块链 2.0，对于金融领域的数字革命发展而言是可遇而可求的。因为区块链 2.0 的标志性特征就是以太坊，它对于打造编程化的金融交易体系、更为智能化的价值转移环境而言是极为重要的。金融交易正常化的核心是资产流通，资产流通的前提是资产（价值）能够获得自由转移，而价值转移的核心则在于信用共识，若存在一个强大的自动转化的去信任机制，就会极大地提高价值转移的频次与效率。对此，以太坊正是以区块链为底层技术支撑，通过强大的合约编程环境，为用户提供各种模块的搭建，达成快速精准的信用共识，从而全面实现智能合约的去中心化应用平台。

在没有以太坊平台之前，写区块链应用就算被简化描述，也至少需要经过先拷贝一份比特币代码，然后借用诸如加密算法、共识机制、网络协议等改写底层代码的烦琐过程，其中不少山寨币就在这样的烦琐过程中找到了存在的空间与可能。可见，如此烦琐的过程反而增加了应用的风险漏洞。而以太坊平台允许任何人在平台中建立和使用通过区块链技术运行的去中心化应用，尤其让

开发者可以直接基于以太坊平台只专注于应用本身的开发即可，并且可以满足各种商业与非商业运转环境下的复杂逻辑，这样不仅极大地降低了应用的难度、减少了劣币钻空子的风险漏洞，还使区块链技术不再局限于发币而是走向更广阔的商业与非商业应用场景，由此区块链技术应用进入 2.0 时代。

2．以太坊的设计哲学与功用价值

就设计哲学而论，以太坊是通过一套图灵完备的脚本语言（EVM 语言）为用户提供各种模块来实现多场景应用的。相关领域的专业人士都了解，直接用汇编语言编程需要极为复杂、烦琐的运算，并且在程序调用时模块中具体存储单元与主调用程序容易出现重复甚至冲突的情况，从而产生令人烦恼的应用错误等。但以太坊里的编程并不需要直接使用 EVM 语言，而是运用类似 C 语言、Python、Lisp 等高级语言，再通过编译器转成 EVM 语言。因此，以太坊平台的应用成本消耗与速率提升都获得极大改善，同时以太坊的设计哲学与功用价值得以体现。

以太坊的设计以简单、通用为原则，以模块化、无歧视为目标。一方面，以太坊协议以简单化、通用性为根本，以一套图灵完备的脚本语言供用户来构建任何可以精确定义的智能合约或交易类型。这样即便一个普通的程序员也能够完美地履行完整的开发说明。这将最终有助于降低任何特殊个人或精英团体可能对协议产生的影响，并且推进以太坊作为对所有人开放的协议的应用前景。另一方面，以太坊的不同部分应尽可能模块化，即在对协议某处做一个小改动的同时应用层却可以不加改动地继续正常运行。同时，以太坊协议不应主动地试图限制或阻碍特定的类目或用法，用户甚至可以在以太坊之上运行一个无限循环脚本，只要他支付按步骤计算的交易费用。协议中的所有监管机制都应是为直接监管危害而设计的，不应排斥某类特定不受欢迎的应用，由此形成在以太坊的交易中，不只是发送以太币而已，还可以嵌入相当多额外信息的局面。这一设计哲学的功能目标就是最大限度地助益整个加密货币的迭代和可编程金融生态系统的构造。

3．以太坊的发展成绩

2013 年年末，以太坊创始人维塔利克·布特林发布了以太坊初版白皮书并启动该项目。自此之后，以太坊就开始了其活跃成长的发展期，并在数字货币及金融科技创新领域取得良好成绩。

自 2014 年 7 月 24 日起，以太坊进行了为期 42 天的以太币预售。2016 年年初，以太坊的技术得到市场认可，价格开始暴涨，这不仅使那些密切关注数字货币产业的人急切地观察第二代加密货币平台以太坊的发展动向，而且还吸引大量开发者以外的人进入以太坊的世界。在中国，“火币网”“OKCoin 币行”都于 2017 年 5 月 31 日正式上线以太坊。

更负盛名的是 2017 年年初，由摩根大通、芝加哥交易所集团、纽约梅隆银行、汤森路透、微软、英特尔、埃森哲等 20 多家全球顶尖金融机构和科技公司成立的企业——以太坊联盟。而以太坊催生的加密货币以太币，近期又成了继比特币之后备受追捧的资产。以太币的价格趋势与比特币的价格趋势有着较强的相关性，波动也比较大。截至 2021 年 5 月 30 日以太币价格趋势如图 1.2 所示。

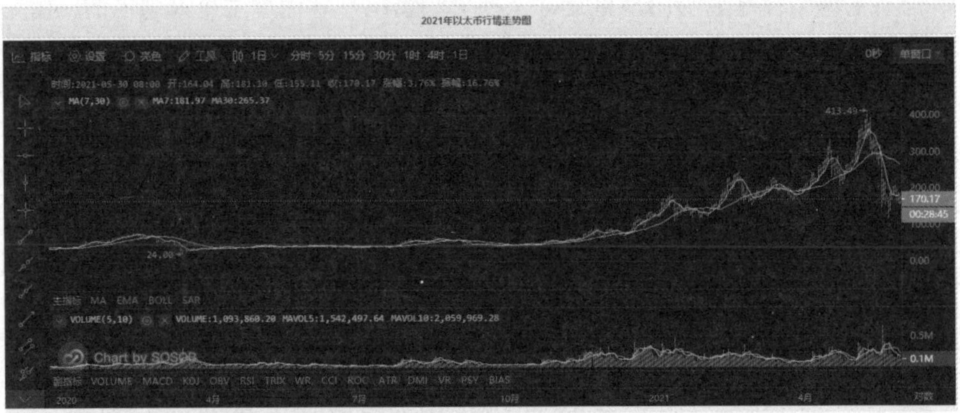

图 1.2　截至 2021 年 5 月 30 日以太币价格趋势

当前，虽然比特币仍是数字货币的主流，但百花争放的数字货币状态也已逐渐呈现，常见的有 Litecoin、Dogecoin、Dashcoin。除了货币的应用，还有各种衍生应用，如 Asch 等底层应用开发平台，以及 NXT、SIA、BTS、MaidSafe、Ripple 等行业应用。各种数字货币的价格波动也比较大。截至 2021 年 3 月 17 日主流数字货币交易情况如图 1.3 所示。

总之，比特币网络事实上是一套分布式的数据库，而以太坊则更进一步，它可以看作是一台分布式的计算机：区块链是计算机的只读存储器（Read Only Memory，ROM），智能合约是程序，而以太坊的“矿工们”则负责计算，担任 CPU 的角色。这台计算机不是也不可能是免费使用的，不然任何人都可以往里面存储各种垃圾信息和执行各种“鸡毛蒜皮”的计算，使用它至少需要支付计算费和存储费，当然还有一些其他费用。所以，以太坊是一个无法关闭的世界计算机，它致力于实施全球去中心化的数字技术计算机来执行点对点合约，并直接扩展至股权、债权和产权的登记、转让，合约的交易和执行，鉴证防伪等更多金融领域，甚至以其加密架构与图灵完整性的创新型结合可以促进大量新产业的出现。当然这就对传统行业构成越来越大的创新压力，甚至使传统行业面临淘汰的风险。

#	币对	最新价 ⇕	最高	最低	24h成交 ⇕	涨跌 ⇕	涨幅 ⇕
1	ETH/USDT 以太坊 - 币安	1,776.50 $1,776.68	1,817.85 $1,818.03	1,758.53 $1,818.03	57.59万 $10.23亿	-32.62	-1.80%
2	ETH/USDT 以太坊 - 火币	1,775.65 $1,775.83	1,817.82 $1,818.00	1,759.20 $1,818.00	32.01万 $56,847.12万	-41.79	-2.30%
3	ETH/BTC 以太坊 - 币安	0.03203 $1,776.37	0.03249 $1,801.88	0.03143 $1,801.88	26.42万 $46,936.48万	-0.0002690	-0.83%
4	ETH/BUSD 以太坊 - 币安	1,776.77 $1,776.62	1,817.94 $1,817.79	1,759.38 $1,817.79	21.28万 $37,806.16万	-32.30	-1.79%
5	ETH/USDT 以太坊 - OKEx	1,776.48 $1,776.66	1,820.02 $1,820.20	1,753.12 $1,820.20	69,375.90 $12,325.71万	-35.21	-1.94%
6	ETH/BTC 以太坊 - 火币	0.03204 $1,776.76	0.03244 $1,799.22	0.03149 $1,799.22	24,895.39 $4,423.30万	-0.0001890	-0.59%
7	ETH/BTC 以太坊 - OKEx	0.03203 $1,776.37	0.03244 $1,799.11	0.03150 $1,799.11	16,091.09 $2,858.37万	-0.0001900	-0.59%
8	ETH/USDC 以太坊 - 币安	1,776.07 $1,776.24	1,817.27 $1,817.44	1,759.04 $1,817.44	8,193.17 $1,455.30万	-34.53	-1.91%
9	ETH/DAI 以太坊 - 币安	1,772.80 $1,776.28	1,813.69 $1,817.25	1,758.27 $1,817.25	6,371.86 $1,131.82万	-30.98	-1.72%
10	ETH/USDK 以太坊 - OKEx	1,774.60 $1,775.37	1,817.89 $1,818.68	1,758.52 $1,818.68	6,350.01 $1,127.36万	-37.13	-2.05%

图 1.3　截至 2020 年 3 月 17 日主流数字货币交易情况

第三节　区块链 3.0 时代：超越数字金融的治理全景

区块链 1.0 主要是指比特币，区块链 2.0 延伸到一切资产甚至开始缔造数字金融帝国，而区块链 3.0 则超越了虚拟货币、数字金融、电子商业领域，延伸至医疗、教育、政府、工业、文化、艺术、社交、诚信、公益等各个领域，并随着物联网的发达、人工智能的成熟，区块链将加速渗透于社会运转的全周期。依据相关业内人士的预测和构想，区块链 3.0 时代在不久的未来将会变得和互联网一样被大众认知和接受，并有望成为构建社会治理体系变革和现代治理能力提升的重要驱动，为打造以公正、诚信为本，以效率、协同为纲的社会治理全景而做出重大贡献。

在信息科技井喷式发展的当下，网络技术的成熟性与应用场景的活跃度将人们聚集在相互连接的互联网世界中，让整个网络与现实需求获得充分的交互性流动。在这一前提下，区块链技术对于社会运转形态而言，在本质上就是一种能够减少组织摩擦并提高活动效率的新范式。秉持去中心化、去信任化、自动执行及共识机制等典型优势的区块链，可以有效实现资源的优化配置，特别是对于复杂社会运转或在资源调配敏感领域中，可以极大地改善以前仅凭借人力完成却总不尽如人意的效果，提升协调效率，并且为未来形成更高效、更高端的人机交互的共治模式提供重要铺垫。所以说，随着区块链技术的迭代和更新，3.0 时代的区块链为社会组织提供的不仅是融合定性与定量的治理指标，而且集成了自由平等、诚信赋权、公开公正、互信制衡、精准效率等的价值理念。

从经济学的角度看，社会治理的全景在本质上就是各种资源的分配与使用问题，而区块链 3.0 时代就是要打造一个包含虚拟货币流通、活跃资产交易、拓展意识传播等的全新资源分配系统。同时，区块链的算力既是大数据发展的坚实基础，又是人工智能的动力与引擎；反过来，大数据与人工智能又是驱动算力技术不断更新的重要推手。正是在人工智能、大数据、算力的三者融合发展之下，才形成了社会治理系统与能力释放的智能化整体，呈现了区块链 3.0 的治理效能已经超越数字金融而涉及工业、农业、医学、国防、经济、教育、公益等各个领域，所产生的商业效益和社会价值是突破性的。基于区块链 3.0 时代算力技术所辐射的人工智能、大数据、物联网等的核心优势将被视为社会发展的新型基础设施，它们的整合发力将会触发社会的组织形态与运转协调产生指数级的进步，因为其融合应用背后的愿景就是实现更为全面且真实的民意表达、信任构建。区块链的技术结构中可以包含安全身份或信誉标识、多类型合约及各种资产管理的应用系统，具有囊括但不限于解决纠纷、选举投票、收入福利、产权登记、婚姻契约、资质资格等法律性、鉴证类、自动化执行的数据库功能，用户可以自由选择进出系统并接受服务与管理，由此有效地降低社会运行成本，完善治理效果。

总而言之，区块链 3.0 时代不仅将赋予社会组织更充分的治理能力和来自共识的权威性，而且将极大地满足个人的独立性、差异性、个性化需求，整个社会无论是组织机构还是公民个体都会逐渐接受并认同去中心化的权力结构或权力机构，一种更为自由、平等、互信的社会运转氛围和组织模型将随着区块链技术价值的长尾效应而形成。之所以如此推断，就是因为区块链从最初的可编程货币到可编程金融转变，都聚集在数字化货币发行和数字化价值传递这一“红海”领域的金融市场，而对于广阔的社会治理全景这一“蓝海”领域的价值需求与目标满足并未纳入其技术应用的设计初衷。但随着互联网世界的不断发展及与现实社会的交融，不被区块链技术应用所首要关注的社会治理架构与组织模型重塑在更多信息科技应用场景之下反而需要区块链技术的赋能与价值转换的引领。因此，区块链 3.0 时代是区块链技术应用超越数字金融创新这一“红海”领域，而踏足社会治理全景这一“蓝海”领域的长尾效应的释放，区块链 3.0 时代就是展现更多维的区块链价值的意义所在。

当然，区块链所带来的各种技术理念与应用价值，对于社会治理架构与运作效果而言并非“包治百病”。任何事物的效用发挥都可能存在物极必反的状态，何况区块链本身就是一种不断迭代的技术，在其每个阶段都具有这样或那样的局限性。例如，去中心化这一理念，就只能是相比垄断化状态而言或在更大程度上改善中心化的相对状态，但一定不是绝对化的。况且，区块链在金融领域的应用中也存在一定的风险和隐患，加之先前由比特币发行而掀起的炒作一系列山寨币的发行狂潮，带给大众的是对区块链的误解与排斥。所以，我们在畅想区块链 3.0 时代的社会治理全景之时，确实希望能够充分发挥区块链的优势效能，但这绝不是对区块链技术风险与应用局限的盲目乐观。同时，经济竞争与市场交易确实是社会发展的基础，但这并不意味着我们希望自己的全部生活都通过区块链模式被纯粹的“经济化”与“交易化”。因此，给予区块链应用场景以有效的监管与规范是极为必要的，这样才能通过区块链获得促进社会发展的“良币”而驱逐有碍治理进步的“劣币”。

以下以虚拟货币的监管问题为例，进一步剖析如何激发区块链技术应用的正向效能。

第四节　虚拟货币与监管政策

一、虚拟货币乱象

1. ICO 介绍

ICO 源自股票市场的首次公开发行（Initial Public Offering，IPO）概念，是区块链项目首次发行代币，募集比特币、以太币等通用数字货币的行为。代币具有市场价值，可以兑换成法定货币，从而支持项目的开发成本。ICO 所发行的代币，可以基于不同的区块链。常见的是基于以太坊（ETH）和比特股（BTS）区块链发行的代币，由区块链提供记账服务和价值共识，实现全球发行和流通。

ICO 的参与者对于一个项目的成功非常重要，他们会在社区里为该区块链项目进行宣传，使它产生的代币在开始交易前就获得流动性。但 ICO 的参与者最看重的依然是由项目发展或代币发行后价格升值带来的潜在收益。

2. ICO与IPO的区别

IPO指股份公司首次向社会公众公开招股的发行方式。与ICO相比，它们既有共同点也有不同点。

共同点：都通过出售股份来筹措资金；都有潜在投资者为了潜在的巨大收益而冒险参与。

不同点：ICO的大部分支持者是项目爱好者或不专业的投资者；ICO不需要注册经营牌照；ICO平台是第三方中立平台，投资者自担风险。

3. ICO乱象

自2009年，一种全新的虚拟货币——比特币诞生以来，各类虚拟货币层出不穷，不一而足。据不完全统计，全球各类虚拟货币在高峰期曾达到3000多种。这些打着创新名义的“虚拟货币”，一诞生就带着不可告人的目的，存在着不可预料的巨大风险。越来越多的所谓“虚拟货币”，已经成为洗劫用户钱包的“挖矿机”。国内各类“虚拟货币”上千种，这些所谓的“虚拟货币”都有一个显著特征，即都是打着创新的幌子，许以用户高额的回报，实则就是传销骗局。近几年，市场上出现了大量的虚拟货币，它们将“去中心化”“开放源代码”“运用区块链技术”等作为吸引消费者投资的噱头，吸引投资者加入，不断对投资者“吸血”。主要方式可以总结为以下几种。

（1）套路一，构造虚拟货币，涉众诈骗特征明显。这类货币平台会以国际组织、跨国金融集团来命名，宣称其货币有分布式、去中心、不可篡改、加密算法、匿名性和可追溯等技术，或者直接将知名金融机构正在研究的数字货币技术强加在本币身上，来迷惑投资者。在投资者上钩后，货币平台通过操纵币值就可以直接从投资者身上“吸血”。2018年，审计署抽查60家平台，发现全部不具备其宣称的技术和任何货币功能。

（2）套路二，通过编造故事、设计模式吸引投资者眼球。这类货币平台会设计不同的运作模式，玩“空手套白狼”的把戏，也就是从投资者那里获取巨大利益。

例如，“互助盘”模式就是典型的“庞氏骗局”。这种模式是用新加入者的资金来支付先加入者的利息，一旦新资金进场乏力，资金链断裂，就会导致崩盘，使得很多投资者血本无归。

“挖矿机”也是虚拟货币平台布的局：投资者通过网站指定的交易平台用人民币购买虚拟货币，再用虚拟货币租赁矿机。一般，投资者想买矿机才买虚拟货币，花钱买虚拟货币，又炒高了虚拟货币的价格，更加刺激人们买矿机的欲望。

“拆分盘”模式是人为构造一套以美元进行计价、价格在一定区间循环、数量可以翻倍的运营体系，如虚拟货币价格从 0.2 美元开始，每销售 100 万个虚拟货币，涨 0.01 美元，币值涨到 0.4 美元后进行拆分，即投资者手中的虚拟货币数量翻倍，然后价格恢复至 0.2 美元，进入下一轮交易和拆分。这种模式表面上与正规理财产品差不多，但其本质是传销，即通过吸引更多的投资者，让其源源不断地加入骗局中，最终的结局不是大老板卷款跑路，就是资金链断裂崩盘。

（3）套路三，兼具多种违法犯罪特征，逃避法律责任。这类货币平台通常集中控制少数个人或公司账户吸纳、转移资金，又通过互联网媒介建立传销网络，扩大集资规模，手法通常同时具备非法吸收公众存款罪，集资诈骗罪，组织、领导传销活动罪，场外非法交易平台等违法违规乃至犯罪活动的特征，但又与每类违法犯罪活动不尽相同，造成在具体刑事案件侦破过程中难以定罪。

（4）套路四，虚拟货币犯罪活动与地下钱庄紧密相连。这类货币平台已经做好跑路的准备。它往往将服务器放在境外，在利用虚拟货币向社会公众募集大量资金后，其幕后实际控制人利用地下钱庄等非法手段将资金转移出境，即便投资者发现上当受骗，但由于资金已出境，交易数据不能获取，根本无法追索，最终只能是“人财两空”的结局。

二、各国虚拟货币监管政策

在这场由区块链技术掀起的、席卷全球的数字革命中，包括美国、加拿大、新加坡、澳大利亚等在内的 18 个国家及地区相继出台了监管政策或监管策略。在面对这场因信息科技而持续发酵的金融革新风暴时，各国或各地区都在以积极筹划的姿态做好应对准备。

1. 美国虚拟货币监管政策

2017 年 7 月 25 日，美国证券交易委员会（SEC）发布《投资者公告：首次代币发行》。该文件指出，以分布式账簿或区块链技术为基础的证券的发行者必须对发行和销售这样的证券行为进行注册，除非有适用的有效的豁免登记条款，提供该种证券交易的平台也必须在 SEC 注册为全国性的证券交易所或根据豁免注册运作。该文件还表示，根据每个 ICO 的实际情况，发行或出售的虚拟货币或代币可能是证券。如果发行或出售的虚拟货币或代币是证券，则ICO发行或出售的这些虚拟货币或代币受联邦证券法的管辖。

2. 澳大利亚虚拟货币监管政策

2017年10月4日，澳大利亚证券投资委员会（ASIC）发布指导意见——《首次代币发行》，表示在澳大利亚ICO的法律地位取决于ICO的具体情况，如ICO是如何构建和运营的，以及通过ICO发行的代币有哪些权利。ASIC在该文中详细阐述了在何种情况下ICO构成有管理的投资计划的发行、公司股份的发行或衍生品的发行，并阐述了相应的监管规范。

如果代币的价值与ICO计划的管理有关，ASIC很可能认为ICO的发行者提供的是一个有管理的投资计划；当一个ICO被创建出来为一个公司提供资金（或者为一个看起来像公司的组织提供资金）时，那么由ICO发行的代币所附带的权利可能被定义为股份；如果一个ICO的代币，其定价基于一些因素（如金融产品、市场价格、资产价格在某个时间或事件发生前向某个方向移动），导致付款请求附加为代币权利或义务的一部分，那么ICO可能构成衍生品。

3. 英国虚拟货币监管政策

2016年1月19日，英国政府发布了长达88页的《分布式账本技术：超越区块链》白皮书，积极评估区块链的潜力，考虑将它用于减少金融欺诈行为和降低成本。

2018年4月6日，英国金融行为监管局（FCA）发布《对于公司发行加密代币衍生品要求经授权的声明》，表示为通过ICO发行的加密代币或其他代币的衍生品提供买卖、交易、推荐或其他服务，要达到相关的监管活动标准，需要获得FCA的授权。这包括以下几项。

（1）加密代币期货——双方同意在将来某个时期以双方商定的价格交易加密代币的衍生品合同。

（2）加密代币差价合同（CFD）——一种现金结算的衍生品合同，合同双方通过同意在其开始时和终止时交换CFD价值的差价，以担保利润或避免损失。

（3）加密代币期权——赋予受益人获取或处置加密代币的权利的合同。

4. 新加坡虚拟货币监管政策

2014年3月13日，新加坡金融管理局（MAS）发表《新加坡金融管理局为洗钱和恐怖主义融资风险监管虚拟货币中介机构》的声明，表示MAS会监管在新加坡的虚拟货币中介机构，以应对潜在的洗钱和恐怖主义融资风险。即MAS不监管虚拟货币本身，但要求买卖或促进虚拟货币同真实货币交易的中介机构辨别其客户性质，将可疑交易报告给可疑交易报告办公室。MAS的这一举动使新加坡成为世界上最早因为反洗钱和恐怖主义融资目的而监管虚拟货币中介机构的国家之一。虽说新加坡对数字资产服务商的监管相对宽松，但一旦涉及洗钱和恐怖主义融资，处罚绝不手软。

2017年8月1日，MAS发布《新加坡金融管理局澄清在新加坡提供数字代币的监管立场》，表示如果数字代币构成《证券及期货条例》第289章监管的产品，数字代币在新加坡的发行将受到MAS的监管。这些代币的发行者将被要求在发行这些代币之前向MAS递交并登记招股说明书，除非获得豁免。这些代币的发行者和中介机构也将受《证券及期货条例》和《财务顾问法》第110章的许可证要求的限制，除非获得豁免。同时，他们还要受反洗钱和打击资助恐怖主义活动的适用要求限制。此外，为这些代币二级市场交易提供服务的平台，亦须经MAS认可或批准。

2017年10月2日，MAS发布《答复议会有关在新加坡使用加密货币的问题及监管加密货币和ICO的措施》，表示目前正在制定一个新的支付服务监管框架来应对洗钱和恐怖主义融资风险。同时表示，虚拟货币若超越其作为一种支付手段的身份，演变为代表资产所有权等利益的“第二代”代币，类似股票或债券凭证，那么出售该种“第二代”代币来筹集资金的ICO项目将受到MAS的监管。MAS还没有专门为ICO发布新的立法，但MAS会继续监管这类发行的发展情况，如有需要，会考虑更有针对性的立法。

5. 中国虚拟货币监管政策

中国人民银行对虚拟货币监管一直保持高压态势。2017年9月4日，中国人民银行、中央网信办、工业和信息化部、原国家工商总局、原中国银监会、中国证监会、原中国保监会联合发布了《关于防范代币发行融资风险的公告》，全文如下。

近期，国内通过发行代币形式包括首次代币发行（ICO）进行融资的活动大量涌现，投机炒作盛行，涉嫌从事非法金融活动，严重扰乱了经济金融秩序。为贯彻落实全国金融工作会议精神，保护投资者合法权益，防范化解金融风险，依据《中华人民共和国人民银行法》、《中华人民共和国商业银行法》、《中华人民共和国证券法》、《中华人民共和国网络安全法》、《中华人民共和国电信条例》、《非法金融机构和非法金融业务活动取缔办法》等法律法规，现将有关事项公告如下：

一、准确认识代币发行融资活动的本质属性

代币发行融资是指融资主体通过代币的违规发售、流通，向投资者筹集比特币、以太币等所谓“虚拟货币”，本质上是一种未经批准非法公开融资的行为，涉嫌非法发售代币票券、非法发行证券以及非法集资、金融诈骗、传销等违法犯罪活动。有关部门将密切监测有关动态，加强与司法部门和地方政府的工作协同，按照现行工作机制，严格执法，坚决治理市场乱象。发现涉嫌犯罪问题，将移送司法机关。

代币发行融资中使用的代币或“虚拟货币”不由货币当局发行，不具有法偿性与强制性等货币属性，不具有与货币等同的法律地位，不能也不应作为货币在市场上流通使用。

二、任何组织和个人不得非法从事代币发行融资活动

本公告发布之日起，各类代币发行融资活动应当立即停止。已完成代币发行融资的组织和个人应当做出清退等安排，合理保护投资者权益，妥善处置风险。有关部门将依法严肃查处拒不停止的代币发行融资活动以及已完成的代币发行融资项目中的违法违规行为。

三、加强代币融资交易平台的管理

本公告发布之日起，任何所谓的代币融资交易平台不得从事法定货币与代币、“虚拟货币”相互之间的兑换业务，不得买卖或作为中央对手方买卖代币或“虚拟货币”，不得为代币或“虚拟货币”提供定价、信息中介等服务。

对于存在违法违规问题的代币融资交易平台，金融管理部门将提请电信主管部门依法关闭其网站平台及移动 App，提请网信部门对移动 App 在应用商店做下架处置，并提请工商管理部门依法吊销其营业执照。

四、各金融机构和非银行支付机构不得开展与代币发行融资交易相关的业务

各金融机构和非银行支付机构不得直接或间接为代币发行融资和“虚拟货币”提供账户开立、登记、交易、清算、结算等产品或服务，不得承保与代币和“虚拟货币”相关的保险业务或将代币和“虚拟货币”纳入保险责任范围。金融机构和非银行支付机构发现代币发行融资交易违法违规线索的，应当及时向有关部门报告。

五、社会公众应当高度警惕代币发行融资与交易的风险隐患

代币发行融资与交易存在多重风险，包括虚假资产风险、经营失败风险、投资炒作风险等，投资者须自行承担投资风险，希望广大投资者谨防上当受骗。

对各类使用“币”的名称开展的非法金融活动，社会公众应当强化风险防范意识和识别能力，及时举报相关违法违规线索。

六、充分发挥行业组织的自律作用

各类金融行业组织应当做好政策解读，督促会员单位自觉抵制与代币发行融资交易及“虚拟货币”相关的非法金融活动，远离市场乱象，加强投资者教育，共同维护正常的金融秩序。

从互联网的发展历程中可以看到，区块链技术仍然处于比较初级的发展阶段，未来发展尚需不断实践。产业资本不会改变产业发展的规律，即使具备了种种优势，也并不意味着目前区块链技术能够快速改造银行业。在重视区块链技术带来的巨大影响的同时，商业银行也需要理性看待其面临的风险和挑战。新兴技术的应用并非一帆风顺，难免会走弯路，对于区块链技术，在积极挖掘应用的同时，也要理性地评估其成本和风险，不能盲目跟风。

第二章

区块链技术原理

根据中国电子技术标准化研究院软件工程与评估中心的定义，区块链是在点对点网络下，通过透明和可信规则构建不可伪造、不可篡改和可追溯的块链式数据结构，实现和管理事务处理的模式。其中，事务处理包括但不限于可信数据的产生、存取和使用。为了确保比特币的交易能够在陌生人间实现可信，中本聪把分布式记账技术、共识机制和加密技术融为一体，形成区块链 1.0 技术，而以太坊的创始人维塔利克・布特林又在区块链 1.0 技术的基础上增加了智能合约技术，使区块链技术提升到了 2.0 时代。这四项技术的综合使用构成了区块链的集成应用。

第一节　分布式记账技术原理

一、中心化记账方式的变革

从人类社会的经济发展历史来看，全球的记账方式根据各国各时期记账方式的不同大致可以分为三个阶段。

1. 古代会计发展阶段

我国的“会计”一词最早出现于西周时期。文明古国，如中国、古巴比伦、古埃及、古印度与古希腊都曾留下对会计活动的记载。当时的会计基本上只是些简单的记录，复式记账也还未出现。在原始社会，由于生产力水平低下，人们对于生产过程的管理，只是凭头脑进行；当生产活动增多，单凭记忆已不能满足需求时，人们又创造出利用简单符号进行记录的方法。古巴比伦的泥板、古埃及的刻石、伊拉克的算板等，都是最原始的经济计算和记录工具。这些记录、计算的方式就是会计的雏形。

随着生产力的进一步发展，剩余产品大量出现，数字、计量单位产生后，会计逐渐从生产职能中分离出来，成为特殊的独立职能。据考证，在原始的小规模的印度公社中已经有了记账员，负责登记农业项目，记录与此有关的一切事项。这便是早期的会计。

2. 近代会计发展阶段

一般认为近代会计始于复式簿记形成前后，是从原始的简单计量行为逐步发展起来的。近代会计发展的第一阶段又称会计萌芽阶段，近代会计发源于意大利，发展于英国，改进、提高于美国；近代会计发展的第二阶段又称会计形成阶段，即从簿记发展成为会计的阶段，主要标志是会计循环实务的形成和会计循环理论的出现；近代会计发展的第三阶段又称会计的深化和提高阶段，主要标志是传统会计的账务处理程序进一步向标准化、规范化、通用化和理论化的方向发展，与此同时，又逐步形成了主要服务于企业内部日常经营管理的成本会计理论与实务。1494 年，数学家卢卡·帕乔利在《算术、几何、比及比例概要》中专门阐述了复式簿记的基本原理，这是会计发展史上的第一个里程碑。工业革命后，会计理论和方法有了明显的发展，从而完成了由簿记到会计的转化。1854 年，苏格兰成立了世界上第一家特许会计师协会，这被誉为继复式簿记后会计发展史上的又一个里程碑。

3. 现代会计发展阶段

现代会计以“一般公认会计准则”（Generally Accepted Accounting Principles，GAAP）的“会计研究公报”（Accounting Research Bulletins，ARB）的出现为起点。在这一会计发展阶段，会计理论与实务都获得了惊人的发展，标志着会计发展进入成熟时期。此外，管理会计也从传统、单一的会计系统中分离出来，这是会计发展史上的第三个里程碑。

当前政府和各类企业广泛采用的基于互联网的复式记账法，同样属于由财务部门负责记账的中心化记账系统。

以银行为例，储户 A 的 5000 元资金存放在 B 银行，这在银行的中心数据库里表现为一条数据，为了防止发生意外和灾害，银行还建有备份的数据库来存放这个数据的副本，这种记账方式就是中心化记账。储户 A 对这笔资金的所有操作，都需要通过 B 银行进行身份认证和修改授权才能完成，如使用储蓄卡、U 盾及口令卡等。假如储户 A 把 1000 元资金从自己的账户转移到储户 C 的账户，那么银行的中心数据库中会插入两条数据，一条数据是储户 A 的账户中扣除了一笔资金，另一条数据是储户 C 的账户中增加了一笔资金。

由此可以看出，在传统记账方式中，记账行为是由某个人或某个组织实施并掌握的，其他人员或部门不能掌握，这就是中心化记账方式。中心化记账方式高效地记录了人类经济交往活动，但也存在信息不对称及数据难共享等问题。

二、中心化记账（信息存储）的缺陷

1. 数据安全问题

因为账本上的内容是隐私的，所以记账是一种天然的中心化的行为。在通信手段不发达的时代，这是必然的选择；在如今的信息时代，中心化记账方式依然覆盖了社会生活的方方面面。然而，中心化记账有一个显而易见的弱点，即一旦这个中心出现问题，如被篡改、被损坏，整个系统就会面临危机乃至崩溃。

一个典型的例子是 21 世纪初的“安然事件”：这家 2000 年披露的营业额高达 1010 亿美元的美国能源巨头企业，由于深陷会计假账丑闻，于 2001 年轰然倒下。如果记账系统承载的是整个货币体系，就会面临中心管理者滥发货币的风险。历史上，由于货币滥发造成恶性通货膨胀的例子并不鲜见，时至今日仍然屡屡发生。例如，津巴布韦从 1980 年到 2009 年，共发行了 4 代津巴布韦元，无一不陷入恶性贬值。2008 年 11 月，津巴布韦每天的通货膨胀率高达 98%。2015 年，津巴布韦元失去了流通资格，当地只能将印度卢比、欧元、日元、澳元、美元、人民币等他国货币作为流通工具。

这种中心化记账方式，无法保证数据的安全性，也建立不了一个可信的机制，即无法让人信服账本数据的真实性。在银行或企业的财务账本中，一旦出现某个人做假账的情况，后果便十分严重，而如果财务数据突然被一把火烧了，产生的后果可想而知。

2. 信任成本过高

在数字通信中，信息被转换为不同的信号类型，然后通过媒介传递到信道的另一端，包括复杂的寻址和信号放大转换、编码和解码的系列过程。这些都是为了保证信息传达的可靠性，解决信息的丢失问题、寻址问题、路径优化问题和编解码问题。但信息的篡改问题和抵赖问题依然存在，这导致信息的信任成本一直较高。

目前解决这一问题所采用的方式，仍然是传统的方案，即建立防伪的信任背书，类似不断升级货币防伪技术，尽量提高信息被篡改的成本，但这并没有从逻辑上解决问题。计算机同样借鉴了这种方式，将信息保存在政府或有实力的企业数据库中，由政府和企业通过自己的信誉来保证这些信息不被窃取和篡改，这就是中心化策略。

中心化是目前解决信息信任问题的主要方式，但中心化是有逻辑缺陷的。信息安全时刻受到来自中心内部的威胁，如果中心内部有人篡改信息，则不会留下任何痕迹。同样，中心化也无法防御来自外部的黑客攻击，并且一旦信息中心被攻破，所有信息将立刻失去保护，信息的丢失和篡改、滥用也就不可避免。

3. 法律保障不足

信道中的信息经常会被窃取和破译，尽管通信的加密和保密技术一直在进步，但信息泄露仍然不可避免。当这些信息被破译后，破译者就可以以发送方的身份将篡改甚至伪造的信息发送给接收方，导致接收方的利益受损，而这些发送方根本不知情；另一种情况则是发送方发送一些信息给接收方，当接收方按信息采取行动后就进入了圈套，但当接收方事后发现并进行追查时，发送方便声称信息并不是自己发送的，形成了信息抵赖。在这种情况下，法律只能约定相关责任，但无法还原事实的真相。

三、什么是分布式记账

分布式记账技术（Distributed Ledger Technology，DLT）的创新之处就在于能够产生强大的、具有颠覆性的算法，其原理就是将数据库分布在多个节点或计算设备上，每个节点都可以复制并保存一个分类账，且每个节点都可以进行独立更新。就其实质而言，一方面，分布式记账就是通过创新性的强大算法聚合成为一个可在多个站点、不同地理位置或多个机构组成的网络里进行分享的资产数据库，其中的参与者可以获得一个唯一的、真实的账本副本；同时，账本里的区块发生任何篡改都会在所有的副本中反映出来，反应时间仅为几分钟甚至几秒。不仅如此，分布式记账还可以将信息复制成更多的份数，大到黑客、任何组织和个人都根本无法操纵的数量级，甚至可以使每个使用节点都持有一份信息副本，就算黑客篡改了一处，其他节点的信息仍在，当需要进行信息核对时，只要发现某一处的信息与其他地方不一致，便意味着此处的信息已经被篡改，变得不再可信。另一方面，通过分布式记账技术不仅可以存储多类别、多形式的资产，如金融领域的资产、法律定义上的资产、实体形式的资产及电子状态的资产，而且在这个账本里存储的资产的安全性和准确性主要通过公私钥及签名的使用来控制账本的访问权，并根据网络中达成共识的规则，账本中的记录可以由一个、一些或者所有参与者共同更新。也就是说，其安全性、信任度的维护是基于密码学原理的应用而实现的。

所以，正是因为分布式记账技术能够汇集数据并将其全部存储在每个节点上，这就在维护消费者权益、保障财务诚信和提高交易速度的同时，使得即使是陌生人之间的交易也不一定必须依赖银行、政府、公证处等中心化权威组织，从而解决了市场交易与社会交往中的信任成本问题，而且还能有机会变革公共治理与私营服务的实现方式，并通过广泛的应用场景提高社会生产力。分布式记账与中心化记账的区别如图 2.1 所示。

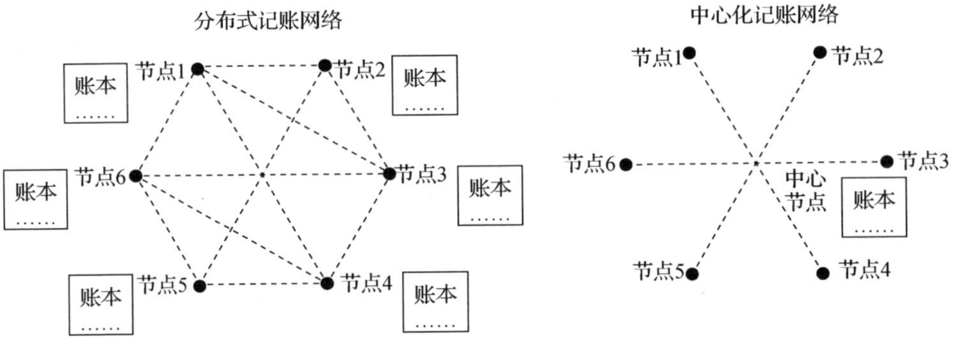

图 2.1　分布式记账与中心化记账的区别

由此可知，分布式记账与中心化记账在数据存储与传递上是完全不同的逻辑，这也成就了分布式记账的独特优势。举个例子便可对此优势进行浅显易懂的理解，如王先生一家由他勤勤恳恳地工作养家，而其夫人一个人负责记录所有家庭收入和开支。如果王夫人收到 100 元却记录只收到 10 元，那家庭财务收支就可能产生混乱，这就是中心化记账存在的问题。而在分布式记账中，王先生还要向全家每个人通报一声："王先生在今天上午 10 点给了王夫人 100 元现金，请大家在各自的账本上记下。"那么全家每个人都成了一个节点，每次王先生家的交易都会被每个人（每个节点）记录下来。洗碗有报酬，每天晚上谁洗了碗（工作量证明）之后就可以在公共账本上结账，且必须在前一天大家公认的账本后面添加新的交易信息，而且其他人也会参与验证当天的交易。若有人恶意操作、破坏这个系统，伪造交易记录，如王夫人某天忽然说，王先生没给她 100 元，那么全家人都会站起来斥责她。如果王夫人某天洗完碗想在结账的时候动手脚，其他参与验证的人也会站起来斥责她（除非她能收买超过一半的人），被发现作假会导致她那天的碗白洗，不仅拿不到报酬，很可能第二天还要继续洗碗。最后那个公认的账本也只会增加，不会减少，后续加入的家庭成员都会从最长的账本里继续结账。

四、分布式记账的应用场景

分布式记账产生的算法是一种强大的、具有颠覆性的创新，它可以帮助政府各部门之间实现数据共享，在工商、建设、税收、知识产权保护、福利发放、护照发行、土地所有权登记等方面提高政务数据的公开度和可信度。在英国国民健康保险制度（NHS）里，这项技术通过改善和验证服务的送达及根据精确的规则安全地分享记录，有潜力改善医疗保健系统。对使用这些服务的消费者来说，这项技术根据不同的情况，有潜力让消费者控制个人记录的访问权并知悉其他机构对其记录的访问情况。

分布式记账同样可以运用在金融领域，规避银行业数据存储硬件损坏风险、人员录入等操作性风险，从整体上确保记录和服务的正确性。它还可以运用在企业财务记账中，使得企业内部各相关部门实现对财务数据的共享和共识，进而提高企业资金的使用效率。由此，区块链首先是一个分布式账本，其形态如图 2.2 所示。

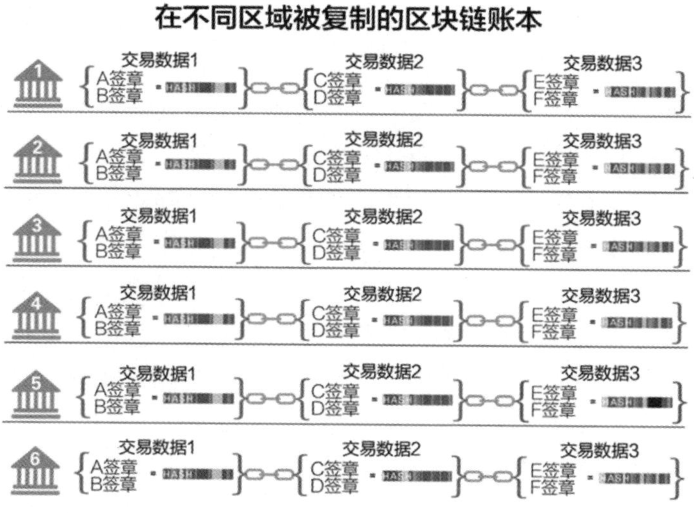

图 2.2　区块链的分布式账本

第二节　共识机制原理

作为一个去中心化的分布式记账系统，区块链在运行中能够实现诸多颠覆性的功能，实际上不仅依赖于技术层面的突破，还取决于建立在算力积累基础上的共识机制的创新。而正是共识机制的存在才从根本上消除了对任何中介机构的依赖，使得网络中不同节点能直接实现数据记录的同步，在去中心化的情况下，使互相不信任的个体之间就交易的合法性达成共识，以共识机制保证系统有效运行。

一、共识机制的内涵及价值

在区块链系统中，基于节点参与的分布式记账系统，使得用户之间、机构之间、用户与机构之间无须建立信任，只需依靠区块链协议就能实现交易，由此体现了区块链“去中心化”的这一最大特点。但是，诸如账本自身的准确性、权威性及可靠性是如何保障的呢？而如果各个节点本身就存在造假甚至被篡改的问题该如何解决或防范呢？这种节点参与记账的数据一致性又是如何保障的呢？这些问题的解决就需要引入另一项区块链的核心技术——共识机制，它使得区块链这样一个去中心化的记账系统成为可能。在解释什么是区块链时，可以用一句简洁明了的“去中心化的分布式账本”来概括，而在这个账本中，如何对在几乎相同时间内产生的事物进行前后排序，就涉及区块链网络的共识机制。

所谓共识机制，就是通过不同节点的投票、表态或信息上传，在基本同步的时间段内完成对交易的验证和确认，当出现意见不一致的情况时，在没有中心控制的情况下，若干个节点参与决策并达成共识，最终形成参与者确信其分类记账中准确一致的信息内容。简言之，就是在互相不信任的个体之间构建信任关系。

显而易见，共识机制的重要价值就在于可以有效平衡区块链技术应用过程中的效率与安全之间的关系。因为区块链技术主要运用一套基于共识的数学算法，调动分布在不同区域的节点共同参与决策，并记载所有的交易记录，形成建立于机器之间的“信任”网络，从而通过技术背书而非中心化信用机构来进行全新的信用创造，而这些新型的决策创新及过程所体现的核心就是共识机制。共识机制是区块链技术的潜力所在，它使得区块链技术的应用领域超越了以往的数字货币。共识机制就像一个国家的法律，维系着区块链世界的正常运转。在区块链上，每个人都会有一份记录链上所有交易的账本，当链上产生一笔新的交易时，每个人接收到这个信息的时间是不一样的，有些人就有可能在这时发布一些错误的信息，这时就需要一个人把所有人接收到的信息进行验证，最后公布最正确的信息。

当然，不同的区块链种类需要不同的共识算法来确保区块链上最后的区块能够在任何时候都反映出全网的状态。就目前来看，共识机制的类型较多，常用的主要有工作量证明机制、权益证明机制和拜占庭共识算法等。以下就将这三种共识机制的原理及应用场景展开阐释。

二、共识机制的类型

1. 工作量证明机制

比特币的区块链采用工作量证明（Proof of Work，PoW）机制来保证去中心化网络中数据的一致性，节点通过解决一个求解过程复杂但容易验证的数学问题来竞争获得区块链的记账权，该过程称为“挖矿”，获得区块链记账权的节点（也称“矿工”）将获得一定的区块奖励。该数学问题为：通过寻找一个随机数使得区块头的双哈希值小于或等于一个目标哈希值。目标哈希值通常由多个前导零构成，前导零越多，目标哈希值越小，找到满足要求的随机数的难度越大。比特币系统通过动态规定前导零的个数、调整随机数的搜索难度，以此来控制区块平均生成时间为 10 分钟/个。如果有两个节点同时取得了记账权，此时会有多个节点在网络中广播其打包好的区块，若某节点收到多个针对同一前续区块的后续临时区块，区块链主链会出现暂时的分支，随着区块链的持续生成，系统会选择工作量最多的区块链作为主链进行延续。

PoW 机制是我们十分熟知的一种共识机制，其字面解释就是工作越多，收益越大。

这里的工作就是猜数字，谁能最快猜出这个唯一的数字，谁就能做信息公示人。PoW 源于比特币，简单说就是一份证明，用来确认某人做过一定量的工作。通过对工作的结果进行认证来证明某人完成了相应的工作量，这样的方式非常高效。PoW 机制是按劳分配，算力决定一切，谁的算力多谁记账的概率就越大，可理解为力量型比较。

1）工作量证明机制的优点

（1）完全去中心化（任何人都可以加入）。

（2）节点自由进出，容易实现。

（3）破坏系统花费的成本巨大。

掌握51%的算力对系统进行攻击所付出的代价远远大于作为一个系统的维护者和诚实参与者所得到的回报。

2）工作量证明机制的缺点

（1）对节点的网络环境要求高。

（2）浪费资源。

（3）每秒最多只能做7笔交易，效率低下。

（4）不能确保最终一致性。

比特币本身是由分布式网络系统生成的数字货币，其发行过程不依赖于特定的中心化货币发行机构，而依赖于分布式网络节点共同参与一种称为“工作量证明”的共识过程来完成交易的验证与记录。PoW的共识过程实际上就是俗称的“挖矿”，每个节点称为“矿工”，通常各个节点贡献自己的计算资源来竞争解决同一难度的、可动态变化和调整的数学问题，成功解决该数学问题的“矿工”将获得区块链的记账权。同时，将在当前时间段的所有比特币交易记录打包存储在一个新的区块中，并按照时间顺序将其连接到比特币链上。

要想整个P2P网络维持一份相同的数据，同时保证每个参与者的公平性，整个体系的所有参与者必须有统一的协议。比特币所有的节点都遵循统一的协议规范。协议规范（共识算法）由相关的共识规则组成，这些规则可以划分为两个大的核心：工作量证明与最长链机制。所有规则（共识）的最终体现就是比特币的最长链。共识算法的目的就是保证比特币不停地在最长链上运转，从而保证整个记账系统的一致性和可靠性。

2. 权益证明机制

权益证明（Proof of Stake，PoS）机制也属于一种共识机制，它类似于股权凭证和投票系统，因此也称股权证明算法，由持有最多通证或代币（Token）的人来公示最终信息。

对于PoW机制，由于矿场的出现及挖矿设备性能的不断提升，算力开始集中，节点数和算力值渐渐不适配；同时，PoW机制太浪费了，“矿工”持续挖矿进行的重复性哈希计算没有任何实际或科学价值。而且还有一个更大的问题，“矿工”的恶意攻击并不会对“矿工”下次记账并获取相关权益（比特币）产生任何影响，鉴于此，人们提出了PoS机制。

PoS 机制与 PoW 机制相比，不需要证明你在记账前做了某项工作，而是证明你拥有某些财产。它根据你持有 Token 的数量和时间来分配权益，类似股票的分红制度。持有的越多，持有的时间越长，即币龄越大，能拿到的分红越多，也就有更大的记账权利。

1）权益证明机制的优点

（1）节能环保，不需要计算。

（2）性能高。

（3）更加安全。

（4）人人可“挖矿”（获得利息），不用担心算力集中导致出现中心化。

（5）避免货币紧缩。

2）权益证明机制的缺点

持币趋于集中化，使币过于集中。

3. 拜占庭共识算法

拜占庭共识（Practical Byzantine Fault Tolerance，PBFT）算法也称实用拜占庭容错算法，它也是一种常见的共识机制。它与之前两种机制都不同，PBFT 算法以计算为基础，也没有代币奖励，由链上所有人参与投票，当少于（n−1）/3 个节点反对时就获得公示信息的权利。

1）拜占庭共识算法的背景

传说拜占庭帝国（拜占庭位于如今土耳其的伊斯坦布尔，是东罗马帝国的首都）想要进攻一支强大的敌军，为此派出了 10 支军队去包围这支敌军。这支敌军虽不比拜占庭帝国，但也足以抵御 5 支常规拜占庭军队的同时攻击。这 10 支军队在分开的包围状态下同时攻击。他们中任一支军队单独进攻都毫无胜算，除非有至少 6 支军队（一半以上）同时攻击才能攻下敌军。他们分散在敌军的四周，依靠通信兵骑马通信来协商进攻意向及进攻时间。困扰这些将军的问题是，他们不确定他们中是否有叛徒，叛徒可能擅自变更进攻意向或进攻时间。在这种状态下，拜占庭的将军们需要找到一种分布式协议才能保证有多于 6 支军队在同一时间一起发起进攻，从而赢取战斗。

2）拜占庭将军问题的实质

拜占庭将军问题是一个协议问题，拜占庭的将军们必须全体意见一致，决定是否攻击敌军。问题是这些将军在地理上是分隔的，并且将军中存在叛徒。叛徒可以任意行动以达到以下目标：欺骗某些将军采取进攻行动；促成一个不是所有将军都同意的决定，如当某些将军不希望进攻时促成进攻行动；

迷惑某些将军，使他们无法做出决定。如果叛徒达到了这些目标之一，则任何进攻行动的结果都是注定失败的，将军们只有完全达成一致意见才能获得胜利。

3）拜占庭将军问题的算法

为了取得战斗的胜利，将军们必须有一个算法来保证：

（1）所有忠诚的将军采取同一行动计划；

（2）少数叛徒不能使忠诚的将军采取不良行动计划。

忠诚的将军都会按照算法所说的去做，但叛徒可以做任何他们想做的事情。无论叛徒做什么，算法都必须保证实现上述条件（1）。忠诚的将军不仅应该达成协议，而且应该就合理的行动计划达成一致意见。算法的研究结果显示，当“叛变将军”少于将军总数的 1/3 时，“忠诚将军”将可以做出正确的决定并达成一致意见。

下面看这个例子，一共有 3 个将军，其中一个是发令将军 A，另外两个是普通将军 B 和 C。当 A 告诉 B 攻击而告诉 C 撤退时，B 和 C 互相发送消息，因为他俩都是忠诚的，他们都将如实转发 A 的消息。这样 B 和 C 都不能弄清楚到底谁是叛徒——因为不确定 A 是否为叛徒，或者另一个普通将军是否伪造了据称来自 A 的消息。可以证明，如果 n 是将军总数，而 t 是其中的叛徒数量，那么只有当 $n>3t$ 并且通信是同步的时，拜占庭将军问题才能得到解决。

各种计算机科学家已经从寓言中概述了拜占庭将军问题的一些潜在解决方案，而用于在区块链系统中建立共识的 PBFT 算法，是那些潜在的解决方案之一。简单地说，PBFT 算法的作用如下：每个“将军”维持一个内部状态（持续的特定信息或状态），当“将军”接收消息后，会将消息与其内部状态结合使用，以运行计算或操作；这种计算反过来告诉这个“将军”如何思考有关信息；然后，在达成关于新消息的个人决定之后，这个“将军”再与系统中其他“将军”共享该决定，最后根据所有“将军”提交的全部决定，确定共识决定。

4）拜占庭将军问题与共识机制

在此，我们将这个寓言放到区块链中：故事中的“将军”是参与运行区块链（数据库）分布式网络的各方，他们来回进行通信的信使就是通过网络进行通信的方式。“忠诚将军”的集体目标是攻击敌军，即写入一个大家公认的区块记录。

在我们的寓言中，有效的信息将是决定支持攻击的正确机会。一方面，对于忠诚的区块链参与者而言，他们有兴趣确保区块链（数据库）的完整性，从而确保只接受正确的信息。另一方面，“叛变将军”将是任何试图伪造区块链（数据库）信息的一方，他们的潜在动机有很多：可能是试图花费他们实际上并不拥有的数字货币，或者是不想履行之前已经签署和提交的智能合约中所述的义务等。

区块链的力量在于它需要在一个分布式的网络中部署，其中可能或者肯定有“恶意节点”——如同拜占庭将军所处的境地，在这种情况下也能达成正确的共识。

5）拜占庭共识算法的优缺点

与 PoW 机制相比，PBFT 算法有以下优势。

（1）效率高。PBFT 算法要求所有节点之间两两通信，因此这种通信机制要求节点数量不能太多，通常是几十个，在这种模式下，节点达成共识的速度更快、用时更短。

（2）吞吐量高。节点数量的限制，使 PBFT 算法网络不用像大型 PoW 机制网络那样，受限于处理能力最低的节点，它带来全网吞吐量的大幅提升。

（3）节能。PBFT 算法无须使用 PoW 机制的耗电模式，因此更加节能环保。

与 PoW 机制相比，PBFT 算法有以下劣势。

（1）可扩展性及去中心化程度较弱。由于节点数量的限制，因此 PBFT 算法的可扩展性较弱；同时，PBFT 算法的节点需要选举或者许可，不像 PoW 机制的节点那样可以自由加入，去中心化程度较弱。

（2）容错性较低。PoW 机制网络的容错性是 50%，也就是须防范 51%的攻击；而 PBFT 算法的容错性只有 1/3，也就是 34%的恶意节点即可发起攻击。

三、共识机制构建机器信任

1. 商业信任的难题

现实中很多人可能有过这样的经历：你来到一个珠宝店，店主殷勤地向你推销一枚 10 克拉的钻戒，并拿出一张精美的钻石证书，这时你会信任他吗？一张证书能够证明钻石的品质和来源吗？你一定充满了疑问。如果你是钻石专业人员，那你可能通过认真查看钻石的品质、颜色等确定其真伪。但对于大多数普通客户而言，他们并不能确定钻石及证书的真伪，这可能会有一系列的求证过程。因此，无论买与不买，交易双方都付出了因为信任不足带来的交易成本。

可能人们还会面临这样或那样的问题：如果你是一位金融从业者，尽管今天的整个金融行业投入了巨大的成本构建了各种清算设施，但类似重复计算的问题仍然出现在几乎所有的交易中；如果你是一位商业销售从业者，那你每天一定会重复着繁重的商品盘点工作；如果你是一位慈善工作从业者，那你一定知道大量的行政成本花在了开支的透明记录和审计上，因为必须让资助人保持对你的信任。

事实上，几乎所有的商业问题的本质都是信任问题。尽管我们拥有了完善的基础设施，每个行业背后都有无数的人在努力和投入，但依然有大量的信任问题没有得到解决。而利用区块链技术解决商业信任问题、降低交易成本、增加交易机会，是商业科技领域在未来10年的一大命题。

2. 机器信任的价值

人是善变的，而机器是不会撒谎的，区块链有望带领我们从人际信任、制度信任进入机器信任的时代。

区块链技术不可篡改的特性从根本上改变了中心化的信用创造方式，通过数学原理而非中心化信用机构来低成本地建立信任。例如，钻石及其证书都可以在区块链上公证，变成全球都信任的东西。

机器信任其实是无须信任的信任。人类历史上将第一次可以接近零成本地建立地球上前所未有的大型合作网络，这必将是一场伟大的群众运动。

3. 机器信任的实现

共识机制其实就是构建机器信任的保证，区块链系统中的参与者们，都可以核查，也会共同维持账本的更新，按照严格的规则和共识进行修改。由于大家都严格遵守规则和共识，加上区块链去中心化、不可篡改等特性，这就构建了信任的基石。而区块链天然能够低成本地建立信任，构建前所未有的大型合作网络。

传统信任体系需要依靠第三方或中介建立，这需要很高的成本和烦琐的流程，我们的部分资产还会被抵押出去。区块链技术打破了依靠中心的信任机制，它是加密算法、点对点传输、分布式存储和共识机制等计算机技术在互联网时代的创新应用。

区块链可以建立一个人人参与、去中心化的信任机制，并且在此基础上，实现数据的共享。虽然不使用区块链技术也可以实现数据的共享，但是这些共享的数据是不可信任的。例如，有10家机构，它们达成协议进行数据共享，把自家的数据拿出来让其他9家查阅。然而，虽然可以让别人看我的数据，但我的数据归我管，若我把自己的数据篡改了，别人也无法确认，相反，如果对方把自己的数据篡改了，我同样无法确认。

基于区块链技术就不同了，共享的各方就会共同拥有同一个网络，任何一方都不能篡改已经写进去的数据。任何一个区块链网络的参与者都要参加部署，成为区块链服务器的一部分，分布式地存在于区块链的网络中，即使该服务器发生了故障，也不用担心会影响整个网络的运行。

每秒能够处理一万笔交易是目前投入使用的区块链的交易处理速度。在算法升级和机器处理能力不断提高的情况下，以后区块链网络的交易处理速度将会越来越快。如果说，互联网解决了端到端的近乎零成本的信息传递问题，那么区块链解决的就是端到端的近乎零成本的信任传递问题。

4．零成本信任时代的到来

在数字资产交易、政府公共管理和社会治理、智能制造、物联网与互联网的应用、供应链管理及金融科技等领域，区块链技术将会得到越来越多的应用，从而产生新一轮的产业变革。互联网是人类最伟大的发明之一，有了互联网，人与人之间的信息传递成本问题被完美地解决了，人们的生活方式发生了翻天覆地的变化。当“互联网+区块链”技术可以很好地解决低成本信息传递的信任问题的时候，区块链将要改变的就是人类几千年以来的交易模式。

从互联网思维到区块链思维是一脉相承的，区块链就是互联网更高级的时代。区块链网络就是一个去中心化的、数据共享的、自治的信任网络。

第三节　加密技术原理

不同于传统的互联网，区块链能够通过加密技术手段很好地实现数据的隐私保护问题。常用的加密技术有对称加密算法、非对称加密算法和哈希算法等。相比对称加密算法，非对称加密算法和哈希算法更能够保证数据的加密效果，而区块链正是采用了这两种更加有效的加密技术。

一、对称加密算法

对称加密算法是应用较早的加密算法，技术成熟。在对称加密算法中，信息发送方将明文（原始信息）和加密密钥一起通过特殊加密算法处理后，再将其变成复杂的密文发送出去。接收方收到密文后，若想解读原文，则需要使用加密用过的密钥及相同算法的逆算法对密文进行解密，只有这样才能使其恢复成可读明文。在对称加密算法中，使用的密钥只有一个，通信双方都使用这个密钥对信息进行加密和解密，这就要求解密方事先必须知道加密密钥。

对称加密（又称私钥加密）指加密和解密使用相同密钥的加密，有时又叫传统密码。加密密钥能够从解密密钥中推算出来，同时解密密钥也可以从加密密钥中推算出来。而在大多数的对称加密算法中，加密密钥和解密密钥是相同的，所以也称这种加密算法为秘密密钥算法或单密钥算法。它要求信息发送方和接收方在安全通信之前，商定一个密钥。对称加密算法的安全性依赖于密钥，密钥泄露就意味着任何人都可以对他们发送或接收的信息解密，所以密钥的保密性对通信的安全性至关重要。

例如，恺撒密码（Caesar's Code）是一种十分简单且广为人知的加密技术。它是一种替换加密的技术，明文中的所有字母都在字母表上向后（或向前）按照一个固定数目进行偏移后被替换成密文。例如，当偏移量是后移 3 的时候，所有的字母 A 将被替换成 D、B 变成 E，以此类推。这个加密方法是以罗马共和国时期恺撒的名字命名的，当年恺撒曾用此方法与其将军进行联系。

恺撒密码的替换方法是排列明文和密文字母表，密文字母表是通过将明文字母表向后或向前移动一个固定数目的位置得到的。例如，当偏移量是后移 3 的时候（解密时的密钥就是 3），两个字母表如下。

明文字母表：ABCDEFGHIJKLMNOPQRSTUVWXYZ。

密文字母表：DEFGHIJKLMNOPQRSTUVWXYZABC。

在使用时，加密方查找明文字母表中需要加密的信息中每个字母的所在位置，并且写下密文字母表中对应的字母；解密方则根据事先已知的密钥反过来操作，得到原来的明文。例如，明文“I LOVE CHINA”加密后变为密文“L ORYH FKLQD”。

对称加密算法的特点是算法公开、计算量小、加密速度快、加密效率高；不足之处是通信双方都使用同样的密钥，安全性得不到保证。和所有的利用字母表进行替换的加密技术一样，恺撒密码非常容易被破解，而且在实际应用中也无法保证通信安全。此外，当用户每次使用对称加密算法时，都需要使用其他人不知道的唯一密钥，这会使得通信双方所拥有的密钥数量呈几何级增长，密钥管理成为用户的负担。因此，对称加密算法在分布式网络系统上使用较为困难。而与公开密钥加密算法相比，对称加密算法能够提供加密和认证，却缺乏了签名功能，使其使用范围有所缩小。

对称加密算法的优点在于加解密的高速度和使用长密钥时的难破解性。假设两个用户需要使用对称加密算法加密并交换信息，则用户最少需要 2 个密钥并交换使用，如果企业内用户有 n 个，则整个企业共需要 $n\times(n-1)$ 个密钥，密钥的生成和分发将成为企业信息部门的噩梦。对称加密算法的安全性取决于加密密钥的保存情况，但要求企业中每个持有密钥的人都保守秘密是不可能的，他们通常会有意或无意地把密钥泄露出去——如果一个用户使用的密钥被入侵者获得，那入侵者便可以读取该用户用该密钥加密的所有文档；如果整个企业共用一个加密密钥，那整个企业文档的保密性便无从谈起。

二、非对称加密算法

1. 非对称加密算法是一种密钥的保密方法

非对称加密算法需要两个密钥：公开密钥（Publickey，以下简称公钥）和私有密钥（Privatekey，以下简称私钥）。公钥与私钥是一对，如果用公钥对信息进行加密，则只有用对应的私钥才能解密。因为加密和解密使用的是两个不同的密钥，所以这种算法叫作非对称加密算法。非对称加密算法实现机密信息交换的基本过程是：甲方生成一对密钥并将公钥公开，需要向甲方发送信息的其他角色（乙方）使用该密钥（甲方的公钥）对机密信息进行加密后再发送给甲方；甲方再用自己私钥对加密后的信息进行解密。甲方想要回复乙方时正好相反，使用乙方的公钥对信息进行加密，同理，乙方使用自己的私钥进行解密。另外，甲方可以使用自己的私钥对机密信息进行签名后再发送给乙方，乙方再用甲方的公钥对甲方发送回来的信息进行验签。甲方只能用其私钥解密由其公钥加密后的任何信息。

非对称加密算法的保密性比较好，满足了最终用户交换密钥的需要。

非对称加密算法的特点是算法复杂、安全性依赖于算法与密钥。但是由于其算法复杂，使其加解密的速度没有对称加密算法的加解密的速度快。对称加密算法中只有一种密钥，并且是非公开的，如果要解密就得让对方知道密钥，所以保证其安全就是保证密钥的安全；而非对称加密算法有两种密钥，其中一个是公开的，这样就不需要像对称加密算法那样传输对方的密钥了，这样安全性就高了很多。

2. 非对称加密算法的起源

密码学家 W.Diffie 和 M.Hellman 于 1976 年发表了一篇文章，提出“非对称密码体制即公开密钥密码体制”的概念，开创了密码学研究的新方向。该加密方式规定密钥需要有一对：一个公钥和一个私钥。如果用公钥加密信息，就需要用相同配对的私钥才能解密。

3. 非对称加密算法的工作原理

（1）A 要给 B 发送信息，A 和 B 都要产生一对用于加密和解密的公钥和私钥。

（2）A 的私钥保密，A 的公钥告诉 B；B 的私钥保密，B 的公钥告诉 A。

（3）当 A 要给 B 发送信息时，A 用 B 的公钥加密信息，因为 A 知道 B 的公钥。

（4）A 将这个信息发给 B（已经用 B 的公钥加密信息）。

（5）B 收到这个信息后，用自己的私钥解密 A 的信息。其他所有收到这个报文的人都无法解密，因为只有 B 才有 B 的私钥。

4. 非对称加密算法的主要应用

非对称加密（又称公钥加密）指加密和解密使用不同密钥的加密算法，也称公私钥加密。假设两个用户要加密并交换信息，双方交换公钥，使用时一方用对方的公钥加密，另一方即可用自己的私钥解密。如果企业中有 n 个用户，则企业需要生成 n 对密钥，并分发 n 个公钥。假设 A 用 B 的公钥加密信息，用 A 的私钥签名，B 接到信息后，首先用 A 的公钥验证签名，确认后用自己的私钥解密信息。由于公钥是可以公开的，用户只要保管好自己的私钥即可，因此加密密钥的分发将变得十分简单。同时，由于每个用户的私钥是唯一的，其他用户除了可以通过用信息发送方的公钥来验证信息的来源是否真实，还可以通过数字签名的方式确保发送方无法否认曾发送过该信息。非对称加密算法的缺点是加解密的速度要远远慢于对称加密算法，在某些极端情况下，甚至能比对称加密算法慢上更多。

非对称加密算法的一个特点是每个用户对应一个密钥对（包含公钥和私钥），它们都是随机生成的，所以各不相同。不过其缺点也是很明显的，就是密钥存储在数据库中，如果数据库被攻破密钥就泄露了。

还有一个方法就是依照上面的方法随机生成一个密钥对（包含公钥和私钥），通过 ToXmlString(true)方法导出，然后把这个 XML 字符串格式的密钥放到 Web 程序的 Web.config 文件的 AppSetting 节点里面，然后通过 FromXmlString(key)方法读入密钥，这样就意味着所有的用户密码都用同一个密钥对加密和解密。

非对称加密算法不要求通信双方事先传递密钥或有任何约定就能完成保密通信，并且密钥管理方便，可实现防止假冒和抵赖，因此更符合网络通信中的保密通信要求。

5. 非对称加密算法与对称加密算法的区别

非对称加密算法与对称加密算法的区别如下。

（1）非对称加密算法用于信息解密的密钥值与用于信息加密的密钥值不同。

（2）非对称加密算法比对称加密算法慢很多，但在保护通信安全方面，非对称加密算法具有对称加密算法难以企及的优势。

为说明这种优势，下面使用对称加密算法的例子来强调。

A 使用密钥 K 加密信息并将其发送给 B，B 收到加密的信息后，使用密钥 K 对其解密以恢复原始信息。这里存在一个问题，即 A 如何将用于加密信息的密钥值发送给 B？答案是，A 发送密钥值给 B 时必须通过独立的安全信道（没人能监听到该信道中的通信）。

这种使用独立的安全信道来交换对称加密算法密钥的需求会带来更多问题。

首先，有独立的安全信道，但是安全信道的带宽有限，不能直接用它发送原始信息。

其次，A 和 B 不能确定他们的密钥值可以保持多久而不泄露（不被其他人知道），以及何时交换新的密钥值。

当然，这些问题不只 A 会遇到，B 和其他人都会遇到，他们都需要交换密钥并处理这些密钥管理问题。如果 A 要给数百人发送信息，那么事情将更麻烦，他必须使用不同的密钥值来加密每条信息。例如，要给 200 个人发送通知，A 需要加密信息 200 次，对每个接收方加密一次信息。显然，在这种情况下，使用对称加密算法进行安全通信的开销相当大。非对称加密算法的主要优势就是使用两个而不是一个密钥值：一个密钥值用来加密信息，另一个密钥值用来解密信息。这两个密钥值在同一个过程中生成，称为密钥对。用来加密信息的密钥称为公钥，用来解密信息的密钥称为私钥。用公钥加密的信息只能用与之对应的私钥来解密，私钥除持有者外无人知道，而公钥可通过非安全信道来发送或在目录中发布。

例如，A 需要通过电子邮件给 B 发送一个机密文档，其过程如下。首先，B 使用电子邮件将自己的公钥发送给 A。然后，A 用 B 的公钥对文档加密并通过电子邮件将加密信息发送给 B。由于任何用 B 的公钥加密的信息只能用 B 的私钥解密，因此即使窥探者知道 B 的公钥，信息仍是安全的。B 在收到加密信息后，用自己的私钥进行解密从而恢复原始文档。

三、哈希算法

1. 什么是哈希算法

哈希（Hash）算法是一种加密算法，哈希函数（Hash Function）也称散列函数或杂凑函数。哈希函数是一个公开函数，可以将任意长度的消息 M 映射成一个长度较短且长度固定的值 H(M)，称 H(M)为哈希值、散列值(Hash Value)、杂凑值或消息摘要。哈希算法是一种单向密码体制，即一个从明文到密文的不可逆映射，只有加密过程，没有解密过程。

2. 哈希函数的特点

（1）易压缩。对于任意大小的输入 x，哈希值的长度很小，在实际应用中，哈希函数 H 产生的哈希值的长度是固定的。

（2）易计算。对于任意给定的消息，计算其哈希值比较容易。

（3）单向性。对于给定的哈希值，要找到逆向计算的哈希值是不可行的，即求哈希值的逆很困难。在给定某个哈希函数 H 和哈希值 H（M）的情况下，得出 M 在计算上是不可行的，即从哈希输出无法倒推输入的原始数值。这是哈希函数安全性的基础。

（4）抗碰撞性。理想的哈希函数是无碰撞的，但在实际算法的设计中很难做到这一点。有两种抗碰撞性：一种是弱抗碰撞性，即对于给定的消息，要发现另一个消息，不能通过计算实现；另一种是强抗碰撞性，即对于任意一对不同的消息，也不能通过计算实现。

（5）高灵敏性。这是从比特位角度出发的，指的是 1 比特位的输入变化会造成 1/2 的比特位发生变化。消息 M 的任何改变都会导致哈希值 H（M）发生改变，即如果输入有微小不同，哈希运算后的输出一定不同。

3. 哈希算法的应用价值

哈希算法可以检验信息是否是相同的，这样的优势可以节省重复文件传送的时间。举一个生活中的例子，我们在生活中会使用一些软件给别人传送文件，如果有人传送了一份文件给一个人，然后又有一个人传送了相同的文件给了另一个人，那么这个软件在第二次传送文件的时候会对比两次传送的哈希值，若发现是相同的，该软件就不会再次上传该文件给服务器了。

除此之外，哈希算法还可以检验信息的拥有者是否真实。例如，我们在一个网站注册一个账号，如果网站把密码保存起来，那这个网站不论有多安全，也会有被盗取的风险。但是如果用保存密码的哈希值代替保存密码，就没有这个风险了，因为哈希值的加密过程是不可逆的。

4．哈希加密破解难度大

从理论上说，哈希值是可以被获得的，但是对应的用户密码很难获得。

假设一个网站被攻破，黑客获得了哈希值，但仅有哈希值还不能登录网站，他还必须算出相应的账号密码。

计算密码的工作量是非常庞大且烦琐的，严格来讲，密码是有可能被破译的，但破译成本太大，被成功破译的概率很小，所以基本上不用担心密码泄露。

当然，黑客还可以采用一种物理方法，那就是猜密码。他可以随机一个一个地试密码，如果用猜的密码算出的哈希值正好与用真正的密码算出的哈希值相同，那么就说明这个密码猜对了。

密码的长度越长，密码越复杂，就越难以猜对。如果有一种方法能够提高猜中密码的可能性，那么可以算是哈希算法被破解了。

例如，原本猜中的概率是 $1/10^{13}$，现在增加到了 1/1000。如果每猜一个密码需要 1 秒，按照之前的概率猜，直到地球毁灭都可能没猜中，但后者只需要 1 小时就足够了。在这样的情况下，哈希算法有被破解的可能。

第四节　智能合约技术原理

一、什么是智能合约

1．智能合约的内涵

智能合约是一种旨在以信息化方式传播、验证或执行合同的计算机协议。1995 年，计算机科学家和法律学者尼克•萨博提出了智能合约的概念，他在自己的文章中是这样对其定义的：“一个智能合约是一套以数字形式定义的承诺（Promises），包括合约参与方可以在上面执行这些承诺的协议。”简单地说，它就是一段计算机执行程序，类似计算机中的“if... then...”命令。在现实社会中的由双方达成的协议写成代码，交由计算机自动执行该过程，并自动返回结果，就是人们对“智能合约”的最早想象。智能合约的运行原理如图 2.3 所示。

图 2.3　智能合约的运行原理

2. 智能合约是区块链技术最重要的特性

区块链的智能合约是条款以计算机语言而非法律语言记录的智能合同。智能合约让我们可以与真实世界的资产进行交互。智能合约将会引领人们进入可编程经济。当一个预先编好的条件被触发时，智能合约会执行相应的合同条款。人类文明已经从“身份社会”进化到了“契约社会”，然而人性的弱点让纸质契约的约束力往往大打折扣。智能合约的出现让物理世界与虚拟世界完美结合，将计算机程序作为合约的执行者，将违约和不诚信变为零可能。

举个例子：爷爷生前立下一份遗嘱，声称在其去世后且孙子年满 18 周岁时将自己名下的财产转移给孙子。若将此遗嘱记录在区块链上，那么区块链就会自动检索并计算其孙子的年龄，当孙子年满 18 周岁的条件成立之后，区块链会在政府的公共数据库等地方检索是否存在爷爷的离世证明。如果这两个条件同时符合，那么这笔财产将会不受任何约束地自动转移到孙子的账户中，这种转移不会受到国界、外界阻挠，以及其他各种因素的制约，并且会自动强制执行。

二、以太坊智能合约应用

在以太坊所代表的加密社会里有一条通行的规则：代码即“法律”。

以太坊白皮书将以太坊项目定位为：下一代智能合约和去中心化应用。

1. 去中心化应用（DApp）

按照白皮书的介绍，一般来讲以太坊上有三类应用。

第一类是金融应用，为用户提供更强大的用他们的钱管理和参与合约的方法，包括电子货币、金融衍生品、对冲合约、储蓄钱包、遗嘱，甚至一些种类的全面的雇佣合约。

第二类是半金融应用，这里有金钱的存在但也有非金钱的方面，一个完美的例子是为解决计算问题而设的自我强制悬赏。

第三类是在线投票和去中心化治理这样的完全的非金融应用。

就目前来说，以太坊上已成功运用的 DApp 主要包括储蓄钱包、中心化交易所、游戏等。

2. 去中心化自治组织（DAO）

比特币的激励机制让人们见证了在没有中心节点的情况下，全世界的人们依然可以共同协作，保证比特币系统运行在正常的轨道上。

基于此，借鉴比特币根据对风险实行奖惩分配制度能合理实现经济激励，以及以太坊提供的智能合约基础平台，DAO 正在逐步得以实现。

其中，最出名的当属“The DAO”这个项目了。它在 15 天内疯狂地筹集了 1 亿美元，但是后来因为以太坊智能合约漏洞问题，发生了“The DAO”被盗事件。

总体来说，作为区块链 2.0，以太坊开启了一个全新的加密货币时代。

在 2017 年比特币疯涨的时候，由以太坊引发的 ICO 狂潮将整个加密货币市场推向高峰，以太坊本身的价格也由 2017 年年初的 8 美元涨到了 1400 美元，涨幅达到 175 倍。

目前，以太坊因为一直受限于技术方面，出现了很多竞争性项目。即使如此，在拥有如此强大的技术和社区团队面前，要颠覆它也不是轻而易举的事情。但我们依然非常期待下一个“以太坊”。

三、智能合约的应用场景

智能合约的应用场景将非常广泛，如住房租赁、差价合约、代币系统、储蓄钱包、作物保险、金融借贷、设立遗嘱、证券登记等。

智能合约可能是目前唯一能将“合约”与交易融为一体的技术。特别是在国际贸易中，最为头疼的问题是贸易顺逆差、时差和法律差异等问题。区块链现在之所以被广泛应用于跨境支付，就是因为智能合约解决了这些问题，只要开始进行交易，智能合约就被即时触发，严密执行规定的权利与义务，保证交易的公平、安全。同时，智能合约不仅能用于双方交易，还能用于多方交易，精简了传统多方交易面临的手续复杂等问题。

所以，只有基于区块链底层技术的智能合约，才能让我们的社会真正进入契约社会！

四、智能合约带来可编程社会

随着区块链技术的进一步发展，由于其具有去中心化及去信任的功能，区块链的应用将超越金融领域。区块链 3.0 不仅将应用扩展到身份认证、审计、仲裁、投标等社会治理领域，还将囊括工业、文化、科学和艺术等领域。通过解决去信任问题，区块链技术提供了一种通用技术和全球范围内的解决方案，即不再通过第三方建立信用和共享信息资源，从而使整个领域的运行效率和整体水平得到提高。在这一应用阶段，区块链技术可将所有的人和设备连接到一个全球性的网络中，科学地配置全球资源，实现价值的全球流动，推动整个社会进入智能互联新时代。随着区块链技术在人类经济社会各个领域的不断落地，与其说区块链是一项集成技术，不如说区块链更是一种思想，它代表了一种公正透明、信任协作的价值观。人类社会将沿着历史发展的路线，从最初的数字加密货币走到智能合约，再走向更有前景的可编程社会。

第三章

区块链技术网络架构

第一节　区块链基础架构

区块链基础架构分为三大层、六小层，包括基础网络层下的数据层和网络层，中间协议层下的共识层、激励层和合约层，应用服务层下的应用层。每层分别完成一项核心功能，各层之间互相配合，实现一个去中心化的信任机制。区块链基础架构如图 3.1 所示。

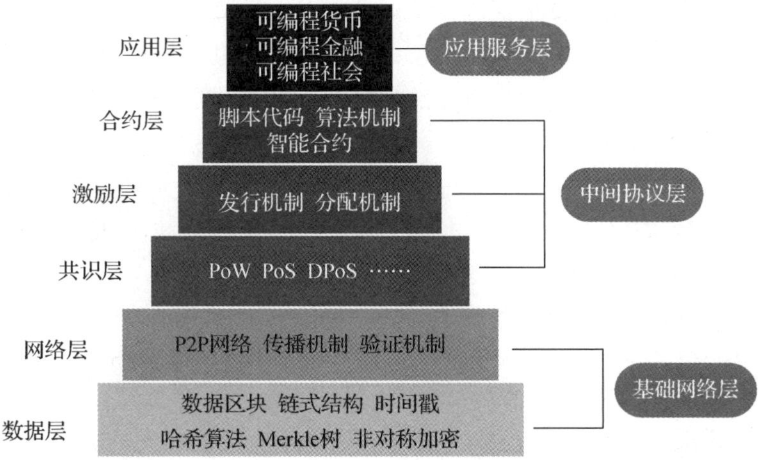

图 3.1　区块链基础架构

一、基础网络层

基础网络层是区块链系统的技术支撑，分为数据层和网络层。

1. 数据层

数据层主要描述区块链的物理形式，用于设计账本的数据结构。其描述的是区块链究竟是由哪些部分组成的。首先建立一个起始节点——创世区块，之后在同样规则下创建规格相同的区块，并依次相连组成一条主链条。每个区块包含许多技术，如时间戳、哈希算法，用来确保每个区块按时间顺序相连及交易信息不被篡改。

数据区块：主要用来记录实际需要保存的数据，这些数据通过区块包装并被永久记录到区块链上，每个区块由区块头、区块体组成。

链式结构：区块链系统大约每 10 分钟会创建一个区块，其中包含这个时间段内全网范围内所发生的交易。每个区块的区块头中记录了其引用的父区块的哈希值，通过这种方式一直倒推，形成了一条交易链条。

时间戳：一个字符序列，用于唯一地标识某一刻的时间。每个加盖时间戳生成的区块都是独一无二的。区块链中的时间戳从区块生成的那一刻起就存在于区块链中，它对应的是每次交易记录的认证，证明交易记录的真实性。时间戳是直接写在区块链中的，而区块链中已经生成的区块不可篡改。一旦篡改区块，生成的哈希值就会发生变化，从而变成一个无效的数据。

哈希算法：区块链保证交易信息不被篡改的单向密码机制。其主要原理是将任意长度的二进制值映射为较短的固定长度的二进制值，这个较短的二进制值称为哈希值。

Merkle 树：一种数据编码的结构。在底层，我们把交易信息分成一个个的数据区块，有相应的哈希值和它对应。目前在计算机领域，Merkle 树大多用来进行比对及验证处理。

非加密对称：一种密钥的保密方法。此方法需要两个密钥：公钥和私钥。公钥与私钥是一对，如果用公钥对数据进行加密，只有用对应的私钥才能解密。

2. 网络层

网络层主要是为了实现区块链网络中节点之间的信息交流，实现记账节点的去中心化。

区块链网络本质上是一个 P2P 网络（对等网络，又称点对点网络），是没有中心服务器、依靠用户群交换信息的互联网体系。每个节点既接收信息，也产生信息。

在区块链网络中，一个节点创造新的区块后会以广播的形式通知其他节点，其他节点会对这个区块进行验证，当全区块链网络中超过 51%的节点验证通过后，这个新区块就可以被添加到主链上了。

二、中间协议层

中间协议层是连接应用和网络的桥梁，分为共识层、激励层、合约层。

1. 共识层

共识层负责调配记账节点的任务负载，能让高度分散的节点在去中心化的系统中高效地针对区块数据的有效性达成共识。

区块链中比较常用的共识机制主要有 PoW、PoS 和股份授权证明（Delegated Proof of Stake，DPoS）。

2. 激励层

激励层是制定记账节点的“薪酬体系”，主要提供一定的激励措施，鼓励节点参与区块链的安全验证工作。以比特币为例，它的奖励机制有两种：一种是系统奖励给那些创建新区块的“矿工”，刚开始每创建一个新区块，奖励“矿工”50 个比特币，该奖励大约每 4 年减半；另一种则是交易手续费，当创建新区块没有系统奖励时，“矿工”的收益会由系统奖励变为收取交易手续费。

3. 合约层

合约层主要指各种脚本代码、算法机制及智能合约等，赋予账本可编程的特性。仍以比特币为例，比特币是一种可编程的货币，合约层封装的脚本中规定了比特币的交易方式和交易过程中涉及的种种细节。

三、应用服务层

应用服务层是区块链获得持续发展的动力所在，应用服务层封装了区块链的各种应用场景和案例。下面依次从可编程货币、可编程金融、可编程社会这三个角度简单描述一下。

可编程货币：区块链 1.0 应用，指数字货币，是一种价值的数据表现形式。

可编程金融：区块链 2.0 应用，指区块链在泛金融领域的众多应用。人们尝试将智能合约添加到区块链系统中，形成可编程金融。

可编程社会：区块链 3.0 应用。随着区块链技术的发展，其应用能够扩展到任何有需求的领域，包括审计、公证、医疗、投票、物流等，进而到整个社会。

区块链是价值互联网的内核，能够对于每个互联网中代表价值的信息和字节进行产权确认、计量和存储。价值互联网的核心是由区块链构造一个全球性的分布式记账系统，它不仅能够记录金融行业的交易，而且几乎可以记录任何有价值的能以代码形式进行表达的事物。

四、区块链结构

1．区块头

区块头的内容有上一区块头的哈希值、时间戳、当前区块 PoW 机制计算难度值、当前区块 PoW 机制问题的解（满足要求的随机数），以及 Merkle 根。以比特币为例，具体的数据格式为：4B（32bit）的版本字段，用来描述软件版本号；32B（256bit）的父区块头哈希值；32B 的 Merkle 根；4B 的时间戳；4B 的难度目标；4B 的 Nonce（随机数，问题的解）。区块头设计是整个区块链设计中极为重要的一环，区块头包含整个区块的信息，可以唯一标识出一个区块在链中的位置，还可以参与交易合法性的验证，同时它的体积很小（一般不到整个区块的千分之一），为轻量级客户端的实现提供依据。

2．区块体

区块体包含一个区块的完整交易信息，以 Merkle 树的形式组织在一起。图 3.2 所示为区块链的 Merkle 树。Merkle 树的构建过程是一个递归计算哈希值的过程，以图中为例，交易 1 经过 SHA256 计算得到 Hash 1，交易 2 同样算得 Hash 2，将 2 个哈希值串联起来，再做 SHA256 计算，得到 Hash12，这样一层一层地递归计算哈希值，直到剩下最后一个根，就是 Merkle 根。可以看到，Merkle 树的可扩展性很好，不管交易记录有多少，最后都可以产生 Merkle 树及定长的 Merkle 根。同时，Merkle 树的结构保证了查找的高效性。

3．链式结构

除创世区块外，所有区块均通过包含上一区块头的哈希值的方法构成一条区块链。同时，由于包含时间戳，区块链还带有时序性。时间越久的区块后面所链接的区块越多，修改该区块所花费的代价也就越高。这里借用一个形象的比喻，区块链就好比地壳，越往下层，时间越久远，越稳定，越不会轻易发生改变。区块链在增加新区块的时候，有很小的概率会发生“分叉”

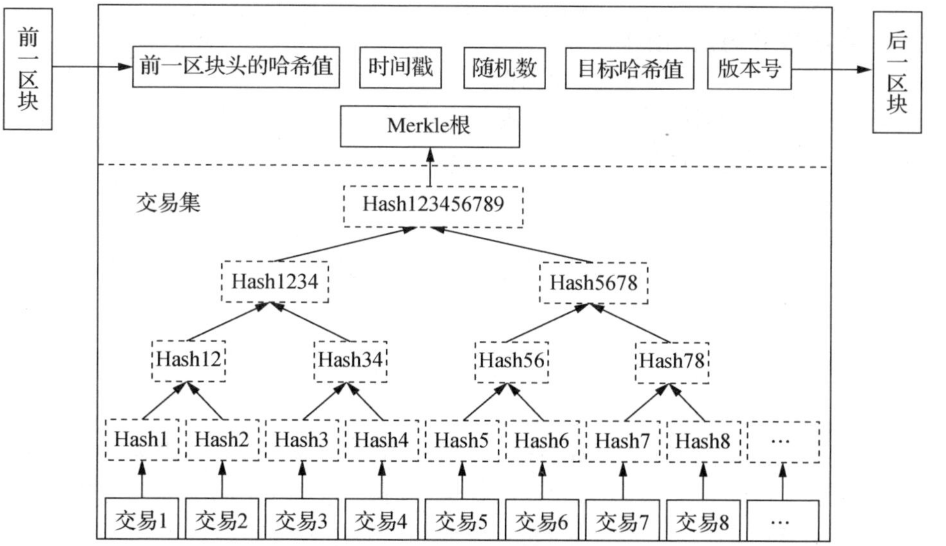

图 3.2　区块链的 Merkle 树

现象，即同一时间挖出两个符合要求的区块。对于“分叉”的解决方法是延长时间，等待下一个区块生成，选择长度最长的支链添加到主链，这样“分叉”发生的概率就很小，多次“分叉”的概率基本可以忽略不计。“分叉”只是短暂的状态，最终的区块链必然是唯一确定的最长链。每个区块链都有一个特殊的头区块，不管从哪个区块开始追溯，最终都会到达这个头区块，即创世区块。这里不得不提到比特币的创世区块，它在北京时间 2009 年 1 月 3 日被中本聪生成，是比特币诞生的里程碑，也是数字货币的新纪元。中本聪在比特币创世区块中留下了一句话“Chancellor on brink of second bailout for banks”，是当天的头版文章标题。

区块链的链式结构如图 3.3 所示。

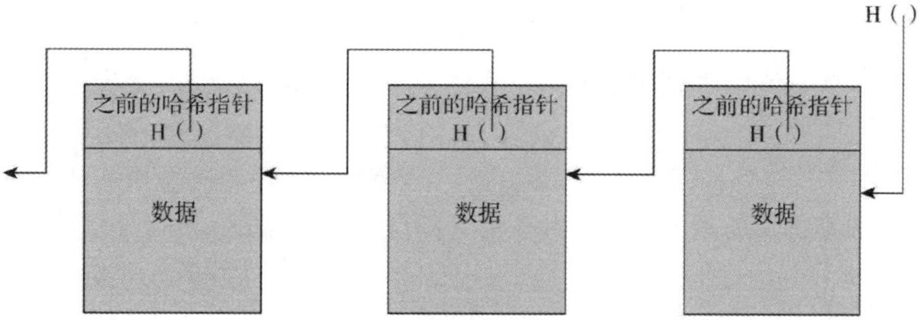

图 3.3　区块链的链式结构

五、区块链的技术架构

区块链的技术架构按照开放程度，可以划分为三个类型：私有链、联盟链、公有链，将在下文中详细介绍。

第二节　私有链

一、私有链的来历

私有链的全称为私有区块链，指的是某个区块链的写入权限仅掌握在某个人或某个组织手中，它对数据的访问及编写等有十分严格的权限。自中本聪发表比特币文章以来，比特币系统人人可参与、去中心化记账的特点成功得到了金融行业的广泛关注，不少金融机构对比特币的底层技术——区块链产生了浓厚的兴趣，纷纷开始研究区块链和金融的结合。其中，欧美主流金融机构纷纷开始研究利用区块链技术改造自身的业务流程。但在研究过程中，鉴于现实世界的法律合规要求，尤其是政府对于持牌金融机构的了解客户（KYC）及反洗钱（AML）方面的严格要求，比特币那样透明、共享的公有链，不能完全满足持牌金融机构或其他一些中心化机构的合规要求。于是，现实需求推动区块链技术的发展，私有链应运而生。

在实际的研究过程中，由于金融行业对商业数据的隐私要求、对节点的高准入门槛要求及对效率的高要求，与公有链去中心化、效率较低的特性不太相符，于是逐渐出现了相对中心化但效率更高的私有链。

私有链的应用大部分集中在企业内部，在企业年度审计等方面发挥着十分重要的作用。另外，得益于私有链运行安全的特点，私有链在某些特殊行业也有应用，如中国人民银行发行的数字货币就应用的是私有链技术。

二、私有链存在的价值

1. 交易的效率更高

私有链的交易速度很快，其速度可超过任何其他的区块链。这是因为即使是少量的节点，也具有高信任度，所以交易的进程不需要每个节点都来验证，这造就了私有链独一无二的交易速度。比特币区块链目前每秒可完成 7 笔交易，而私有链目前最高可以到每秒 10 万笔，并且还有提高的空间。其速度之快，甚至接近常规数据库（非区块链数据库）。这显然更适应现实世界金融交易的需求。

2. 交易可以回溯

这点对于中心化机构也很重要，在某些情况下，某些交易会因为错误或法律的问题而被要求修改、撤销。使用私有链的联盟或企业可以轻松地改变区块链的规则、恢复交易、修改余额信息等。在某些情况下，例如，国家土地所有权登记，这是必要功能；在对某块土地拥有合法所有权的情况下，任何系统都不会被允许存在，同样，想创建一个不受政府控制的土地所有权登记处的尝试，在现实生活中不会被政府承认。

3. 交易费用更低

私有链上不必处理访问权限等烦琐进程，个人数据不会被网络上的任何人获得，且其交易成本低，在私有链上完成的交易通常十分廉价或免费。目前，公有链的交易费用是每笔 0.01 美元，而私有链的交易费用将更低。这是因为私有链上的交易速度十分快，各个节点间不需要完全的协议，因此它们不会为任意一个交易而工作，如此一来大大降低了交易成本。

4. 分布式记账系统

私有链仍然基于分布式网络，保留了分布式记账系统的优点。

5. 隐私保护更好

公有链因为其透明共享总账本的设计，本身不提供隐私保护功能。比特币账户的私钥好比户名，公钥好比账号，“矿工”挖矿就是解码公钥，因此账户是透明的。这显然不符合现有法律框架下金融机构的要求。于是，技术再次跟上了现实世界的需求，人们开发了多重签名技术及零知识证明技术，来在私有链上进行符合现行银行保密法规的隐私保护。零知识证明技术使得人们可以在无须共享账户信息的前提下，仍然有效地运作基于区块链的分布式记账系统。

区块链社区对私有链也有很多分歧。有一种观点认为，私有链没有太多存在的价值，甚至不能称之为真正的区块链。但事实上，这种分歧并不在于技术路线层面，而在于价值观层面。对区块链技术最初的去中心化功能的向往，使得一些人故意忽略了私有链在对接现实世界需求上的价值。其实，只要能够造福人类社会，为什么要那么绝对地支持一方而拒绝另一方呢？公有链自有公有链不可忽略的价值，自有它独特的应用场景。区块链的去中心化并不是反中心化，它只是人们基于降低成本和提高效率这个不变的商业原理，利用区块链这个新技术，去掉那些已经蜕变为高成本、低效率的中心。根据对全球区块链实验项目的观察，我们看到的大部分事实是，区块链实际上只是帮助我们做到了多中心、分中心，或者在区块链技术的基础上创建了一个能够提供更低成本、更高效率的新中心。因此，我们还是要秉持技术中立的基本立场，客观看待公有链、私有链各自的特点和优劣，在能发挥各自优势的地方，让其各自发挥！

三、私有链的应用

私有链的读写权限掌握在某个组织手里，由该组织根据自身需求决定区块链的公开程度。私有链更适合某个组织或企业，它在很多时候都是运用于自己内部的。在实际运用中，企业可根据自己的需求选择更加适合自身的区块链，从而达到快捷高效的目的。私有链的应用场景一般是企业内部，如数据库管理、审计等。也有一些比较特殊的组织情况，如在政府部门的一些应用，有政府的预算和执行，或者政府的行业统计数据，这个一般来说由政府登记，但公众有权监督。私有链的价值主要是提供安全、可追溯、不可篡改、自动执行的运算平台，可以同时防范来自内部和外部的安全攻击，这在传统的系统中是很难做到的。

私有链在未来行业中也有十分广泛的应用。例如，传统大型制造公司在全国各个城市都有分公司，如果采用私有链的方式，将总公司链上的权限下发给各个城市分公司负责人，那么在营销过程中，各个城市分公司的提货数量和分销路径就会展示出来，总公司就能够有效地找到窜货地区，合理地维护各地经销商的权益，各分公司的财务情况也更加透明。在这样的数据基础上制订区域营销规划，一方面可以清晰地了解产品的流向，减少压货和资源浪费；另一方面可以增强公司内部组织的透明度，强化品牌传播。

除上述应用外，私有链还有一个代表应用：蚂蚁金服双链通。

蚂蚁金服的新品牌双链通分别指区块链与供应链。双链通的特点可以归纳成四个核心：分布式底层、可延展能力、开放能力与强反欺诈能力。双链通是全国首批真正使用分布式底层技术打造的网络，非单一封闭系统的数据归集。依托于底层技术能力，双链通平台的可延展能力十分强劲，可以在平台上生成各个类型的角色并将线下进行中的真实贸易合作上链。同时，双链通平台的基础账户采用了银行对公账户体系，用户可绑定合作银行的对公账户完成上链，不必强制注册某个银行账户或第三方钱包产品，既方便快捷又符合内部管理要求。利用企业内部强依赖及高频使用的银行网银体系打通双链通，双链通上用户的每个操作（绑卡、认领、流转、融资等）都需要跳转到绑定的银行网银，进行企业内部制度规定下的大额转出审批流程，并在全部流程审批完成后将审批结果与操作员身份验证结果全部上链，将操作风险降到最低，且完整地执行数字签名法规要求，减少恶意欺诈。

蚂蚁金服区块链是自主可控的金融级别的平台，有3年全球领先的专利申请，有面向金融级别的、高性能和安全的交易处理能力，有企业级灵活高效的、基于软件和硬件的隐私保护技术，有全新的存储内核技术、支持亿级账户规模，有面向企业级联盟链的高互操作性、高性能、安全、异构兼容的跨链技术等，技术创新和场景支持相辅相成，交互迭代。蚂蚁金服区块链的跨链服务就是针对场景中的需求设计并开发的，其技术领先性表现在端到端的安全体系、支持跨链权限定义、高效的P2P跨链组网、自由跨链编程及灵活异构链支持等方面。

面向未来，蚂蚁金服计划构建区块链的协作生态。

（1）核心企业是蚂蚁金服最重要的合作伙伴。在这些合作伙伴中，不仅包括与蚂蚁金服合作的核心企业，还包括其下属的财务企业、保理企业、信托企业，甚至自有的银行等。这些下属企业也可以成为蚂蚁金服区块链的联盟成员，并把核心企业的业务进行打包。

（2）对于不具备自己开发业务系统能力的链上中小企业来说，蚂蚁金服提供了一个轻量级的业务平台，帮助中小企业直接上链进行交易。蚂蚁金服有很高的网络公信力，同时正在引入审计与监管机构，值得中小企业信赖。同时，行业的组织也可成为行业联盟的成员之一。

（3）银行与金融机构均可成为蚂蚁金服区块链的联盟成员，可以在平台上进行网银及身份核实、账务甚至资金结算等业务。对于更高层级的服务商、合作伙伴来说，依托核心能力，可以为蚂蚁金服合作的客户提供更多的与供应链协作、供应链管理相关的能力。通过这种方式，双链通可以和所有的客户及合作伙伴建立一个良好的协作生态。

四、私有链的发展趋势

从具体的项目及国内环境来看，私有链的发展有一定的空间。目前，随着企业与企业合作及交流的需求不断增加，不少企业内部的私有链接入外部企业，朝着联盟链的方向发展。而在未来，随着区块链技术应用的不断成熟，链与链之间的界限也将被突破，私有链将有机会向着更加开放的方向发展，几种不同种类的区块链也能够通过协作来解决更多问题。

所有科技巨头在服务上，或多或少地都采用了一体化模式。这样一来，企业建立自己的私有链、行业之间建立联盟链进行互通，就变得非常简单。

私有链企业之间信息互通的难度非常大，因为不同行业的需求不同。例如，金融行业既要保证每家企业的数据安全和私密，又要在各个企业之间建立信息互通机制，这就需要将敏感信息和其他信息分开，这就是联盟链的作用。百度金融区块链实现资产证券化（Asset-Backed Securitization，ABS），使用的就是通过构建联盟链，将参与方的信息写到区块链的方式。

总体而言，区块链技术的发展路径应该是：以私有链和联盟链的方式，通过各行业的联盟解决利益问题，巨头区块链即服务（Blockchain as a Service，BaaS）平台解决技术门槛问题。

第三节　联盟链

一、联盟链的来历

联盟链的全称为联盟区块链。2009 年比特币诞生后，区块链也随之出现。在区块链早期，是只有公有链的，也就是公开透明的账本。但公有链有一个很大的问题，即虽然赋予大家同等的权限，但是牺牲了效率。公有链可以去中心化，能够实现公开透明，只是效率相对较低，对比中心化的支付方式，假如用微信付款需要 3 秒，如果用公有链系统，则需要几小时或更长时间，用户可能就不再会选择用区块链。

公有链还有一个隐私问题，即在一些场合，公开能够带来公信力，但是在更多的时候，用户可能并不想把相关数据都展现在大家面前，而是希望有一个保护层，就像有一件衣服，既能够带给大家需要的保暖和美化，又能够保证自己的隐私不会泄露。因此，需要从用户需求的低度来折中技术方案：牺牲部分去中心化，甚至是完全去中心化，在权限这一关键环节上做出限制，以此来换取效率的提高。依照这样的思路设计出来的链，就是联盟链。

联盟链是介于公有链和私有链之间、实质上仍属于私有链范畴的区块链。联盟链与公有链的差别在于它只对特定的组织团体开放，因此在联盟链中，每个参与者都可以查阅和交易，但不能验证交易，或不能发布智能合约。简单来说，联盟链上的信息对每个人都是只读的，只有节点有权验证或发布交易，这些节点组成了一个联盟，普通用户如果想验证或发布交易，则须获得联盟的许可。因此，联盟链更类似一种分布式的数据库技术。

二、联盟链的特点

联盟链作为一个半开放的账本，只针对某个特定的组织开放。其主要特点是以相对的平等换取一定的效率。其优点是效率较高、更易商业化，其缺点则是不能保证绝对的公平。例如，假定一个由 15 个金融机构组成的共同体，每个机构都运行着一个节点，为了使每个区块生效，需要获得其中 10 个机构的确认（2/3 的机构确认）。区块链或许允许每个人都可读取，或者只限于参与者，或者走混合型路线，如区块的根哈希及其应用程序接口（Application Program Interface，API）对外公开，API 可允许外界用来进行有限次数的查询和区块链状态信息的获取。这些区块链可视为“部分去中心化”。

联盟链的特点有以下几个方面。

1．部分去中心化

与公有链不一样，联盟链在某种程度上只属于联盟内部的成员所有，且很容易达成共识，因为毕竟联盟链的节点数是非常有限的。

2．可控性较强

一旦公有链形成，将不可篡改，这主要源于公有链的节点一般是海量的，如比特币节点太多，想要篡改区块数据几乎不可能；而联盟链，只要所有机构中的大部分达成共识，即可对区块数据进行更改。

3．保护数据隐私

联盟链上的数据并不是所有具有访问条件的人都可以访问的，联盟链上的数据只有该联盟链上的节点才可以进行读取、修改和访问等活动。联盟链上的每个节点都有属于自己的一个私钥，每个节点自己产生的数据只有该节点自己知道，如果节点与节点之间需要进行数据交换，就必须知道对方节点的私钥，这样一来，既能够保证信息流通，又避免了节点数据隐私泄露的问题。

4．交易处理速度很快

交易处理速度是衡量区块链性能的重要指标之一，即每秒处理事务数（Transaction Per Second，TPS）。在公有链中，一个新的区块是否能够上链，需由区块链中所有的节点来决定，所以一笔交易的真伪至少要得到全网 51%的节点验证才能被确定，导致公有链对交易的处理速度很慢。目前最快的公有链 EOS

主网交易处理速度达到 3590 次/秒（远低于现金交易处理速度）。而对联盟链来说，一个新的区块是否能够上链，只要其中几个权重较高的节点进行确定就可以了，这就意味着，一笔交易不需要所有节点的确认就可以进行，这大大缩短了交易处理时间。

区块链主要有四类应用方向：一是无币区块链；二是用非公开发行交易的 Token 代表区块链外的资产或权利，以改进这些资产或权利的登记和交易流程；三是将公开发行交易的 Token 作为计价单位或标的资产，但依托区块链外的法律框架的经济活动；四是用区块链构建分布式自治组织。无币区块链一般指联盟链，由于不涉及发币，因此政府也给予支持，建议区块链结合实体经济可以从联盟链开始。

实际上，联盟链的应用也受到了很多传统企业的高度重视，银行、保险、证券、物流、汽车、政务、民生等领域均出现了联盟链的应用方案。

三、联盟链的典型代表

目前使用联盟链的群体集中在金融行业，主要是银行业、保险业、证券业。未来，工商业将成为下一个重要的应用领域，之后，随着社会各界对区块链的认可程度的提高，政府系统全面采用联盟链技术提供公共服务指日可待。

1. 超级账本（Hyperledger）

Hyperledger Fabric 项目，是一个由 Linux 基金会管理，得到 IBM 大力推动的联盟链项目。它在 2015 年 12 月推出，旨在构建一个面向企业应用场景的开源分布式记账技术平台，成为跨行业的区块链技术标准。目前，该项目在 GitHub 上相当活跃，有了大量的用户，其技术框架已经较为成熟，有了众多落地项目，还有马士基、沃尔玛、英特尔等大型客户。现在，该项目已经扩展至中国，在中国的客户已经超过 50 个，包括中信银行、招商银行、民生银行、百度等。使用者可以创建一个自己的交易网络（又称联盟链），在交易网络内部实现去中心化的业务数据存储与交互，维护自己的行业账本，对外提供会员制的数据权限，被授权的企业和机构能够查看自己联盟链里账本的数据（可以按照一定的业务规则进行数据公开），而且交易网络的多个账本之间又可以由相关 API 进行数据交互，这样众多的交易网络相互连接就组成了超级账本系统。超级账本的运行体系如图 3.4 所示。

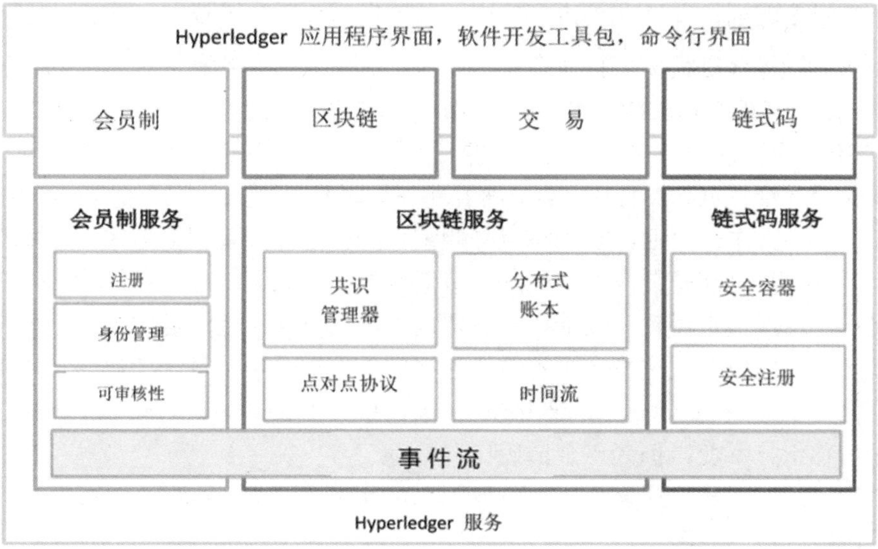

图 3.4　超级账本的运行体系

2. R3 联盟

R3 联盟是世界上最大的分布式记账联盟组织，由一家总部位于纽约的区块链创业公司的 3 位创始人 David Rutter（CEO）、Todd McDonald（COO）、Jeese Edwards（CFO）创办。而 R3 中的“R”来自 CEO 的姓，“3”表示 3 位创始人，成立日期是 2015 年 9 月 15 日。R3 联盟共有 9 家创始机构：Barclays，巴克莱银行；BBVA，西班牙对外银行；Commonwealth Bank of Australia，澳洲联邦银行；Credit Suisse，瑞士信贷银行；Goldman Sachs，高盛；J.P. Morgan，摩根大通；Royal Bank of Scotland，苏格兰皇家银行；State Street，道富银行；UBS，瑞银。它至今已吸引了 42 家巨头银行参与。R3 联盟的产品 Corda（项目代号 Concord）同样是一套分布式记账系统，可以记录、管理、同步金融机构间的合约。该产品借鉴了区块链设计中的几个思路，同时排除了传统区块链技术不适合银行的特点。例如，Corda 并不完全公开数据，只有参与的主体才可以看到其中的数据细节；Corda 预留了监管节点，方便监管层介入；Corda 的设计可靠性高，是工业化产品而非小作坊；Corda 的系统还明确了自身计算机代码规律和法律的关系。

3. 金链盟

2016 年 5 月，由腾讯牵头成立了金融区块链合作联盟（以下简称金链盟），这是一个由深圳市金融科技协会、深圳前海微众银行、深证通、腾讯、华为、中国科学院等金融机构、科技企业、学术机构组成的非营利性组织。2017 年，金链盟推出 FISCO BCOS，这是一个国产的联盟链开源设计。目前，它的成员超过 1000 个，覆盖银行、基金、证券、保险、地方股权交易所、科技企业、学术机构等多个领域，成员几乎全部来自中国。因此，在设计监管接口时，FSICO BCOS 更适合中国企业。它的特点是侧重金融行业，并且较多考虑了监管机构的特殊性。这可能是国内发展最好、最活跃的一个联盟链项目，影响力也在不断提升。经深圳市民政局批准，金链盟以“深圳市金融区块链发展促进会”为正式名称，完成法人注册，主管单位为深圳市地方金融监督管理局。社团英文名称为 Financial Services Blockchain Consortium（Shenzhen）（缩写为 FISCO）；社团简称保持不变，仍为“金链盟”。

除上述三个典型代表外，比较著名的联盟链项目还有微软的 Coco、企业以太坊联盟（EEA）等。

四、联盟链的未来

联盟链设计的初衷是实现高 TPS 的企业级应用，因而要改变公有链上基于无须互相了解和信任的设计基础来减少验证的节点，达到节约时间、提高 TPS 的目的。因此，联盟链采用审核上链、注入信任的方式，使联盟链变得与传统的人为管理的方式本质上相差不多，这在某种程度上降低了分布式记账的公平公开性。因此，尽管业内对联盟链的发展前景还存有争议，部分人认为公有链更有可能成为革命性的应用，但是就目前来看，公有链的项目大多以失败告终，反之，联盟链发展得如火如荼。例如，2016 年 11 月，京东“跑步鸡”项目采用区块链技术溯源每只鸡的饲养过程；2018 年 2 月，菜鸟和天猫国际达成了合作，启用区块链技术建立商品的物流全链路信息；2018 年 8 月，蚂蚁金服在杭州、台州、金华三地医院场景下开出 60 万张“区块链电子票据”；2018 年 8 月，腾讯联手国家税务总局深圳市税务局开出全国首张“区块链电子发票”；2018 年 9 月，蚂蚁金服区块链为上海华山医院区块链电子处方提供技术支持。

当前，公有链应用还不能大范围普及的原因主要是 C 端的高要求。因此，在推广的初期阶段，联盟链应该说是比较能落地的选择，毕竟 B 端的相对要求低于 C 端，而且 B 端一直缺少好的平台体系。例如，供应链上下游企业的信任问题需要一个平台来解决，这在一定程度上使联盟链获得了较大的发展机遇与应用价值。

以后，随着区块链商用落地持续加速，预计区块链的商用化会首先在最有流转价值的领域爆发，如发票和票据，进而向其他领域延伸。

相比传统的区块链，联盟链的核心价值是在一定范围内建立可信基础，基于可信基础保证数据不被篡改，从而减少摩擦、提升效率。而可信基础是其防篡改性，这也在一定程度上发挥了它的价值。未来，联盟链或许可以使中小企业有条件实现非常高效的协作，让它们的商业价值和所提供的产品与服务，足以与大型企业竞争。与此同时，联盟链的发展还需要监管部门的介入。

第四节　公有链

一、公有链的来历

公有链的全称为公有区块链，顾名思义，它是公有的、开放的。在区块链中，公有链是开放程度最高，也是去中心化属性最强的。在公有链中，数据的存储、更新、维护、操作都不再依赖于一个中心化的服务器，而是依赖于每个网络节点，这就意味着，公有链上的数据是由全球互联网上成千上万个网络节点共同记录和维护的，没有人能够擅自篡改其中的数据。公有链是指全世界任何人都可以读取、发送交易且使交易获得有效确认，也可以参与其中共识过程的区块链。

二、公有链的核心价值——机器信任

信任是维持社会秩序的基础，也是稳定社会关系的基本因素。缺少信任，任何社会关系都不可能持久存在；有了信任，可以增强社会成员的向心力，降低社会运行的成本，提高效率。社会学家尼克拉斯·卢曼（Niklas Luhmann）把信任分为人际信任与制度信任。

1. 人际信任

人际信任以“血缘社区”为基础，建立在私人关系和家族或准家族的关系上，其基础是经验性的“道德人格”，并以熟人社会的舆论场来维护。人际信任是一切信任的基础，是主观化、人格化的信任。人际信任的特性是具体的、依靠经验的，缺乏普遍性，信任感及信任程度依对象的变化而变化。同时，人际信任的范围也极为有限，且需要大量的时间进行培养，但人际信任的灵活度是最高的。

2. 制度信任

制度信任是以契约、法规、制度为约束的信任。制度信任不以关系和人情为基础，而是以正式的规章、制度和法律为保障，如果当事人未按规章、制度和法律行事，则会受到惩罚。制度信任是一种不以人的意志为转移的社会选择。违法必罚的法律逻辑所形成的稳定行为预期，是人们产生制度信任的基础。制度信任主导是现代社会运行的基本准则。

与人际信任相比，制度信任是一种信任中介，它把人与人的信任转化为人与制度的信任。因此，制度信任是一种客观的、普遍的、抽象的、确定的、公共性的信任机制，是以实际法律规范和审判制度为保障的信用（Credit）体系。简单说，制度信任是不依靠具体人的信任，在制度信任的框架下，双方无须有真正意义上的“人际信任”，却可以依靠共同的制度信任保证互相的行为在预期中完成。从历史上看，制度信任的出现极大地扩展了人类社会的信任范围，陌生人间只需信任共同的制度便可完成信用活动。但制度信任需要有建立社会契约和立法的过程，而其范围是在制度约束的人群内，信任内容则包含制度所明文规定的内容。

除了人际信任和制度信任，目前还有一种新形态的信任，即机器信任。

3. 机器信任

前文提过，区块链有望带领我们从人际信任、制度信任进入机器信任的时代。区块链信任是一种人类信任协作的新形态，它有着最为广泛的信任范围。正如宾夕法尼亚大学教授Kevin Werbach在其论述区块链信任的专著中所述的，“为所有的使用者提供最为一般化的信任(信用)服务是公有链最为核心的价值，它使得人类首次在全球范围内达成自发性信任。”区块链信任的基础在于各方在平权、分散的网络中，独立地记账、验证过程。各个参与者在公有链无门槛、自由出入、多方持有、多方维护的公共账本上，独立地记录、验证每笔交易及合约。在共识机制的作用下，每个参与者都有可能成为会计（记账人），而在交易确认及验证机制下，每个网络（全节点）都是审计人。因此，公有链是一个全球记账、全球审计的网络。共识机制保证了记账的随机性、分散性、不可伪造性，交易确认及验证机制保证了记账的合法性，其内在的经济和博弈论原理又使记账人基于经济理性原则不会破坏整个系统。

因此，区块链信任也是一种信任中介，它把人与人的信任转化为人与机器的信任。对于公有链的使用者来说，他无须信任任何具体参与这个网络生态的成员，就可以完成对于记账和合约计算的信任。公有链在信任范围上是全球的，任何国家和地区中素未谋面的人在不依赖制度信任的前提下即可完成可信交易。并且，只要公有链系统健康运行，非法和无效的交易就无法通过全球记账、全球审计的共识确认过程，因此也就不存在违约和失信的情况。但是目前来看，区块链信任的使用场景仍较为有限，仅能运用于纯粹记账和封闭性合约的领域，灵活度较低。

总体来说，区块链信任创造性地扩大了信任的范围，降低了信任的成本，进一步推动了人类信任客观化的进程，为更大范围内的全球一体化协作提供了新的可能。在未来的发展中，区块链信任（机器信任）可能与制度信任互为补充，建设更为普遍和高效的全球信任体系。

三、公有链的作用

1. 从“人”的角度出发，基于共建特征，记账公共化

公有链上的所有用户基于共识协议进行记账，每个用户都可以竞争记账权（俗称“挖矿”），检查交易的合法性。全体用户以一种去中心化的方式来维护公有链上数据完整可靠、不被篡改。

2. 从“数据”的角度出发，基于共有特征，账本公共化

公有链上的数据是公开透明的，任何人都可以拥有记录全部历史数据的账本，查看账本内容，同时记录在区块链上的历史数据会被永久保存。

3. 从“代码”的角度出发，基于共治特征，治理公共化

公有链的代码维护、技术升级由公共社区完成，相关决策（包括对共识协议、区块奖励等的修改）由公共社区做出，不由少数个人或机构来决定公有链的发展方向。公有链的代码必须是开源的，接受公众审查和监督，公有链的开发工作也由公众组成的自治社区来完成。

4. 从“价值”的角度出发，基于共享特征，激励公共化

为了获得持续的发展，公有链必须设计经济激励原则，使做出贡献的人可获得相应的经济奖励。系统对于诚实节点进行了激励，对于恶意节点进行了惩罚，利用依概率收敛的方式实现了全网范围内的一致性算法，从而造就了一个

自发性的、永远在线的全球化服务网络。同时，公共化的激励创造了内生的价值体系，不仅保证了系统的可用性和安全性，还使其获得了从代码走向价值的突破性进展。激励的公共化是公有链最重要的特征之一，也是区块链能够吸引技术、金融，甚至社会、政治等不同领域的企业家和学者的重要原因。

四、公有链的优缺点

1．公有链的优点

（1）所有交易数据公开、透明。虽然公有链上的所有节点是匿名（更确切一点，“非实名”）加入网络的，但任何节点都可以查看其他节点的账户余额及交易活动。

（2）无法篡改。公有链是高度去中心化的分布式账本，篡改交易数据几乎不可能实现，除非篡改者控制了全网51%的算力，以及超过5亿元的运作资金。

2．公有链的缺点

（1）低吞吐量。高度去中心化和低吞吐量是公有链不得不面对的两难境地，如最成熟的公有链——比特币——每秒只能处理7笔交易信息（按照每笔交易大小为250B计算），高峰期能处理的交易笔数就更少了。

（2）交易速度缓慢。低吞吐量必然带来缓慢的交易速度。比特币网络极度拥堵，有时一笔交易需要几天才能处理完毕，还需要缴纳几百元的转账费。

五、公有链系统

在公有链中，任何节点无须任何许可便可随时加入或脱离网络。

1．点对点电子现金系统：比特币

与传统分布式系统的C/S、B/S或三层架构不同，比特币系统基于P2P网络，所有节点对等，且都运行同样的节点程序。节点程序总体上分为两部分：一部分是前台程序，包括钱包或图形化界面；另一部分是后台程序，包括挖矿、区块链管理、脚本引擎及网络管理等。

（1）区块链管理：涉及初始区块链下载、连接区块、断开区块、校验区块和保存区块，以及发现最长链条的顶区块。

（2）内存池管理（交易池管理）：节点将通过验证的交易放到一个交易池中，

并准备好将其放入下一步挖到的区块中。

（3）邻接点管理：当一个新比特币节点初始启动时，它需要发现网络中的其他节点，并与至少一个节点连接。

（4）共识管理：比特币中的共识管理包括挖矿、区块验证和交易验证规则。比特币采用 PoW 机制，依赖机器进行哈希运算来获取记账权，同时每次达成共识需要全网共同参与运算，允许全网 50%的节点出错。

（5）密码模块：比特币采用 RIMEMD 和 SHA256 算法及 Base-58 编码生成比特币地址。

（6）签名模块：比特币采用椭圆曲线 Secp256k1 及数字签名算法 ECDSA 来实现数字签名并生成公钥。

（7）脚本引擎：比特币的脚本语言是一种基于堆栈的编程脚本，共有 256 个指令，是非图灵完备的运算平台，没有能力计算任意带复杂功能的任务。

2．智能合约和去中心化应用平台：以太坊

比特币的区块链架构对虚拟货币以外的应用场景的支持非常有限，随着区块链技术从比特币中独立出来，其作为可编程的分布式信用基础设施的发展理念被逐渐确立，并过渡到区块链 2.0 模式，以支持智能合约、去中心化应用为特征。以太坊是区块链 2.0 模式的典型代表。

与比特币相比，以太坊在整体设计上主要有以下不同。

（1）账户。比特币没有账户概念，用户余额是根据各自在区块链上所有未花费的交易输出（Unspent Transaction Output，UTXO）计算得来的。以太坊则设计了两种账户：一种是外部账户，另一种是合约账户。根据状态机模型，以太坊可视为一个通用的、管理对象状态转移的去中心化应用平台，账户就是有状态的对象。外部账户的状态就是余额，合约账户的状态包括余额、代码执行情况、合约的存储等。

（2）区块链设计。以太坊的区块链不仅保存交易清单，还保存最新状态，单纯的 Merkle 树已无法满足这些要求，因此以太坊采用 Merkle Patricia 树实现对交易和状态的校验及查询。

（3）共识机制。以太坊前三版本采用基于 Ethash 算法的 PoW 机制，相比比特币仅依靠 CPU 计算难度问题，以太坊的 Ethash 加入内存难度，并引入有向无环图（Directed Acyclic Graph，DAG），避免了矿池算力集中的问题。同时，以太坊采用贪婪最重可观察子树（Greedy Heaviest Observed Sub Tree，GHOST）协议同时给产生“叔区块”的“矿工”和将“叔区块”包含进主链的“矿工”

奖励，不仅增强了安全性，还进一步避免了算力集中问题。以太坊第四版本采用 PoS 机制。

（4）图灵完备的计算环境。以太坊虚拟机可提供图灵完备的计算环境，用于支持除虚拟货币外更广泛的应用场景。但图灵完备同时意味着对无限循环、递归调用等语句的潜在支持，这也带来了停机问题（不存在一个通用的图灵机来判定任何输入的图灵机是否最终能停机）。以太坊通过引入燃料（Gas）作为强制交易费，不提供燃料的交易不会被执行，也不会被包含进区块，燃料不足的计算将被终止，这样，通过经济的方式来保障平台的安全。

六、公有链系统存在的不足

1. 激励问题

为促使全节点提供资源、自发维护整个网络，公有链系统需要设计激励机制，以保证公有链系统持续健康运行。但比特币的激励机制存在一种“验证者困境”，即没有获得记账权的节点付出算力验证交易而没有任何回报。

2. 效率和安全问题

比特币平均每 10 分钟产生 1 个区块，且其 PoW 机制很难缩短区块产生时间，PoS 机制相对而言可缩短区块产生时间，但更易产生分叉，所以交易需要等更多的确认才能被认为是安全的。有关实验得出：在假设各有 30%算力的前提下，以太坊需要 37 个区块的确认才能达到比特币 6 个区块确认的安全水平。一般认为，比特币中的区块经过 6 个确认才是足够安全的，这大概需要 1 小时，这根本无法满足大多数企业的应用需求。

3. 公有链面临的安全风险

公有链面临的安全风险包括来自外部实体的攻击［分布式拒绝服务攻击（DDoS）等］、来自内部参与者的攻击［女巫攻击（Sybil Attack）、共谋攻击（Collusion Attack）等］及组件的失效、算力攻击等。

4. 隐私问题

公有链上传输和存储的数据都是公开可见的，仅通过“伪匿名”的方式对交易双方进行一定的隐私保护。对于某些涉及大量商业机密和利益的业务场景来说，数据的暴露不符合业务规则和监管要求。

5．最终确定性（Finality）问题

交易的最终确定性指特定的某笔交易是否会最终被包含进区块链中。PoW等公有链共识机制无法提供最终确定性，只能保证一定概率的近似，如在比特币中，一笔交易在 2 小时后可达到的最终确定性为 99.999 9%，这对现有工商业应用和法律环境来说可用性较差。

公有链和联盟链的区别在于读写权限及去中心化的程度不同。一般情况下，去中心化的程度越高，可信度越高，而交易速度越慢。

七、公有链构建全链生态社会

公有链是一个全球化的信任平台，其应用产业就是在“平台”框架之上的垂直行业应用。就目前来看，公有链已经探索了支付、保险、隐私、社交、娱乐、商业等多个领域。另外，在公有链内部也产生了与其自身相关的基础设施产业，如矿机生产、矿池、交易、托管、钱包等服务。

截至 2019 年 4 月，全球范围内的公有链项目共计超过 400 个，其中实际主网上线的公有链大约为 100 个。对实际主网上线的公有链的链上数据进行分析发现，目前公有链发展头部效应明显，具体体现在以下四个方面。

（1）从链上活跃地址数看。地址是公有链触发交易、合约的起点，因此链上活跃地址数体现了公有链用户的参与量和参与活跃度。数据显示，比特币占据最多的 24 小时活跃地址数（80 万个），以太坊占据第二（20 万个）。

（2）从链上交易总数看。交易是使用公有链最为基础的指令，链上交易总数可以体现出公有链的使用量。数据显示，EOS、TRON、ETH 位列前三。

（3）从链上交易量（折合美元）看。链上交易量（折合美元）是指一定时间内链上交易价值量的指标，比特币链上交易量（折合美元）占据首位，以太坊次之。

（4）从开源开发者社区关注度看。以 GitHub 上各开源区块链项目的 Watch、Star 数为基础，可以体现出公有链在开发者社区的影响力和认可度。比特币、以太坊、EOS 居开发者社区关注度前三，其他收录的项目关注度水平非常接近。

目前，全球 400 多个公有链项目的业务范围涵盖了基础设施、支付、保险、隐私、社交、娱乐、商业等共计 65 个领域，其中 71.7%的公有链项目具有支付功能属性，33.3%的公有链项目涉及基础设施、支付、隐私、社交、娱乐、商

业、股权证明、物联网、游戏等较多的领域，应用方向还将持续探索。

未来，随着区块链技术的不断成熟和社会认知的不断提升，或将形成政府、金融机构、相关企业甚至个人融为一体的广泛的以区块链为基础的新的商业生态。最终，每个区块链网络都可以被视为一个子生态系统。这些子生态系统通常是以业务范围和地域范围为边界的，但它们之间并不独立，而是会与其他子生态系统发生交互，并最终融入更上层、更大的生态系统中。上述生态系统间的融合可以通过区块链的跨链技术来实现，在底层打通数据，催化出更具意义的数据应用，促进人类社会文明的进步和发展。

第四章

各国区块链相关发展政策

第一节 联合国高度重视和支持区块链技术应用

一、联合国大会多次提及利用区块链技术助力“可持续发展”

联合国呼吁所有国家（不论该国是贫穷、富裕还是中等收入）行动起来，在促进经济繁荣的同时保护地球。联合国还指出，消除贫困必须与一系列战略齐头并进，包括促进经济增长，解决教育、卫生、社会保护和就业机会的社会需求，遏制气候变化和保护环境。而区块链技术的去中心化、防篡改、可追溯等特点有助于在教育、卫生、社会保护等方面提供有力支撑。一方面，区块链技术有助于促进互联网从“信息互联网”向“价值互联网”转变，大幅降低价值传输成本，从而比较容易地建立多边互信、社会共信，有助于提升全球组织的内部运作效率；另一方面，区块链运行具有公开透明的特性，可以保证社会治理过程中的数据公开、可追溯且难以篡改，对于促进社会公平正义、安定有序等具有积极作用。

2018 年，联合国秘书长安东尼奥·古特雷斯发表了关于“信任缺失症”的演讲。安东尼奥·古特雷斯认为，利用包括区块链等的新一代信息技术，有助于提升全球组织的内部运作效率。2019 年 12 月，安东尼奥·古特雷斯再次表示区块链技术可以用于反洗钱和追踪交易，但联合国希望首先专注于给予捐助者更多的保证。除让捐助者能以自己希望的方式进行捐赠外，区块链技术还能避免给联合国庞大的供应链造成巨大浪费。2020 年 1 月，在纽约联合国总部会议上，瑞士数字资产服务平台 Dcoin 的 CEO Nico Buechel 表示纵览 17 个可持续发展目标，区块链在几个核心点上均可发力，包括最核心的消除贫困。由区块链根源属性“信任”引申出的四大属性：不可篡改、可以追溯、集体维护、公开透明，可结合现有技术共同应用在金融、基建、农业等惠及民生的各行各业，使科技的力量更容易触达通信基础设施不完全的第三世界国家与众多贫困人口，为其提供普惠性服务。区块链是当科技与社会的时间轴交错、科技产生组合式进化时的产物。TCP/IP 协议作为互联网基础设施惠及了全球几十亿人，各行各业依托于互联网欣欣向荣，但仍有许多人没能享受到科技进步带来的红利。地区发展不平衡等问题仍然存在，贫困人口逐年减少但一些地区仍然极度贫困，这正是联合国为之努力的方向，相信区块链作为互信基础设施能让世界变得更美好。

二、联合国积极推动区块链技术在金融、粮食、公益慈善等领域的发展

为保障全球教育、卫生、气象等行业的发展，联合国设立了诸如粮食及农业组织，教育、科学及文化组织，世界卫生组织，世界银行，世界气象组织等一系列机构。据统计，截至目前，国际电信联盟和联合国粮食及农业组织已经展开合作，旨在追踪巴布亚新几内亚的养猪供应链；联合国资本开发基金会正在尼泊尔开发用于汇款的区块链；联合国开发计划署正在使用区块链技术追踪厄瓜多尔的可可供应链等在内的 5 个区块链项目，旨在加强区块链技术的应用和促进成员之间的合作。表 4.1 所示为联合国组织区块链技术应用案例。

表 4.1 联合国组织区块链技术应用案例

事　件	领　域	主要内容
可持续数字金融联盟（SDFA）与汇丰可持续金融中心联合发布《区块链可持续链接债券区块链网关》报告	金融	区块链、人工智能和物联网等技术能够帮助传统金融债券企业转移到绿色和可持续债券市场中，获得资本支持，以弥补可持续发展目标的年度资金短缺
世界粮食计划署发布倡议“构建区块：零饥饿区块链”	民生	使用由区块链提供动力的数字现金券，以确保粮食援助到达约旦、肯尼亚和索马里等地方
区块链慈善基金会和南南合作金融中心等主办了“区块链促进社会公益：利用区块链帮助经济发展”活动	人权	重点探讨了区块链成为包容性增长强劲动力的可能性；妇女政治家有机会在理解与推动妇女行动纲领对未来社会和经济发展的关键作用方面发挥重要作用；区块链技术可以改变游戏规则，对经济发展产生巨大影响，从而建设一个更美好的世界
联合国儿童基金会从以太坊基金会获得了第一笔比特币和以太坊捐款	公益慈善	美国、法国、澳大利亚、新西兰及其他国家或地区的办事处探索利用加密货币资助那些使用区块链技术解决联合国倡议项目问题的国际初创企业

三、联合国提倡以区块链技术促进数字时代经济与社会发展

2018 年 7 月，联合国秘书长安东尼奥·古特雷斯创建了由阿里巴巴集团董事局主席马云、比尔及梅琳达·盖茨基金会联合创始人梅琳达·盖茨担任联合主席的“数字合作高级别小组”，明确提出数字技术正以前所未有的规模和速度改变经济与社会，现有国际合作机制不能充分应对相关挑战，而“数字合作高级别小组”将利用区块链技术探索并描绘数字技术发展趋势，明确机遇和挑战，并为加强数字领域的国际合作提出建议。2019 年 12 月，安东尼奥·古特雷斯提到为了让联合国更好地履行其在数字时代的使命，联合国需要采用区块链这样的技术，帮助其加速实现可持续发展目标。

第二节　世界主要国家区块链发展政策

区块链自 2009 年诞生以来，得到了各个国家、金融机构和相关企业的高度重视，很多国家在政府区块链技术应用方面积极布局，并取得了不错的进展。未来将有更多不同国家、不同层级的政府加入区块链技术应用中，以期利用区块链信息透明、高效协同等特点提高政府治理能力和治理现代化水平。

一、英国：首创“沙盒监管”模式

作为老牌世界金融中心，英国将区块链作为前瞻性技术来看待，认为区块链技术是世界技术发展的趋势，并将其提升到国家战略高度。

2016 年 1 月，英国政府科学办公室发布报告《分布式账本技术：超越区块链》。报告强调分布式账本技术可以实现完全透明的信息更新与共享，减少欺诈、腐败，降低错误率和用纸成本，提升效率，并重新定义政府与公民在数据共享、公开和信任方面的关系。该报告评估了区块链技术在改变公共和私人服务方面的巨大潜力，指出了基于区块链技术的政府数字改造规划方案对于重塑政府与公民之间的数据共享、公开和信任等的重要意义，揭示出英国已将区块链促进政府建设提升到了国家战略高度。

2018 年 10 月，英国金融行为监管局（FCA）宣布将与英国财政部及英国央行共同制定加密货币政策，并计划于 2018 年年底发布。2019 年 1 月，英国金融行为监管局发布文件《加密货币资产指南》。文件指出，根据国家活动指令或金融工具指令，以区块链技术为基础的加密货币资产可被视为“特定投资”。

2019 年 6 月，英国政府进行了区块链试点，将区块链技术用于政府的资金、福利注册和分发过程。区块链作为一种分布式账本，能为英国就业和退休保障部创造一个比银行账户更可靠的安全分发点。它可以确认公众个人的数字身份，使其直接收到来自政府部门的福利金，这不仅可以降低转账过程中发生在银行或当地权力机构中的费用，而且可以降低欺诈和人为错误的发生概率。同年 7 月，英国在税收、数字货币、支付等领域广泛展开区块链技术测试，英国央行副行长也表示希望区块链技术能重塑英国支付系统。英国就业和养老金部门成为英国首个带头测试用区块链技术来发放福利的机构。

英国也是最早提出促进区块链技术发展和加强区块链企业业务监管的国家之一。2015 年，英国政府首创“沙盒监管”模式；2018 年 7 月，英国金融行为监管局批准 11 家区块链企业接受“沙盒监管”；2019 年 5 月，又有 3 家区块链企业接受“沙盒监管”。

为保持英国在金融创新领域的优势地位，获取未来区块链技术发展带来的潜在价值，英国议会于 2019 年 11 月 7 日成立了由 14 人组成的跨党派区块链小组全球专家委员会。该专家委员会同英国议会的议员一起，为英国政府制定区块链政策、拟订发展规划等出谋划策。2019 年年底，英国议会与跨党派区块链小组全球专家委员会多次召集会议，研究和探讨了区块链技术的发展为金融、加密经济和保险业带来的深刻影响与应对办法，以及区块链技术在教育、卫生、科研和创造新的就业机会方面的潜力等。

二、澳大利亚：区块链技术改变选举投票模式

澳大利亚政府签署了一项为期 5 年的协议，以加快公共部门对区块链、人工智能和量子计算的采用；澳大利亚联邦议会成立了一个由两党组成的议会团体，以提高人们对区块链的认识，并为该行业提供一个展示的机会；澳大利亚数字转换机构（DAT）为澳大利亚政府雇员发布区块链概述；昆士兰州政府提供了 1 万美元的资金，用于在邦德堡市的数十家当地企业中安装加密货币销售点系统；澳大利亚政府云基础架构提供商 AUCloud 将基于区块链的操作系统集成到它们的软件即服务（Software as a Service，SaaS）平台中，澳大利亚主要政府部门（包括国防部）目前正在使用 AUCloud 平台；南澳大利亚州政府使用基于区块链的投票系统进行了正式选举；澳大利亚自由党为该国的数字转换机构投资了 5 万美元，以探索使用区块链技术进行政府支付的好处；澳大利亚标准局从澳大利亚自由党那里获得了 25 万美元的资助，以促进标准化国际区块链的发展。

此外，澳大利亚邮政已计划将区块链技术用于选举投票。维多利亚州和塔斯马尼亚州政府的实体财产主任 Tim Adamson 称，这一系统将做到防篡改、可追溯、匿名和安全。这一系统将从企业选举和社区选举这类小型选举做起，逐步推广到议会选举中。投票将加密嵌入区块链中，并非所有人都可以投票。澳洲公民将使用投票额度进行投票，投票前他们还将收到独特的电子验证码来验证身份。

2019 年 10 月，澳大利亚国家运输委员会（NTC）发布的《陆地运输监管 2040》报告认为区块链技术能够改变现有的运输模式，帮助其实现一个更加公平、透明、可持续的运输收费和融资模式。

澳大利亚联邦银行为昆士兰财政部发行了加密债券；澳大利亚的珀斯铸币厂推出了由西澳大利亚州政府担保的以黄金为基础的以太坊代币；澳大利亚证券和投资委员会（AISC）发布了法规信息表 INFO 219，供正在考虑经营市场基础设施或使用分布式记账技术提供金融或消费者信贷服务的企业使用。

三、美国：区块链技术在各个领域充满潜力

近年来，美国政府密切跟踪区块链技术产业发展。一方面，美国国会作为美国主导机构，加强了对区块链的关注，试图保持美国高新技术在全球的领先地位；另一方面，众议院通过了立法，要求金融犯罪执法网络（FinCEN）对区块链、人工智能和其他技术的使用进行研究。

2016 年 6 月，希拉里•克林顿在其竞选演讲中发出了“在公共服务部门采用区块链技术”的呼吁，逐渐描绘出基于区块链的更加智能、高效、低成本、可信任的政府模式。而美国总统大选的戏剧性，让人们纷纷开始思考如何更好地监控选举和提供安全服务的问题，不少人开始呼吁使用区块链技术重塑美国选举模式。

2016 年 7 月，美国国土安全部一次性投资了 6 家企业，为政府部门开发区块链技术应用，但是其参与方式绝不仅限于资金投入，还与 Factom 等企业一起参与技术测试。作为“9 • 11 恐怖袭击”之后成立的国内安全和反恐部门，美国国土安全部的参与已经充分证明了区块链的影响力之大。此外，美国国防高级研究计划局（DARPA）表示将采用区块链技术来安全存储高度敏感的数据，这些数据极有可能来源于核武器或军用卫星等高度机密项目。继美国国土安全部和国防部相继开展区块链研究之后，美国卫生及公共服务部（HHS）也曾征求区块链技术在医疗保健和健康研究领域的研究文件。美国国防高级研究计划局正在创建一个区块链网络安全防护网——一种基于区块链的平台，用于传输

安全消息或处理可通过多种渠道追踪的交易。该平台将以不同的方式使用，以促进各部门与总部之间的通信及情报官员与五角大楼之间的信息传输。

在2017年度透明数据峰会（Data Transparency 2017）上，白宫高级官员强调，区块链技术越来越被视为美国政策和战略考虑的重要内容。在“信息互联网”向“价值互联网”转变的趋势下，不排除美国政府推出与区块链相关的重大发展战略。另外，美国政府出台诸多研究报告，阐述监管和发展思路。例如，美国国会、商务部、国家标准与技术研究院（NIST）等部门发布《2018年联合经济报告》《区块链：背景和政策问题》《区块链技术及区块链在政府应用中的适用性》《区块链技术概述》等，探讨区块链技术的概念内涵、创新应用、法律监管等。

美军航空系统的舰队战备中心正在研究一种许可的区块链原型，以追踪航空零件的整个生命周期。美国空军实施了“供应链增材制造零件的区块链方法”（BASECAMP）项目，以利用分布式记账技术保护长价值链。2018年，《国防授权法》第1646条要求对区块链进行军事就业评估。

美国卫生及公共服务部投资300万美元实施人工智能和区块链解决方案，以减少运营积压，降低成本；新美国区块链信任加速器（BTA）发起了一项为期两年的协作协议，以试运行以区块链为动力的系统，追踪工厂工人的健康状况；美国邮政总局（USPS）申请了一项专利，以结合区块链技术和数字证书来验证用户信息；美国国土安全部发布了一系列赠款，以探索利用区块链技术进行数字身份管理的创新解决方案；美国食品药品监督管理局（FDA）启动了一个试点项目，以探索区块链技术在处方药安全跟踪和验证中的效用。

美国50个联邦州执行着各自的规则，对于区块链技术的发展出台了各自的政策。例如，亚利桑那州制定了一项法律，明确授予智能合约与标准合约相同的法律效力、有效性和可执行性。特拉华州的区块链计划于2018年启动。同年，特拉华州官员开始探索将区块链技术纳入企业申请流程的不同组成部分。现在，特拉华州使用区块链技术简化业务注册流程。怀俄明州立法机关通过了立法，对《怀俄明州统一商法典》第9条进行了修订，以定义利用区块链和分布式记账技术的数字资产。伊利诺伊州的区块链计划对基于区块链的飞行员进行了测试，以调查伊利诺伊州公民的安全和自我主权身份。伊利诺伊州共调查了5个区块链项目，包括财产契约记录、学历证书、卫生服务提供者登记簿、能源信贷市场及保护重要记录。佛蒙特州对分布式记账技术一直持积极态度，美国第一笔经政府批准的区块链记录的房产交易就发生在佛蒙特州。

美国一直鼓励区块链创新技术。赛迪区块链研究院统计结果显示，美国是除中国外发布区块链政策最多的国家。2019年，美国联邦政府及各州政府共发布区块链政策 67 项，其中区块链扶持政策 20 项。其中，美国参议院商业、科学和运输委员会在 2019 年 7 月发布《区块链促进法案》。该方案强调成立全国联邦层面的区块链工作组，推动区块链技术在定义及标准方面形成广泛共识；加强研究并推动区块链技术在非金融领域的应用，特别是在联邦政府工作管理层面的应用；加强区块链技术对电磁频谱政策影响的研究，支撑无线通信数据传输。该法案旨在把美国广泛的区块链利益相关者团结在一起，共同制定美国联邦层面的区块链定义和相关标准，防止区块链技术在认知、管辖、立法等方面在州级层面的碎片化，并为未来的区块链技术监管设置框架，从而更好地推进这项技术创新，保持美国区块链技术产业发展在全球的领先地位。

四、瑞典：抢发区块链数字货币——电子克朗

2016 年 6 月，瑞典政府正式发起区块链土地产权登记项目，致力于实现登记过程数字化、透明化。

意图将区块链技术用于产权登记的国家并不仅限于瑞典。2016 年 4 月，比特币挖矿技术企业 BitFury 宣布与格鲁吉亚国家房产登记处合作；2015 年，区块链记账创业企业 Factom 在洪都拉斯进行的区块链土地产权登记项目声势浩大，可惜终究还是因为与政府意见不合而被叫停。

2019 年 2 月，瑞典央行在其网站上官宣，其基于区块链技术的数字货币——电子克朗（E-Krona）已经开始测试，这使得该国距离创建全球首个央行区块链数字货币（CBDC）又近一步。按照瑞典当局的目标，电子克朗付款将“像发送短信一样容易”。

瑞典央行表示，电子克朗应该简单易用，特别是满足安全性这一关键要求。为保证金融体系的稳定，电子克朗将在隔离测试环境中模拟使用。在隔离测试环境中，模拟用户为普通大众，他们能够在数字钱包中持有电子克朗，通过移动应用程序进行支付、存款和取款。模拟用户还能够通过智能手表等可穿戴设备进行支付。

多年来，在数字货币等现代化支付手段方面，以瑞典为代表的北欧各国一直走在了西方发达国家的前列，尤其是瑞典一直倡导无现金社会的理念，它也是数字货币应用最多的西方国家之一。

五、俄罗斯：“战斗民族”正在全速奔跑

2016 年 10 月，俄罗斯政府宣布，其正在测试基于区块链技术的文档存储系统。该项目名为数字生态系统，其目标是开发文档交换过程中能够提高速度、

可依赖性和互动质量的工具。

参与开发的机构有俄罗斯联邦反垄断局（FAS）与俄罗斯联邦储蓄银行Sberbank。俄罗斯联邦反垄断局的副局长Andrey Tsarikovsky表示，该项目旨在降低文档交换和管理中的成本。“这个去中心化的方法能够削减成本，因为它无须中央数据处理器，也无须设备防护与处理。而且俄罗斯是全球第一批参与调研利用区块链技术简化商业流程的国家之一。”

2016年8月，莫斯科政府发表声明称其正在调研将区块链技术用于预防投票欺诈。

2018年5月，俄罗斯联邦通信、信息技术和大众传媒监督局宣布计划于2019年实现区块链合法化。此前，俄罗斯央行也公开表示不再禁止将加密货币用于稳定企业和消费者情绪。俄罗斯政府部门对区块链技术的措辞也比较稳定和统一。

2018年8月，俄罗斯总统普京批准了关于在部分地区建立“经济特区”的政策，并于同年9月提出将这些地区发展成俄罗斯的“数字发展中心”。

俄罗斯于2019年颁布《实施去中心化登记和合法证书中技术应用管理的监管法案》，以明确对区块链技术的监管。

普京曾说过，任何在区块链技术开发和实施方面“迟到”的人，都会受制于他人。俄罗斯应当利用区块链技术打造自己的数字平台。拥有世界上最活跃的区块链项目的俄罗斯，显然已开始从官方层面意识到这次区块链技术革命对于“战斗民族”俄罗斯的重要意义。

从最初严禁比特币交易，到逐渐转为积极态度，再到将区块链作为国家未来发展的重要部分，俄罗斯政府的态度转变正显示出其推进区块链技术发展的决心和力量。在这场新技术的角逐中，“战斗民族”俄罗斯正清理跑道，全速奔跑。

六、印度：大力培养区块链人才，实现国家无现金化

印度政府认为，区块链技术将保障大数据库的安全，并生成一个防误操作系统，保护大数据库。由于缺乏区块链技术领域专家，印度南部城市安得拉邦于2016年12月17日建立区块链技术研究所，这成为亚洲首例。该研究所将对学生进行培训，以满足当地对区块链技术领域专家的需求。同时，印度政府正和比利时、韩国就采用合适的金融数字交易平台进行政治对话。纳伦德拉·莫迪的治理采用战备状态模式，意图改变千千万万印度人的消费行为，提倡不使用现金交易。2017年年初，印度储备银行（RBI）的研究部门印度银行业科技

发展研究所（IDRBT）开始使用区块链技术，要求“卢比的数字化”。该研究所的主要职能如下。

（1）调查虚拟货币在印度及其他国家的现状。

（2）审查现有关于虚拟货币的全球监管和法律结构。

（3）为虚拟货币交易提出建议，包括消费者权益保护、洗钱等问题。

（4）检查与虚拟货币有关的任何其他事项。

该研究所将重点打造区块链资产交易的标准指南、KYC/AML 及 STR 规范，同时与监管者进行合作，科普有关比特币等加密货币的好处及存在的风险，并创造出能够激励区块链企业的环境。此外，印度数字资产和区块链基金会（DABFI）还会发布了有关加密货币及区块链技术的报告。

安得拉邦政府宣布与网络安全企业 WISeKey 建立新的合作关系，以区块链技术保障公民的数据安全。由于大量个人数据被保存在数据库中，加之网络犯罪的浪潮席卷全球，安得拉邦政府于 2017 年 9 月表示计划使用 WISeKey 的区块链技术保护政府记录的数据。这一合作关系将在不同部门之间展开，并有可能扩展到其他领域，如智慧城市。

案例：印度政府推进实施第一个官方区块链项目

2018 年 2 月，印度政府推进实施第一个官方区块链项目，用于数字证书领域。相关报告显示，印度政府将从 2019 年毕业的学生开始颁发防篡改学历证书。

2019 年 12 月 27 日，印度国家支付公司（NPCI）宣布正式推出区块链平台 Varja，该平台将带来更快速、更高效的结算流程。印度国家支付公司发布了一份公开文件，显示印度支付部门引入了分布式记账平台 Varja，以自动处理后端工作，提高清算机构、银行和其他支付系统参与者（PSP）之间的透明度。

七、肯尼亚：利用区块链网络预防学历证书欺诈

在区块链和加密货币的发展方面，肯尼亚一直是非洲的主要推动国之一，非洲一些较大的区块链汇款服务都起源于肯尼亚。除汇款外，肯尼亚还因其对于区块链，甚至是技术创新的友好环境而闻名。

关于区块链和加密货币相关计划的积极立法讨论，表明了肯尼亚政府对区块链技术的兴趣，这些兴趣也可以体现在政府努力寻找适当的技术监管框架的过程中。

2016 年 12 月，肯尼亚政府表示，正利用区块链技术建立一个不可更改、

透明的教务管理系统。肯尼亚信息和通信技术部联合 IBM，确保学校和其他教育机构在一个基于云端的区块链网络上发布学历证书，致力于减少造假文凭的数量，严厉打击假文凭生产市场。

2018 年 2 月 28 日，肯尼亚政府宣布将任命一个特别小组，该小组将在 3 个月的任期内充分探索分布式记账技术和人工智能的相关应用。由 Bitange Ndemo 博士领导的 11 人工作小组利用 3 个月的时间制作了一份路线图，用来详细说明如何将这些技术应用到地方层面上。

八、加拿大：支持分布式对等比特币支付

加拿大在区块链创新方面的主导地位部分来自多伦多，维塔利克·布特林是第二代开放源代码软件平台以太坊的发明者。以太坊拥有通用脚本语言，该语言创建了用于构建可靠的分布式可信网络的协议。通过增加智能合约（也称脚本）的概念，它扩展了中本聪区块链设计的功能，该设计支持分布式对等比特币支付。

2013 年，当其他国家对于加密货币尚处于懵懂阶段的时候，加拿大就采取了相关措施，如加拿大税务局（CRA）对加密货币进行征税。加拿大税务局将加密货币定性为一种商品，并对加密货币的各个应用场景进行了已有法律的对接处理。例如，将加密货币作为资产持有，按资本收益征税；雇员收到加密货币工资后，则兑换为加拿大元，然后按相应比例交税等。

加拿大政府开始探索使用其他区块链技术，如星际文件系统（IPFS）。加拿大国家研究委员会（NRC）宣布已构建了一个以太坊区块链浏览器，以测试对政府合同的透明管理，并与公众可靠地共享数据。加拿大国家研究委员会的工业研究援助计划（NRC IRAP）小组主持了区块链启动会议，并公布了其计划，以测试区块链技术在促进中小企业管理该计划的贡献协议（创新资金）方面的可行性。该实验将为政府和其他公共机构提供第一个此类实际应用案例。加拿大政府正在使用区块链技术向基于项目的员工发放一种数字简历，以“永久、自有且安全地记录其技能和经验”。不列颠哥伦比亚省、安大略省和加拿大政府建立了开源合作伙伴关系，即可验证组织网络（VON）。VON 利用自我主权身份使组织（及运行这些组织的人员）能够以可信赖的方式在线开展业务。

九、德国：发布联邦政府区块链战略

德国政府一直以来以高度重视区块链的部署与监管而著称。早在 2013 年 8 月，德国财政部就正式将比特币归为金融资产，这意味着德国是第一个对比

特币有明确条例规范的国家。德国的区块链企业主要聚集在柏林、慕尼黑及法兰克福。其中，柏林以基础设施开发为主，慕尼黑发展产业区块链，法兰克福以区块链服务机构为主。柏林以 104 家区块链企业成为德国名副其实的区块链中心。原因就在于柏林低成本的基础设施、近代历史文化的碰撞积累，以及与其他东欧地区相比，柏林可以为程序员提供更好的待遇，因此吸引了很多开发团队来柏林创业或在柏林招募项目大使，而程序员的聚集也使得柏林成为许多知名公有链的所在地。慕尼黑作为德国传统支柱产业的聚集地，在一向以培育德国高素质工程师而著称的慕尼黑大学（LMU）、慕尼黑工业大学（TUM）等学术研究机构的加持下，逐渐发展了产业区块链项目。而法兰克福作为德国金融中心、欧洲中央银行所在地，培育了德国乃至欧洲的金融人才，聚集了大量的家族办公室及风投机构，因此发展了很多服务于区块链的机构，包括一些资产解决方案咨询企业等。

2016 年，德意志联邦银行表示，区块链的分布式记账技术在跨境支付、跨行转账、贸易数据存储等方面的潜力巨大。2019 年 1 月底，德国第二大证券交易所 Boerse Stuttgart Group 正式推出其加密交易应用 Bison。该应用为比特币、以太币、莱特币和瑞波币等加密货币提供了一个免费交易的平台。2019 年 1 月，欧洲最活跃的证券交易市场德意志交易所（DHE）表示，其基于区块链的证券借贷平台目前已取得了重大进展。

2019 年 9 月，德国联邦政府正式发布《德国国家区块链战略》。该战略明确了五大领域的 44 项行动措施。一是在确保金融稳定的前提下开展区块链金融创新。例如，开放德国相关法律，为“证券上链”铺平道路；起草新的法案，确保在监管环境下开展 ICO 活动；在获得许可证的前提下允许交易所开展法定货币和数字加密货币兑换业务。二是积极支持技术创新项目与区块链概念验证实验。例如，资助以实践为导向的能源区块链技术的研发和示范；探索基于区块链技术的能源设施注册和管理——智能电表网关；在工业制造领域，探索基于区块链技术的数字业务流程开发。三是制定清晰可靠的法律、技术标准规范和安全框架，营造良好的行业发展氛围。例如，要探索《通用数据保护条例》（GDPR）与区块链技术的兼容性；深入论证区块链技术在电子存证、版权保护、股份管理、智能合约等应用中涉及的法律效力问题；积极参与区块链国际标准的制定，研究制定设备数字身份标识验证、智能合约合规认证和医疗健康系统接口等标准规范；加强对区块链信息安全的研究与评估，推动密码算法研发。四是从数字身份、信任服务、区块链基础设施、公共管理的角度，探索区块链技术在社会治理领域的应用。例如，构建国家级区块链基础设施，积极参与欧洲区块链服务基础设施（EBSI）建设。五是传播和普及区块链知识，加强教育培训合作等。例如，德国政府将就区块链发展，组织各界对话，以提升全社会的认知。德国政府将重点在金融、数字身份、能源和工业互联网等领域探索区块链技术的应用，旨在从政策、投资、应用、传播等方面利用区块链技术发展金融、底层框架、数字化公共服务，以推进德国数字创新，释放更大的经济潜力，助力德国可持续发展目标，增强德国在欧洲乃至世界的竞争力。

德国在区块链技术发展与应用方面起步比较晚，因此德国应对的策略是法律规则先行，企业研发应用随后跟上。联邦政府制定相关法律规范区块链技术的发展，加上德国雄厚的制造业基础，使得德国在区块链技术发展与应用方面迎头赶上，走在了世界各国的前列。德国发展区块链技术的经验和道路值得我们效仿与学习。

十、韩国：一向重视区块链技术应用

韩国对于区块链和加密货币的相关政策，有很多值得我们借鉴。2016 年，韩国央行提出鼓励探索区块链技术。同年，由韩国金融投资协会（KOFIA）牵头，21 家金融投资企业和 5 家区块链企业共同成立了区块链协会，旨在推动韩国布局区块链产业。2017 年 12 月，韩国禁止匿名交易。2018 年 3 月，韩国禁止未成年人进行加密货币交易。此外，韩国还禁止政府官员持有加密货币。2018 年 8 月初，韩国区块链企业振兴协会（KBEPA）呼吁韩国政府采取措施，监管并推动区块链产业发展，而不应只关注其“短期存在的负面影响”。这句话正是韩国对区块链和加密货币监管之路的缩影。

韩国政府一向重视区块链技术在垂直行业中的应用。2018 年 6 月，韩国科学技术信息通信部发布区块链发展战略，其中确定 6 项示范项目，分别是牲畜产品溯源、个人清算、房产交易、在线投票、国际电子文档管理、船舶物流。2019 年 4 月，韩国互联网安全局（KISA）与韩国科学技术信息通信部合作，将示范项目增加到 12 个，涵盖数字身份、政府档案、医疗健康、物流、能源等领域。韩国的区块链技术已应用于各个领域，如金融、销售、互联网、自动驾驶汽车、智能合约及虚拟货币等。目前，韩国本地的 IT 软件及通信中小企业已经拥有区块链应用技术，并正在努力通过各种试点项目确保案例研究稳定进行。特别是政府和企业正在积极采取措施，将实际业务应用中的区块链商业化。韩国科学技术信息通信部和韩国互联网安全局为了国内区块链产业的发展，正在推动一个区块链试点项目。2019 年，它们把业务范围扩大到 12 个公共部门和 3 个私营部门，总投资达 211 亿韩元。

2020 年伊始，监管韩国经济政策的韩国经济财政部正式宣布，在现行税法

下，个人投资者通过加密交易获得的利润不能被征收所得税。虽然目前韩国的个人加密货币利润免税，但经济财政部一直在努力修订税法，以便对其征税。该部官员表示，他们已经在讨论，以期尽快出台修订后的法案。

加密货币的税收协调是监管的前奏，这将为消费者带来安全，为监管机构带来信心，这是非常必要的。2020 年 1 月，韩国总统府第四次产业革命委员会建议，韩国政府允许金融机构推出比特币衍生品等加密货币相关产品，作为加密货币制度化的中长期战略。由于数字金融正在成为金融业、区块链和加密货币行业的一个重要关键词，因此该委员会建议韩国政府允许金融企业发布基于比特币价格的期货产品，就像美国金融当局所做的那样。

十一、日本：越过电子支付直接进入数字货币

2017 年 4 月 1 日，日本完成了对本国支付服务法的修改，其中最引人关注的便是日本正式承认数字货币为合法支付方式。新法要求，所有在日本境内提供数字货币交易的企业要在日本金融厅（FSA）进行登记备案，只有获得日本金融厅的许可后才能在日本提供相关交易服务。这使得取得牌照的交易所被广大数字货币持有人所信任。

由于各国政府对区块链技术逐渐接纳，很多国家还将大力发展该技术，因此很多区块链项目及应用可在良好的大环境下成长。截至目前，日本有 500 余家涉及区块链技术、服务、应用类的企业，其中 90%以上都位于东京；还有 1200 余家大中型企业，其中涉及医疗、交易、旅游、保险、跨境运输等行业在关注区块链技术并计划进行区块链技术的导入与改革。与此同时，日本拥有 624 万个数字货币的持有者，位居世界交易流量第二位。日本政府在逐渐加大对数字货币监管力度的同时，也在努力普及民众对区块链技术的正确认知，从而达到长期可持续发展的目的，改善民众的生活方式及促进经济发展。

十二、新加坡：积极鼓励并参与区块链技术开发与应用

新加坡金融管理局（MAS）对数字代币和虚拟货币的定义是有区别的。数字代币即 Digital Token，而虚拟货币是 Virtual Currency，新加坡金融管理局认为虚拟货币是数字代币的一种特定形式。新加坡金融管理局于 2017 年 8 月 1 日发表声明称，其注意到数字代币的功能已经超越了虚拟货币的范畴，如果数字代币构成受新加坡金融管理局管理的证券法定义下的某种产品，那么对该种数字代币的发行或提供必须遵守相关的证券法。

新加坡税务局（IRAS）在 2014 年发布的《加密货币指南》中将比特币等

加密货币确认为“货物”而非货币，使用加密货币支付实体货物或服务被视为“货品交易”，需要缴纳商品增值税（GST），当前税率为7%。

新加坡政府支持金融科技行业发展，积极鼓励并参与区块链技术的研究和应用，并承诺为初创企业提供有利的监管环境，力求在区块链技术的研究和应用领域占据先行者与领导者角色，以巩固其金融中心地位，并实现其建成智能金融中心的长远目标。2017年下半年之后，新加坡的区块链初创企业呈现爆发式增长，据估计目前总数已超过500家。新加坡Talenta咨询公司是当地最大、最知名的区块链咨询公司之一，2017年年中以来，仅该公司就已为200余个区块链项目提供基金会注册等服务。

2016年11月，新加坡金融管理局宣布与新加坡银行协会联合发起“乌敏岛项目”，与分布式记账联盟组织R3联盟、美银美林、瑞士信贷、星展银行、汇丰银行、摩根大通、三菱UFJ金融集团、华侨银行、新加坡交易所等合作，研究分布式记账技术在支付、证券清算和结算等领域的应用，推动银行间支付和国际支付。新加坡金融管理局的长远目标是发展出一套更高效、更易用的基于央行发行的电子货币的金融系统，以取代现有系统。新加坡金融管理局认为“乌敏岛项目”是新加坡在研究央行货币分布式账本化和央行数字货币领域起到引领作用的一次机会。

为此，新加坡政府部门提供了良好的政策和监管环境，以便区块链企业在新加坡健康发展，主要体现在以下几个方面。

（1）利用“沙盒”机制，允许区块链企业开展实验和应用研究。2016年，新加坡金融管理局推出了“沙盒”机制，即只要任何在“沙盒”中注册的金融科技（FinTech）企业，允许在事先报备的情况下，从事和目前法律法规有所冲突的业务，并且即使以后被官方终止相关业务，也不会追究其相关的法律责任。“沙盒”并不是专门针对区块链的政策，其对象是所有的金融科技企业，区块链企业只是其中之一。

（2）缩短区块链专利申请时间。2018年4月，新加坡知识产权局（IPOS）宣布加快金融科技应用软件专利的授予进程，如区块链支付系统。根据新加坡知识产权局的声明，金融科技领域快速立法的方案力求将专利授予进程从2年缩短至6个月。

（3）计划更新监管框架，降低区块链交易所的准入门槛。2018年5月，新加坡金融管理局发布的咨询报告指出，当前单层的“市场认可运作者”（RMO）监管框架已经无法满足由新兴技术驱动的新型商业模式带来的需求，包括由区块链技术驱动的交易，或者在没有中间方参与的前提下实现的P2P交易。为了解决这一问题，新加坡金融管理局建议推出一种三层结构，以降低小规模交易平台的市场准入门槛，其中第三层结构尤其适用于规模远远小于大型交易所的市场运作者，并且允许他们在受监管的环境中部署区块链和 P2P 技术。

（4）加强对区块链研究的学术支持，加强人才储备。新加坡国立大学（NUS）于 2019 年早些时候宣布，它正在与 IBM 合作开发关于区块链和分布式记账技术的课程。新加坡管理大学（SMU）和新跃社科大学（SUSS）都提供关于区块链技术的短期课程，强调当前环境下区块链技术的应用。

区块链作为独特的新兴技术，将为政府部门及人民群众带来不可估量的影响。它在为政府的创新管理带来积极的促进作用的同时，也会为政府治理及公共服务带来挑战。

第三节　中国区块链发展政策

一、国务院规划区块链发展，超前部署赢先机

自 2016 年开始，区块链技术的价值逐渐被关注与挖掘，中央部门开始超前部署区块链产业。2016 年 12 月，国务院发布《国务院关于“十三五”国家信息化规划的通知》，将区块链技术列为需超前部署的战略性前沿技术，应加强基础研发和前沿布局。2017 年 7 月，国务院发布《国务院关于印发新一代人工智能发展规划的通知》，提出促进区块链技术与人工智能的融合以建立新型社会信用体系。2019 年 5 月，中共中央、国务院发布《中共中央　国务院关于深化改革加强食品安全工作的意见》，推进区块链技术在食品安全监管领域的应用。2019 年 8 月，中共中央、国务院发布《中共中央　国务院关于支持深圳建设中国特色社会主义先行示范区的意见》，提出支持在深圳开展数字货币研究与移动支付等创新应用。

区块链技术的集成应用在新的技术革新和产业变革中起着重要作用，我们要把区块链作为核心技术自主创新的重要突破口，明确主攻方向，加大投入力度，着力攻克一批关键核心技术，加快推动区块链技术和产业创新发展。赛迪区块链研究院统计结果显示，从国家层面上看，截至 2019 年年底，国家层面出台的区块链相关政策共 12 项，梳理了区块链在我国经济和信息化发展中的总体思路，超前布局区块链发展，积极推动区块链在新一代信息技术、新旧动能转换、金融科技、交通、民生、供应链等方面的创新应用与深度适配。同时，国家大力促进区块链技术与大数据、人工智能、云计算等信息技术的融合，鼓励

区块链技术在产业应用领域方面的推广。中共中央、国务院关于区块链发展的文件如表 4.2 所示。

表 4.2　中共中央、国务院关于区块链发展的文件

发 布 主 体	发 布 时 间	政策/文件名称
国务院	2016 年 12 月	《国务院关于印发“十三五”国家信息化规划的通知》
国务院办公厅	2017 年 1 月	《国务院办公厅关于创新管理优化服务　培育壮大经济发展新动能　加快新旧动能接续转换的意见》
国务院	2017 年 7 月	《国务院关于印发新一代人工智能发展规划的通知》
国务院	2017 年 8 月	《国务院关于进一步扩大和升级信息消费持续释放内需潜力的指导意见》
国务院办公厅	2017 年 10 月	《国务院办公厅关于积极推进供应链创新与应用的指导意见》
国务院	2017 年 11 月	《国务院关于深化“互联网+先进制造业”发展工业互联网的指导意见》
中共中央、国务院	2019 年 5 月	《中共中央　国务院关于深化改革加强食品安全工作的意见》
中共中央、国务院	2019 年 8 月	《中共中央　国务院关于支持深圳建设中国特色社会主义先行示范区的意见》
中共中央、国务院	2019 年 9 月	《交通强国建设纲要》
国务院	2019 年 9 月	《国务院关于加强和规范事中事后监管的指导意见》
中共中央、国务院	2019 年 11 月	《中共中央　国务院关于推进贸易高质量发展的指导意见》
中共中央、国务院	2019 年 12 月	《长江三角洲区域一体化发展规划纲要》

二、各部委积极出台相关政策促进区块链技术的应用

为积极引导我国区块链技术的发展，各部委积极开展对区块链的研究和探讨，响应国家总体布局及规划。2017 年 8 月，商务部、财政部印发《商务部办公厅　财政部办公厅关于开展供应链体系建设工作的通知》，重点推进二维码、无线射频识别（RFID）、视频识别、区块链、GS1、对象标识符（OID）、电子结算和第三方支付等应用，推动追溯系统创新升级。2018 年 4 月，教育部印发《教育信息化 2.0 行动计划》，积极探索基于区块链、大数据等新技术的智能学习效果记录、转移、交换、认证等有效方式，形成泛在化、智能化学习体系，推进信息技术和智能技术深度融入教育教学全过程，打造教育发展国际竞争新增长极。2018 年 9 月，最高人民法院印发《最高人民法院关于互联网法院审理案件若干问题的规定》，当事人提交的电子数据，通过电子签名、可信时间戳、哈希值校验、区块链等证据收集、固定和防篡改的技术手段或者通过电子取证存证平台认证，能够证明其真实性的，互联网法院应当确认。2019 年 4 月，国

家发展改革委、水利部发布《国家节水行动方案》，加强大数据、人工智能、区块链等新一代信息技术与节水技术、管理及产品的深度融合，重点支持用水精准计量、水资源高效循环利用、精准节水灌溉控制、管网漏损监测智能化、非常规水利用等先进技术及适用设备研发。截至 2019 年年底，各部委共出台区块链相关政策 29 项。从政策涉及的领域来看，国家发展改革委、国家网信办、最高人民法院、工业和信息化部、商务部、交通运输部、教育部等陆续在工业互联网、金融、司法、教育、商贸、能源管控、智慧交通、智慧城市等各个行业中提及发展区块链，试图以区块链为抓手，探索国家现代化建设发展新思路。各部委关于区块链发展的文件如表 4.3 所示。

表 4.3　各部委关于区块链发展的文件

发文单位	发布时间	政策/文件名称
工业和信息化部	2016 年 10 月	《中国区块链技术和应用发展白皮书（2016）》
工业和信息化部	2016 年 12 月	《软件和信息技术服务业发展规划（2016—2020 年）》
工业和信息化部	2016 年 12 月	《大数据产业发展规划（2016—2020 年）》
工业和信息化部	2017 年 3 月	《云计算发展三年行动计划（2017—2019 年）》
商务部、财政部	2017 年 8 月	《商务部办公厅　财政部办公厅关于开展供应链体系建设工作的通知》
工业和信息化部	2018 年 3 月	《2018 年信息化和软件服务业标准化工作要点》
教育部	2018 年 4 月	《教育信息化 2.0 行动计划》
工业和信息化部	2018 年 5 月	《2018 中国区块链产业白皮书》
工业和信息化部	2018 年 6 月	《工业互联网发展行动计划（2018—2020 年）》
国家发展改革委等 19 部门	2018 年 9 月	《关于发展数字经济稳定并扩大就业的指导意见》
最高人民法院	2018 年 9 月	《最高人民法院关于互联网法院审理案件若干问题的规定》
民政部	2018 年 9 月	《“互联网+社会组织（社会工作、志愿服务）”行动方案（2018—2020 年）》
国家网信办	2019 年 1 月	《区块链信息服务管理规定》
商务部等 12 部门	2019 年 2 月	《关于推进商品交易市场发展平台经济的指导意见》
工业和信息化部	2019 年 3 月	《新型信息消费示范项目遴选实施方案》
国家发展改革委	2019 年 4 月	《产业结构调整指导目录（2019 年本，征求意见稿）》
工业和信息化部	2019 年 4 月	《关于加强工业互联网安全工作的指导意见（征求意见稿）》
国家发展改革委、水利部	2019 年 4 月	《国家节水行动方案》

续表

发文单位	发布时间	政策/文件名称
工业和信息化部	2019 年 6 月	《工业互联网专项工作组 2019 年工作计划》
工业和信息化部	2019 年 6 月	《工业和信息化部办公厅关于公布网络安全技术应用试点示范项目名单的通知》
最高人民法院	2019 年 6 月	《最高人民法院关于深化执行改革健全解决执行难长效机制的意见——人民法院执行工作纲要（2019—2023）》
国家邮政局	2019 年 7 月	《国家邮政局关于支持民营快递企业发展的指导意见》
中国人民银行	2019 年 8 月	《金融科技（FinTech）发展规划（2019—2021 年）》
工业和信息化部等 10 部门	2019 年 8 月	《关于印发加强工业互联网安全工作的指导意见的通知》
工业和信息化部	2019 年 9 月	《工业大数据发展指导意见（征求意见稿）》
国家发展改革委	2019 年 11 月	《产业结构调整指导目录（2019 年本）》
工业和信息化部	2019 年 11 月	《支持海南建设自由贸易试验区和中国特色自由贸易港的实施方案》
国家电网	2019 年 12 月	《泛在电力物联网 2020 年重点建设任务大纲》
最高人民法院	2019 年 12 月	《最高人民法院关于人民法院进一步为“一带一路”建设提供司法服务和保障的意见》

三、各地方政府政策紧跟步伐，积极出台配套政策支持区块链发展

自 2016 年开始，截至 2019 年年底，我国各省、自治区、直辖市地方政府从基础设施建设、产业扶持、技术研发创新及产业应用落地等角度，积极出台配套政策支持区块链发展，已超 244 项，其中以广东省、山东省、浙江省、贵州省等地数量较多，且广州市、上海市、贵阳市、长沙市、青岛市、福州市等城市均出台区块链专项扶持政策，为区块链企业发展和应用成果转化提供全方位支持。

从政策的涉及领域及发展方向出发进行统计，各地方政府在政策方面以区块链与大数据、人工智能、虚拟现实、5G 等技术的融合性为重点，以金融发展为主要方向。同时，各省市根据地方发展特色，因地制宜，从新旧动能转换、优化营商环境、发展金融贸易等多个方面抢占区块链制高点。

（1）京：倾身打造金融产业。截至 2019 年年底，北京市共出台 15 项区块链相关政策，其中 7 项政策与金融产业相关，占北京市区块链相关政策的 47%，从设立区块链联盟协会、与互联网金融融合、对企业资金支持、构建基础设施、推动技术融合发展等多方面扶持区块链技术与金融领域的融合。

（2）沪：多方位发展区块链。截至 2019 年年底，上海市共出台 11 项区块

链相关政策，涉及金融、教育、能源、信息化等领域。

（3）粤：财政资金大力扶持区块链发展。截至2019年年底，广东省共出台区块链相关政策30项，稳居全国各省市第一，大力出资推进区块链发展，以广州市和深圳市为主要载体。2017年12月，广东省广州市出台《广州市黄埔区 广州开发区促进区块链产业发展办法》，及2018年5月，广东省广州市发布《广州市黄埔区 广州开发区促进区块链产业发展办法实施细则》，对工商注册地、税务征管关系及统计关系在广州市黄埔区、广州开发区及其受托管理和下辖园区范围内，有健全的财务制度、具有独立法人资格，且承诺10年内不迁离注册及办公地址、不改变在本区的纳税义务、不减少注册资本的区块链企业或机构进行培育奖励、成长奖励、平台奖励、应用奖励、技术奖励、金融支持、活动补贴等。

（4）浙、苏：集中发展产业园区。截至2019年年底，浙江省和江苏省分别出台区块链相关政策17项和12项，江浙地区主要以杭州市和南京市为聚集区，专项发展区块链产业园区。2017年5月，浙江省杭州市西湖区人民政府金融工作办公室发布《关于打造西溪谷区块链产业园的政策意见（试行）》，提出致力于发展区块链产业。2017年12月，江苏省高铁新城向社会开放首批15个区块链应用场景，并发布8条扶持政策，吸引区块链企业和人才落户，设立总规模10亿元的专项引导基金，联合同济大学打造产业聚集的高地“链谷”。

（5）贵：大力发展数字经济与大数据领域。截至2019年年底，贵州省共出台区块链相关政策16项，与大数据结合，大力发展区块链数字经济模式，同时重点发展医疗领域。2017年5月，贵阳国家高新区管理委员会发布《贵阳国家高新区促进区块链技术创新及应用示范十条政策措施（试行）》，提到对区块链企业提供入驻支持及一系列奖励补贴。2017年6月，贵阳市人民政府办公厅印发了《关于支持区块链发展和应用的若干政策措施（试行）》，提出要对区块链产业提供政策扶持。

自2019年10月之后，各省市领导人密切关注区块链发展动态，在多项会议上强调发展区块链的重要性，打造区块链先行应用试点地区。2019年11月1日，河北省省长许勤在省政府常务会议上强调：强化规划和政策引领，把区块链纳入河北省数字经济“十四五”发展规划，加快制订专项行动计划；提升原始创新能力，谋划实施一批重大科技专项，鼓励引导企业、科研院所在基础研究和核心技术攻关上取得突破；构建产业生态，加快区块链和人工智能、大数据、物联网等前沿信息技术深度融合；推进区块链技术在政务服务、智慧医疗、农产品安全追溯等领域的应用，为群众提供更加智能、便捷、优质的公共服务。2019年11月12日，时任甘肃省委书记林铎在省委常委会会议上强调：

依托现有平台加紧谋篇布局、整合力量攻关，努力用好技术革新和产业变革带来的机遇；要树立“区块链+”思维，探索集成创新和融合发展路径，逐步实现区块链技术的多领域、多场景应用，争取在各方面取得实质性进展。2019 年 12 月 21 日，时任江苏省委常委、南京市委书记张敬华在南京市委理论学习中心组举行的学习会上强调：加快推动南京市区块链技术和产业创新发展，要加强顶层设计，把握产业技术演进规律，选准重点方向，排定一批项目，统筹谋划区块链与数字经济、人工智能等协调发展，明确发展“路线图”。

各地区块链专项政策一览表如表 4.4 所示。

表 4.4　各地区块链专项政策一览表

地　方	时　间	政策/文件名称
杭州市	2017 年 5 月	《关于打造西溪谷区块链产业园的政策意见（试行）》
苏州市	2017 年 12 月	《苏州高铁新城区块链产业发展扶持政策（试行）》
上海市	2018 年 9 月	《杨浦区促进区块链产业发展的若干政策规定》
福州市	2019 年 5 月	《关于加快福州市区块链产业发展的三条措施》
青岛市	2017 年 6 月	《青岛市市北区人民政府关于加快区块链产业发展的意见（试行）》
	2019 年 10 月	《青岛市市北区科学技术局市北区区块链专项资金管理办法（试行）》
	2019 年 10 月	《青岛市市北区科学技术局市北区区块链产业发展办法（试行）》
	2019 年 12 月	《崂山区区块链产业发展三年行动计划（2020—2022 年）》
广州市	2017 年 12 月	《广州市黄埔区　广州开发区促进区块链产业发展办法》
	2018 年 5 月	《广州市黄埔区　广州开发区促进区块链产业发展办法实施细则》
佛山市	2018 年 6 月	《佛山市南海区关于支持“区块链+”金融科技产业集聚发展的扶持措施》
珠海市	2018 年 10 月	《横琴新区区块链产业发展扶持暂行办法》
贵阳市	2017 年 5 月	《贵阳国家高新区促进区块链技术创新及应用示范十条政策措施（试行）》
	2017 年 6 月	《关于支持区块链发展和应用的若干政策措施（试行）》
长沙市	2018 年 6 月	《长沙经济技术开发区关于支持区块链产业发展的政策（试行）》
	2018 年 12 月	《长沙市人民政府办公厅关于加快区块链产业发展的意见》

第五章

区块链与国家战略

人类自诞生以来，一直在探索社会发展的规律。从科学技术对经济社会的影响来看，人类的探索活动大致可以划分为四个阶段：18 世纪 60 年代，第一次工业革命以英国人瓦特改良的蒸汽机为代表，这项具有划时代意义的革命技术使社会手工劳动向动力机械生产转变；19 世纪后期至 20 世纪初期，第二次工业革命以电力的大规模应用为代表，著名的代表事件是爱迪生发明了电灯；20 世纪中后期，第二次世界大战以后，随着计算机和电子数据的普及与推广，第三次工业革命——信息技术革命的到来彻底改变了整个人类社会的运作模式；后来诞生的苹果、微软掀起了互联网时代的大幕，至今仍在影响着人类经济社会的方方面面，堪称对人类影响最为深远的技术革命。

互联网始于 1969 年美国的阿帕网。这种将计算机网络互相连接在一起的方法称为"网络互联"，在这基础上发展出覆盖全世界的全球性互联网络（互联网），即互相连接在一起的网络结构。互联网至今已经走过了 50 多年的历史长河，尤其是从 20 世纪 90 年代末开始，我国互联网从个人计算机（Personal Computer，PC）端的鼎盛时期转变到现在移动互联网和物联网蓬勃发展期，不过用了短短 20 来年的时间。互联网具有打破信息不对称、降低交易成本、促进专业化分工和提升劳动生产率的特点，为各个国家经济转型升级提供了重要机遇。2015 年，"互联网+"上升为国家战略，经过几年的发展，互联网已经与传统产业融合，互联网金融、互联网交通、互联网医疗、互联网教育等新业态正是互联网与传统产业融合的产物。工业互联网正在从消费品工业向装备制造和能源、新材料等工业领域渗透，全面推动传统工业生产方式的转变；农业互联网也在从电子商务等网络销售环节向生产领域渗透。可以说，我国是全球互联网应用最成功的国家之一。互联网、移动互联网、物联网、大数据、人工智能的发展，在给人类经济社会带来快速发展的同时，也产生了一些由于互联网自身原因而形成的问题，如中心化数据易被篡改、数据共享难、信任成本高、不同主体协作困难等。而区块链作为集计算机技术、密码学、共识机制、智能合约等于一体的新型科学技术恰恰解决了互联网本身不能解决的问题，进而或许可以成为继互联网之后人类经济社会发展史上的又一次革命。

第一节 “互联网+”国家战略

一、用户数量持续增长，上网时长不断攀升

1994 年 4 月 20 日，中国科学院用一条 64kbit/s 的连接线让我国与世界连通。互联网自进入我国以来，对我国经济社会产生了重要影响。截至 2020 年 6 月，我国网民规模已经达到 9.40 亿人，相当于全球网民的 1/5；互联网普及率为 67.0%，约高于全球平均水平 5 个百分点。城乡数字鸿沟显著缩小，城乡地区互联网普及率差异为 24.1%。2017—2020 年上半年网民规模及互联网普及率如图 5.1 所示。

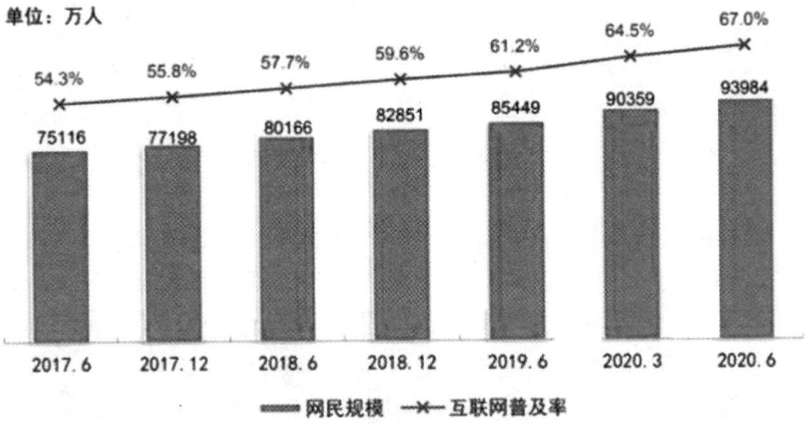

图 5.1 2017—2020 年上半年网民规模及互联网普及率

截至 2020 年 6 月，我国手机网民规模达 9.32 亿人，较 2020 年 3 月底增加了 3546 万人。网民中使用手机上网的人群的占比提升至 99.2%，手机网民比例在高基数基础上进一步攀升。2017—2020 年上半年手机网民规模及其占整体网民比例如图 5.2 所示。

从 1999 年我国电子商务出现开始到 2020 年，互联网行业在我国发展的 20 多年里，经历了探索成长期（1999—2008 年）、快速发展期（2009—2014 年）、

成熟繁荣期（2015—2020 年），由 PC 互联网走向移动互联网，由 2G 走向 5G，成为推动我国创新与经济发展的主要引擎。

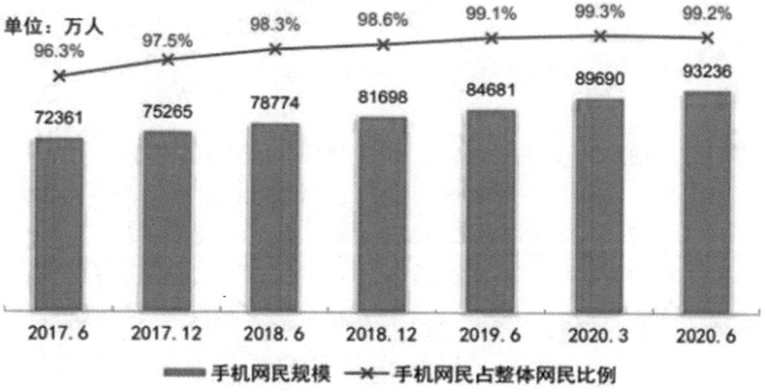

图 5.2 2017—2020 年上半年手机网民规模及其占整体网民比例

二、加强互联网顶层设计，建设网络强国

为适应发展趋势，我国及时加强互联网顶层设计和统筹规划，成立中共中央网络安全和信息化委员会，确立建设网络强国的重大战略目标，从国际、国内大势出发，总体布局，统筹各方，加快实施和推进网络强国建设，网络空间国际竞争力不断提高。2015 年 7 月，国务院出台的《国务院关于积极推进“互联网+”行动的指导意见》提出，“互联网+”是把互联网的创新成果与经济社会各领域深度融合，推动技术进步、效率提升和组织变革，提升实体经济创新力和生产力，形成更广泛的以互联网为基础设施和创新要素的经济社会发展新形态。加快推进“互联网+”发展，有利于重塑创新体系、激发创新活力、培育新兴业态和创新公共服务模式，对打造大众创业、万众创新和增加公共产品、公共服务“双引擎”，主动适应和引领经济发展新常态，形成经济发展新动能，实现中国经济提质增效升级具有重要意义。

三、推动“互联网+经济发展”，形成数字经济新动能

互联网在我国快速发展的 20 多年中，已经由单一的资讯信息服务，逐步融合到传统产业并为之带来信息化蜕变。进入移动互联网阶段后，我国互联网已渗透至社会的多个领域，互联网、移动互联网等应用正在深刻改变经济发展各领域的组织模式、服务模式和商业模式，产业转型升级持续加速，新服务、新

模式、新业态不断涌现，经济发展新动能不断培育和增多，有效适应和引领了经济新常态。“互联网+创新”成为几乎工业、农业、服务业、房地产业等所有传统产业的标配，促进了社会发展，我国正在成为全球创新的典范，“中国创造”成为全球追赶和学习的榜样。2019 年，我国数字经济规模已达 34.81 万亿元，占 GDP 的 35%，数字经济成为我国产业的重要组成部分。

四、深化“互联网+社会发展”，促进民生高质量发展

互联网与整个社会发展同样已经深度融合，教育、医疗、文化、社保、养老等领域积极拥抱互联网，互联网教育、互联网医疗、互联网养老等新业态促进了优质资源流动，促进了城乡协调和共享发展。电子商务应用持续保持高速增长态势，电子商务交易额从 2012 年的 7.89 万亿元增长到 2019 年年底的 34.81 万亿元，微信支付、支付宝支付等移动支付模式快速普及，加速推进我国迈向无现金社会时代，电子商务、移动支付和社交通信等移动互联网应用正在为我国人民创造一种令很多国家向往和羡慕的新生活方式，科技改变未来因互联网应用正在加速实现。

五、推进“互联网+政务服务”，加速国家治理现代化

国务院与各级政府积极推进“互联网+政务服务”，推行“一号、一窗、一网”服务，不断优化服务流程，创新服务方式，推动数据共享，打通信息孤岛，创新监管和服务模式，实现了让企业和群众少跑腿、好办事、不添堵，宏观调控、社会管理、公共服务、市场监管等治国理政能力不断增强，营商环境显著改善，双创活力蓬勃激发，依法治国深入推进，制度性交易成本持续降低，国家治理能力和水平全面提升。各级政府可以利用互联网、移动互联网、物联网、大数据等新技术，分级分类推进新型智慧城市建设，对政务服务办理过程和结果进行大数据分析，创新办事质量控制和服务效果评估，大幅提高政务服务的在线化、个性化、智能化水平；还可以通过建立事项信息库动态更新机制和业务协作工作机制，与推进新型智慧城市建设、信息惠民建设等工作形成合力，不断创新政务服务方式，提升政务服务供给水平。

近年来，我国电子政务发展在统筹协调机制、深入推进“互联网+政务服务”、信息资源整合与共享等方面均取得了积极进展，但同时也面临一些挑战和问题，需要运用新理念、新方法来推进电子政务进一步发展。截至 2020 年 6 月，我国在线政务服务用户规模达 7.73 亿人，较 2020 年 3 月增长 11.4%，占整体网民的 82.2%。截至 2019 年，我国已有 297 个地级市政府开通了“两微一端”

（政务微信、政务微博和政务新媒体平台）等新媒体传播渠道，总体覆盖率达88.9%。但是，我国仍然有约 57%的地级市政府客户端和微信公众号服务整合程度未达标，移动服务供给分散，政务新媒体平台整合能力有待提升。

截至2020年6月，我国共有政府网站14 467个，主要包括中国政府网1个，国务院部门及其内设、垂直管理机构共有政府网站 900 个，省级及以下行政单位共有政府网站 13 566 个，分布在我国 31 个省（自治区、直辖市）和新疆生产建设兵团。各行政级别政府网站数量如图 5.3 所示。

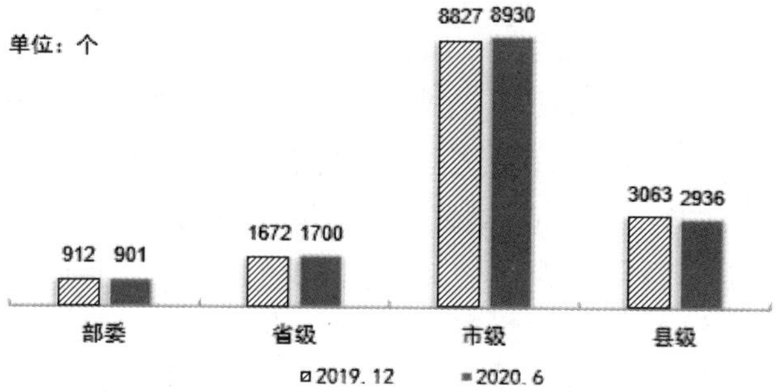

图 5.3 各行政级别政府网站数量

六、“互联网+”存在的根本问题

1. 中心化存储数据安全问题

中心化存储拥有明确的中心，安全成本高昂，且更容易被攻击。众所周知，对黑客而言，只要攻破了这个明确的中心，就可以拿到所有的数据，甚至篡改其中的数据。

对于实力不足的运营方而言，有随时终止服务的风险。之前我国曾出现过“网盘大战”，并且这还不是由创业公司直接发起的价格大战，参战方有 360 网盘、金山网盘、新浪微盘、百度网盘等。几年过去了，其中大部分的网盘业务都已经关闭，大量用户的存储数据丢失。

在过去的 20 多年中，互联网全面融入人类经济社会生活，引领世界发生了巨大的变革。但由于技术本身的局限，网络世界的公平性、价值性、安全性等基础问题，长期以来都未得到圆满解决，甚至由此派生出许多危害公共治安、社会伦理、国家安全的问题，成为现实社会新的“顽疾”。因此，在互联网世界内部开展一场深刻的技术变革，比过去任何时候都显得更加必要、更加迫切。

2. 互联网信任成本过高

在经济互联网化、全球化的今天，信任是经济往来的基石。信任的获得成本非常高，却又非常容易丧失。在心理学中，信任是社会影响概念中不可或缺的一部分：因为影响或说服一个信任你的人是容易的。因此，这个概念已被广泛地应用于预测组织（如政府机构）的行为。然而，再次感受到诚实、能力和价值的相似性（Value Similarity，有点类似仁爱心）是必要的。若因为明显违反了其中的三个因素而丧失了信任，将很难修复。因此，建立信任与破坏信任有一个明确的对称性。在以互联网技术为标志的全球化时代，信息高度透明、对称，每个个体、每个组织都曝光在同一片蓝天下，如果社会中缺少信任，那么这个社会将是一个人人自危的社会。互联网、移动互联网、人工智能、云计算、大数据、5G等的应用基础是数据，但如果在不诚信的环境下，没有真实的数据，或者数据造假，不管拥有再好的技术也可能做出错误的判断。因此，在互联网时代，人与人之间、企业与企业之间、国家与国家之间的信任成本非常高，而基于多年建立起来的信任却会因为一些或许存在、或许只是可能的误会而轻易失去。而从金融的角度来看，信息不对称会被认为有风险，进而会人为增设很多防范风险的手段，进一步提高信任成本。

3. 用户隐私保护难度较大

2018年，Facebook用户信息泄露事件已经演变成重大的政治事件、经济事件、金融事件、科技事件、大数据事件、用户信息保护事件等多重的、深层次的问题。这起事件的严重程度远远超过市场、所有政治家、经济金融家及民众的预期。这种严重性不在于超5000万个用户信息被泄露的庞大数据，而在于如何应用诸如Facebook等“超级平台”上积累的数据（特别是用户信息）、如何堵住被滥用的漏洞。

更加令人吃惊的是，平常对于大数据与云计算这对“孪生姐妹”，往往注重经济金融和商业商家上的应用与开发，注重服务于经济金融与商业商家等。然而，通过Facebook事件，人们发现完全可以将个人信息应用到左右选民投票的政治选举事件中。

Facebook用户信息泄露事件被揭露后，人们才发现事件主角剑桥分析公司之厉害、之威猛、之令人瞠目结舌。“我们定位你的选民，打动他们让他们采取行动。”这是数据分析公司剑桥分析公司政治服务部门的广告语。在其官网上，剑桥分析公司列出了自己的“光荣业绩”：“为五大洲超过100场竞选提供支持；仅在美国，我们就为赢得总统选举、国会选举和各州选举发挥了关键作用。”

剑桥分析公司通过分析用户的行为模式、性格特征、价值观取向、成长经历，有针对性地推送信息和竞选广告，以影响美国选民在竞选中的投票。该公司通过简单的在线应用测试，就可以将用户划分成五类人格特征：开放性、尽责性、外倾性、宜人性和神经质。

互联网发展到今天，不论是便利性还是实效性都让我们亲身感受到了科技的力量，但与此同时，个人信息泄露、隐私曝光、诈骗骚扰电话等各种科技寄生虫如影随形。尽管国家层面一再强调，从企业到个人都不得强行绑架用户、盗用用户信息，但最近几年这一问题从未中断。

4．基础技术创新相对较弱

一般来说，互联网的用户终端（电脑、手机等）要想访问一个网页或应用，首先需要通过域名系统获取该网页或应用所在服务器的 IP 地址，然后根据路由控制系统将访问请求发送给对应 IP 地址的服务器。相比邮政系统，域名系统类似收件人的黄页，根据收件人的名字查到对应的门牌号码；路由控制系统类似导航系统，根据门牌号码，在实际的道路网中规划出一条最合理的寄送道路。互联网是全球一张网的通信系统，充当“名字标识”的域名和充当“位置标识”的 IP 地址必须具有全球唯一性。为此，无论是域名系统还是路由控制系统，都是一个树形的分配和管理体系，下级受制于上级。位于域名系统最上游的是“域名根服务器”。一次完整的域名解析过程，需要逐级访问域名根服务器、顶级域名服务器。境内没有域名根服务器的国家，从理论上讲，若不考虑服务器缓存的因素，每次境内互联网的访问都需要访问境外根服务器。没有域名根服务器和 IP 根服务器的国家，一旦境外根服务器反馈错误信息或不提供服务，则会导致境内互联网“断网”。这种对境外根服务器的高度依赖，就成了所有没有根服务器国家头上所悬的“达摩克利斯之剑”。因为各类互联网的应用创新都建立在根服务器这个基础上，如果没有它的各种应用，就相当于把大厦建在了海难上。而在这一方面，我国还有很多路要走。

而上述问题或许可以由区块链技术加以解决！

第二节　“区块链+”国家战略升级

一、区块链上升为国家战略

2019 年 10 月 24 日，在中共中央政治局第十八次集体学习时，习近平总书记强调，“把区块链作为核心技术自主创新的重要突破口”“加快推动区块链技术和产业创新发展”。区块链成为社会关注的焦点。

区块链是一项集成技术。最简单的理解，区块链是一个共享数据库，存储于其中的数据或信息，具有“不可伪造”“全程留痕”“可以追溯”“公开透明”“集体维护”等特征。基于这些特征，区块链技术奠定了坚实的“信任”基础，创造了可靠的“合作”机制，具有广阔的应用前景。区块链技术应用已延伸到数字金融、物联网、智能制造、供应链管理、数字资产交易等多个领域。目前，全球主要国家都在加快布局区块链技术发展。我国在区块链领域拥有良好的基础，要加快推动区块链技术和产业创新发展，积极推进区块链和经济社会融合发展。区块链上升为国家战略，可以从以下几个方面理解。

1. 强化基础研究，提升原始创新能力

我国要努力在区块链这个新兴领域走在理论最前沿、占据创新制高点、取得产业新优势；要推动协同攻关，加快推进核心技术突破，为区块链应用发展提供安全可控的技术支撑；要加强区块链标准化研究，提升国际话语权和规则制定权；要加快产业发展，发挥好市场优势，进一步打通创新链、应用链、价值链。区块链作为未来的国家基础设施，不可能使用国外的技术，这为国内的企业提供了一个良好的发展机遇，从事区块链底层平台开发的企业有望重演当年百度在国内超越谷歌的一幕。目前，国内的区块链底层平台得到普遍认可的还极少，因此潜力巨大。

2. 推动政府治理现代化

区块链最大的价值和意义在于调整人与人之间的关系，这有助于改变过去由政府统管一切的社会治理模式，让人民切实参与到社会治理过程中，让人民更加深入地参与到经济社会发展和变革过程中。将区块链应用到政府治理中，可以有效提升政务服务水平。安全可信的数据共享技术是构建数字政府的核心，区块链技术分布式、共识、加密的特点可以促进放权的、本地化的决策技术，从而帮助地方政府消除信息壁垒，打通数据孤岛。现在不少地方政府、公安部门、法院，尤其是互联网法院等在区块链技术的探索与应用方面进行了一些非常有意义的尝试。区块链技术的分布式、透明性、可追溯性和公开性等特性，使其适用于促进政府组织结构的扁平化治理及服务过程透明化，从而提高政务数据的安全性，推动智能化和可信任政府的建设，提高政府风险预警防控能力。

3. 推动区块链和实体经济深度融合

我国要抓住区块链技术融合、功能拓展、产业细分的契机，发挥区块链在促进数据共享、优化业务流程、降低运营成本、提升协同效率、建设可信体系等方面的作用；要推动区块链和实体经济深度融合，解决中小企业贷款融资难、银行风控难、部门监管难等问题；要利用区块链技术探索数字经济模式创新，为打造便捷高效、公平竞争、稳定透明的营商环境提供动力，为推进供给侧结构性改革、实现各行业供需有效对接提供服务，为加快新旧动能接续转换、推动经济高质量发展提供支撑。

4. 促进“区块链+金融”更好地服务实体经济

区块链技术具备一种“降低成本”的强大能力，能简化金融服务实体经济的流程，特别是中小企业融资流程，降低过去由于信息不对称等导致的一些不必要的交易成本及制度性成本。我国要基于可信的、不可篡改的数据分析，有效降低金融风险，促进监管的数据共享，进而提升金融服务实体经济的效能。

5. 探索“区块链+”在民生领域的运用

我国要积极推动区块链技术在教育、就业、养老、精准脱贫、医疗健康、商品防伪、食品安全、公益、社会救助等领域的应用，为人民群众提供更加智能、更加便捷、更加优质的公共服务。就像“互联网+”一样，“区块链+”指出的方向就是利用区块链技术为行业赋能，利用区块链的技术特点改进甚至变革行业生态与流程。例如，利用区块链的去中心化信任与防篡改机制，可以为食品供应链涉及的众多环节（政府、企业、消费者）搭建食品安全溯源或商品防伪平台；利用区块链的智能合约，可以实现医疗保险的自动受理与支付。区块链有别于经典互联网的可信计算机制，是开发者利用这一技术赋能传统行业时着重思考的出发点。

6. 推动区块链底层技术和新型智慧城市建设相结合

我国要探索在信息基础设施、智慧交通、能源电力等领域的推广应用，提升城市管理的智能化、精准化水平；要利用区块链技术促进城市间在信息、资金、人才、征信等方面更大规模的互联互通，保障生产要素在区域内有序高效流动；要探索利用区块链数据共享模式，实现政务数据跨部门、跨区域共同维护和利用，促进业务协同办理，深化“最多跑一次”改革，为人民群众带来更好的政务服务体验。这是在更高层面上的区块链技术特点的运用，从跨越多个组织机构的互联互通到跨越多个城市的互联互通。例如，利用区块链的去中心化信任与防篡改机制，可以实现社保和个人信用的异地查证而无须建立大一统的数据中心。

二、区块链国家战略的良好基础

作为新兴前沿技术，区块链还没有形成强大的技术壁垒，对于世界各国来说，实际上基本处于同一起跑线。我国要在此领域实现核心技术突破，束缚和阻碍更小，更容易走在理论最前沿、占据创新制高点、取得产业新优势。此外，无论是在技术、产业，还是在人才、政策上，我国都拥有良好的基础，具有促进区块链技术快速突破的土壤。

1. 区块链行业标准相对完备

在区块链的核心技术中，我国在密码算法和数字签名标准体系方面相对完备，SM2 椭圆曲线公钥密码算法、SM3 密码杂凑算法、SM9 标识密码算法和祖冲之序列密码算法都可为区块链技术提供核心支持。截至 2019 年 6 月，相关密码算法行业标准约有 19 项，数字签名标准约有 20 项。区块链底层框架技术标准化工作从 2016 年起有序展开，相关科研机构都在积极参与区块链底层框架技术标准的制定工作，2019 年在区块链基础标准、数据隐私保护和跨链技术标准等方面取得了进展。目前，我国正在着手建立区块链国家标准，从顶层设计入手推动区块链标准体系建设。区块链国家标准将包括基础标准、业务和应用标准、过程和方法标准、可信和互操作标准、信息安全标准等方面，以进一步扩大区块链标准的适用性。我国在应用标准研究方面，如密码应用服务标准、底层框架应用编程接口标准、分布式数据库要求、虚拟机与容器要求、智能合约安全要求、BaaS 平台应用服务接口标准和规范等有一定基础，在具体应用场景制定的区块链应用标准或规范方面不断更新并取得了较大的进展。2020 年 2 月，《金融分布式账本技术安全规范》（JR/T 0184—2020）金融行业标准发布，这是国内金融行业首个区块链标准。该标准由全国金融标准化技术委员会归口管理，由中国人民银行数字货币研究所提出并负责起草，中国人民银行科技司、中国工商银行、中国农业银行、中国银行、中国建设银行、国家开发银行等单位共同参与起草。该标准经过广泛征求意见和论证，并通过了全国金融标准化技术委员会的审查。

2. 区块链产业蓬勃发展

相比其他国家的产业发展，我国区块链产业起步稍晚，基础相比欧美国家稍弱，但从发展势头和潜力来看，我国区块链产业非常有可能实现像互联网及移动支付领域一样的超车。截至 2019 年 12 月，在国家市场监督管理总局备案的区块链企业达 3.3 万余家。区块链企业应用主要分布在金融、供应链、溯源、硬件、公益慈善、医疗健康、文化娱乐、社会管理、版权保护、教育和共享经济领域。其中，以金融、供应链、溯源、硬件为主。整个行业主要有几个特点：地域分布集中、企业数量增长快、投融资较为活跃、领域分布较广、专利增长情况好。目前，我国三大互联网巨头企业阿里巴巴、腾讯和百度都在尝试落地区块链技术及涉及较为基础的技术开发，如百度超级链平台、蚂蚁金服区块链 BaaS 平台、腾讯云 TBaaS 区块链服务平台等。中国平安、万向控股、恒生电子等多家 A 股上市公司在金融、能源、物流、交通、贸易、版权等区块链应用领域也有广泛布局。

3. 区块链行业独角兽企业数量全球第一

胡润研究院发布了“2019 胡润全球独角兽榜”。榜单揭露共 494 家独角兽企业，其中，中国以 206 家位居第一，其次为美国（203 家），印度和英国排名第三和第四，各有 21 家和 13 家。值得注意的是，中美两国拥有世界超过 80% 的独角兽企业。

中商产业研究院榜单显示，上榜 2019 年全球区块链行业独角兽企业排行榜的共 11 家，上榜企业的估值总计 2790 亿元，占总市值的 2%。其中，比特大陆以 800 亿元的估值位列第一，Coinbase、Ripple 分别位居第二和第三。上榜企业数量最多的国家为中国及美国（各 4 家）；榜单前 10 企业的估值为 2720 亿元，分别为比特大陆、Coinbase、Ripple、嘉楠耘智、Circle Internet Financial、Binance、Block.One、Dfinity、亿邦国际、BitFury。2019 年全球区块链行业独角兽企业排行榜如表 5.1 所示。

表 5.1 2019 年全球区块链行业独角兽企业排行榜

排名	企业名称	估值/亿元	国家	城市
1	比特大陆	800	中国	北京
2	Coinbase	550	美国	旧金山
3	Ripple	350	美国	旧金山
4	嘉楠耘智	200	中国	杭州

续表

排　名	企业名称	估值/亿元	国　家	城　市
5	Circle Internet Financial	200	美国	波士顿
6	Binance	150	马耳他	—
7	Block.One	150	中国	香港
8	Dfinity	150	瑞士	楚格
9	亿邦国际	100	中国	杭州
10	BitFury	70	美国	旧金山
11	Liquid Global	70	日本	东京

4. 区块链专利数量全球第一

统计数据显示，2019 年企业整体发明专利申请量较 2018 年增长明显。从入榜企业所属国家来看，TOP 100 的企业主要来自 10 个国家和地区，中国占比 63%，其次为美国占比 19%，日本占比 7%，德国和韩国分别占比 3%，瑞典、安提瓜和巴布达、爱尔兰、芬兰和加拿大分别占比 1%。2015 年后，我国区块链相关专利数量增速超过 200%，成为我国专利数量增长最为快速的领域。从增速上看，我国区块链专利领先全球，从数量上也在全球排名第一，具体从企业的角度来看，全球专利数量排名前 10 的企业中有 6 家企业来自中国。其中，阿里巴巴以 1005 件专利位列全球第一，中国平安以 464 件专利排名全球第二，微众银行以 217 件专利排名全球第五。2019 年全球区块链行业相关专利区域分布情况如图 5.4 所示。

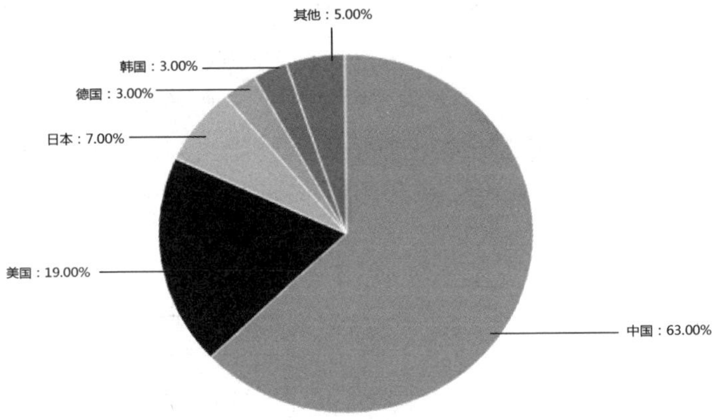

图 5.4　2019 年全球区块链行业相关专利区域分布情况

（数据来源：前瞻产业研究院）

5. 区块链开始与各行业融合

（1）我国开始将区块链技术应用到政务服务中，通过实现身份信息共享，将节省大量重复填写个人信息的时间，业务办理将更加便捷。在政务数据共享领域，区块链技术从真实、安全、平等、高效四个特性出发，利用不可篡改、密码学、分布式、智能合约四项主要技术，将政务数据共享平台颗粒化和去中心化。因此，将区块链技术运用在“互联网+政务服务”平台建设中，完美解决了数据的实时共享、鉴权变更和安全利用之间的矛盾，实现了数据提交、信息核对、详情查询、评估结果四种数据交互方式，解决了部门之间数据权限的管理和引用问题。例如，2018 年 10 月，广州开发区开发的“政策公信链”就是区块链政策兑现平台，旨在提高政府政策兑现业务处理效率；2019 年 4 月，北京市海淀区推出基于区块链等技术的“不动产登记+用电过户”同步办理的新举措，实现以二手房交易为主题的各项服务的联动办理；2019 年 6 月，浙江省区块链医疗电子票据平台上线，该平台由浙江省财政厅发起，利用蚂蚁金服区块链技术共同推进，旨在优化用户就医流程；2019 年 8 月，由国家税务总局深圳市税务局主导、由腾讯提供技术支撑的区块链电子发票“税务链”项目上线一年来，开出电子发票 600 万张，累计开票金额达 39 亿元，覆盖超过 113 个细分领域。

（2）区块链技术为解决经济和金融等领域的信任问题，提供了底层支持技术，其拥有的高可靠性、简化流程、交易可追踪、节约成本、减少错误及改善数据质量等特性，使其有可能重塑全球金融业的基础框架，尤其是信用传递交换机制，并加速金融创新与产品迭代速度，极大地提高金融运行效率。区块链在数字资产、供应链金融、数字货币、支付清算、证券交易、票据市场等方面已经取得了积极进展。“微企链”极大地改善了小微企业的融资困境，提高了核心企业的运营效率和竞争力，已获深圳证券交易所无异议函和储架规模 100 亿元。

（3）从行业来看，版权、医疗、公证、防伪、供应链等领域都意识到区块链的重要性并开始尝试将技术与现实社会对接。区块链技术能成为一种全新的工具，帮助社会削减平台成本，让中间机构成为过去，可以促使企业现有业务模式重心的转移，有望加速企业的发展。与此同时，区块链的数据上链有望促进传统的数据记录、传播及存储管理方式的转型。从社会角度来看，区块链技术有望将法律与经济融为一体，彻底颠覆原有社会的监管模式，组织形态会因其而发生改变。2018 年 9 月，蚂蚁金服与杭州互联网法院联手打造了全国首家用区块链技术协助判案的司法存证平台。该司法存证平台的主要应用场景包括电子合同、版权保护和司法证据的安全存储。用户可以使用支付宝面部识别技术核实身份，在线签署电子合同或制作版权声明，并生成电子数据存证证明，主要解决“互联网的最后一千米”的痛点问题。

（4）央企亦在区块链领域多有涉足，并积极与互联网企业合作。例如，2019年10月27日，国家电网公布，其全资子公司国网区块链科技（北京）有限公司已正式成立。它将与其泛在电力物联网建设高度契合，推动上下游企业互信，实现数据高效共享，提升风险防范能力。

三、区块链，换道超车的突破口

“互联网+”让我国经济得以保持中高速增长，但互联网自身的一些问题难以解决，再加上基础创新能力不足，使得我国互联网的发展比发达国家晚了20多年。而区块链技术迄今10多年，已经在我国各个领域开始应用，因此将区块链上升为国家战略意义十分重大。

1. 区块链是全球性争夺技术

目前，全球主要国家都在加快布局区块链技术发展。在区块链技术发展上，我国正在抢占跑道。在中美贸易摩擦的大背景下，我国企业越来越强调对核心的“硬技术”的掌控，从政府政策引导来看，国家更加鼓励企业进行区块链核心技术的自主创新。我国在区块链竞争领域的目标确定而唯一：就是争夺第一。

从本质上讲，区块链就是一套治理架构，其核心是基于多种技术组合而建立的激励与约束机制。它通过集成分布式存储、点对点传输、共识机制、加密算法等技术，对计算模式进行颠覆式创新，大幅提高“作恶”门槛。此外，区块链还通过设置激励机制，推动“信息互联网”向“价值互联网”转变，从而充分挖掘内部的积极力量，维护网络世界的生态秩序，进而实现更加良性的治理架构，有效赋能国家治理体系和治理能力现代化建设。因此，区块链被广泛认为可能引起一场全球性的技术革新和产业变革。区块链在促进数据共享、优化业务流程、降低运营成本、提升协同效率、建设可信体系等方面的重要作用启示我们，不仅要将区块链作为核心技术自主创新的重要突破口，还要将其作为推进国家治理体系和治理能力现代化的重要依托。

2．区块链是创造信任的机器

区块链用多中心的方式结合智能合约等技术解决多方信任问题，在数据增信的基础上，重塑信任关系和合作关系，解决了中心化系统的弊端。例如，在数据透明度和数据隐私保护问题上强调增信，增强数据可信度，强化数据公信力；而针对存证项目，存，即数据上链，证，即证明数据不可篡改。区块链的发展，更是社会生产力和生产关系亟待变革的需要，人们建立信任关系的方式将有机会随着区块链技术的出现而发生颠覆性的改变。它将原本人与人之间通过言行所带来的感受或形成的认知来直接建立信任的方式，转换成“从人到物，再从物到人”的间接建立信任的方式，人与人之间以可信赖的“物或数据”为载体来建立信任，人们参与分工和协作的商业行为及工作方式也将发生逆转，不再是人与人之间直接发生联系，所有的商业行为都将借助一个“会思考的智能系统”（共享且不可篡改的数据系统）来高效地进行。通过智能合约和区块上的不变记录，区块链消除了许多企业在尝试彼此交易时遇到的障碍。

在这些区块上记载的记录不能被一个或多个计算机更改，避免了道德风险事件的发生，减少了不对称信息，因为数据是完全透明的。

3．区块链是下一代合作机制

关于区块链如何创造信任与合作机制，只要深入具体的应用场景中，就能够看得更加清楚。区块链不可篡改的特点，为经济社会发展中的存证难题提供了解决方案，为实现社会征信提供了全新的思路；区块链分布式的特点，可以消除部门间的数据壁垒，实现信息和数据的共享；区块链形成的共识机制，能够解决信息不对称问题，真正实现从“信息互联网”到“价值互联网”的转变；区块链通过智能合约，能够实现多个主体之间的协作与信任，从而大大扩展人类合作的范围。总体而言，区块链通过创造信任来创造价值，它能保证所有信息数字化并实时共享，从而提高协同效率、降低沟通成本，使得离散程度高、管理链条长、涉及环节多的多方主体仍能有效合作。从更大的视角来看，人类能够发展出文明，是因为实现了大规模人群之间的有效合作。亚当·斯密所阐释的“看不见的手”，也是通过市场机制实现人类社会的分工协作的。由此观之，区块链极大地拓展了人类协作的广度和深度。也许，区块链不只是下一代互联网技术，更是下一代合作机制和组织形式。

区块链也能明显提高公共管理领域的运作效率。通过应用“区块链+政务服务”,各级政府部门广泛集成计算机技术并将其应用于面向普通大众的管理服务领域。区块链为重构政府政务组织结构提供了空前的应用场景，同时也为广大人民群众提供了多方位、多领域、多元化、规范性、优质高效的政务服务。

4. 区块链对各个产业都将发挥重要作用

区块链的关键在于“融合”。区块链一定要解决某一领域的具体问题，这就要求其能深入具体场景中。区块链在产业应用中，也不是一个点的应用，更多的是融合的应用。区块链通过点对点的分布式记账、共识机制、非对称加密和智能合约等多种技术手段建立强大的信任关系和价值传输网络，使其具备分布式、去信任、不可篡改、价值可传递和可编程等特性。区块链可深度融入传统产业中，通过融合产业升级过程中遇到的信任和自动化等问题，利用共享和重构等方式助力传统产业升级，重塑信任关系，提高产业效率，打通创新链、应用链、价值链。

5. 区块链或成为“一带一路”的重要基石

当前，世界正处于百年未有之大变局，各种矛盾纷争不断涌现，世界经济增长需要新的动能，我国经济下行压力持续加大，也需要找到更好的办法。所有这些需要我们在公平、公正、效力之间找到平衡，找到新的增长动能。2013 年，我国提出共建“一带一路”倡议，倡导并推动“一带一路”建设，不仅是为了进一步提高我国的发展质量和水平，也是为了推动我国与相关国家的共同发展、联动发展，推动人类实现更美好的发展，建立人类命运共同体。自提出以来，“一带一路”倡议给很多国家带来了实实在在的好处，建成了大量基础设施、工业园区、民生工程，有效推动了跨境贸易和投资增长。

在“一带一路”建设过程中，除了继续加强金融领域的国际合作，同样应当重视与第四次工业革命相伴而来的机遇和挑战，在创新中谋发展。人工智能、区块链技术等都将产生显著的效益，这就需要“一带一路”建设的国际合作伙伴们转变发展动力，通过在不同利益相关方之间架起政策沟通的桥梁，引导公共和私营部门、学术界和民间社会组织，推进可持续投资，共同为“一带一路”建设的国际合作伙伴创造福祉。

从网络强国到大数据，从媒体融合到区块链，中共中央政治局第十八次集体学习瞄准技术变革前沿，展现出党中央的方向把握力、前瞻判断力和未来预见力，引领着我国产业变革和经济转型的步伐。中共中央政治局的这次集体学习，专门强调区块链，则为区块链的发展和应用打开了想象的空间。

第三节 区块链国家战略的新机遇

一、产业区块链发展将迎来黄金期

事实上，我国是较早在区块链领域进行国家级战略布局的国家之一。早在2016年，“区块链”首次作为战略性前沿技术被写入《“十三五”国家信息化规划》，此后全国多个省、自治区、直辖市，相继发布相关政策，在市场上掀起了区块链研发与投入的热潮。而《“十三五”国家信息化规划》将区块链设为“核心技术创新突破口”，并为区块链技术如何给社会发展带来实质变化指明方向，这前所未有的重视高度，势必推动我国在该领域实现更快更大发展。

1. 区块链技术将迎来重要发展期

技术是占据区块链制高点的核心。区块链是一种分布式数据库，融合了密码学、共识机制、点对点传输等多种现有技术。由于区块链技术仍处于初级阶段，因此在性能、成本、隐私保护、跨链技术等方面仍需要进一步完善。区块链是一个全新的赛道，产业规模在持续扩大。根据咨询机构的报告，到2025年年底，全球区块链技术市场规模预计达到570多亿美元，金融服务、媒体电信、医疗保健和交通运输等领域对这项技术的需求日益增长。从全球范围来看，在政策和市场的双重驱动下，我国一批企业紧跟趋势、勇担使命，将占据区块链制高点的国家战略融入自身发展中，聚焦区块链核心技术，取得了令人瞩目的成绩。

2. 区块链应用重点是与产业融合

回顾历史，每次底层技术的重大进步都会带来应用的大爆发。对于区块链发展而言，技术是基础，场景是关键，多元化的应用场景是促进区块链技术迅速发展的强大动力。基于去中心化、可追溯、不可篡改等特性，区块链应用已经从金融领域悄然延伸到实体经济、物联网、智能制造、产品溯源、供应链管理等众多领域。目前，国内的大型企业纷纷加速推进区块链应用场景落地。例如，阿里巴巴发力产品溯源、跨境结算等领域，腾讯侧重电子发票等金融领域，京东聚焦透明供应链体系、打击假冒伪劣产品等。中国平安在金融、医疗、汽车、房产和智慧城市五大生态圈部署了超过 40 000 个区块链的节点，实现了14个业务应用场景的成功落地，横跨了金融、实体经济、民生等多个领域，是区块链融合产业发展的先行示范企业。未来，区块链将与工业、农业、服务业三大产业深度融合，不断创新产品和商业模式，进而带来广阔的发展机会。

二、区块链必将重构世界贸易关系

1. 区块链应用最大场景在贸易

贸易尤其是跨境贸易将是区块链应用的最大场景。跨境贸易是人类最为复杂的社会经济活动场景，它涉及人类社会经济活动所有的属性与特征，覆盖贸易、物流、金融、监管四大业务领域。跨境贸易企业间的信任成本、沟通成本及合规成本都非常高。跨境贸易诈骗时有发生，且追讨难。将区块链应用到如此复杂的跨境贸易领域，颠覆性地创造出新的生产关系，将大幅降低跨境贸易各项成本，大幅提升贸易效率。具体而言，在跨境贸易领域，生态主要由“生产+贸易”企业、各功能不同的物流企业、以保险和银行为主的金融机构，以及海关、税务、检验、外汇监管四大业务领域组成，10 多个或 20 多个企业、机构共同参与。由于目前各部门或各环节都是以互联网为中心的数据存储，因此各部门或各环节都是信息孤岛，难以打通，这在无形中增加了大量的沟通和信任成本。区块链赋能跨境贸易的起点首先是解决对应的痛点，区块链技术完全可以实现各部门或各环节的数据按照统一的标准上链并根据共识进行确认，进而大幅降低沟通和信任成本。任何与运输相关的信息，无论是采购证明、清关文件还是提单、保险，都能上链并成为一个透明监管链条的一部分，从而被供应商、运输商、买家、监管者和审计者得到。这样一来，海关就能看到其所需要的和申报货物有关的准确数据（卖家、买家、价格、数量、承运商、付款、保险等），并能实时追踪这些货物的位置和状态。这种完整的可视性对监管而言至关重要，区块链无疑会使海关的日常工作得到更好的信息和数据驱动保障。

因此，随着世界各国对区块链的进一步应用，在跨境贸易市场中，区块链将有巨大的发展空间。

2. 区块链跨境贸易竞争激烈

区块链对于世界贸易关系的重构引起了多个国家或地区的重视，来自 25 个以上国家的 70 多个组织参与其中，涉及金融服务、信息技术、电信、物流、海事、房地产、酒店和汽车等领域，这也足以看到贸易金融的复杂性。2017 年，在新加坡成立的国际贸易数字化委员会（ITDC）推出基于区块链技术、针对国际贸易行业打造的全球新一代智能合约平台 SilkChain。2017 年，由摩根大通牵头的银行间信息网络（IIN）启动，旨在最大限度地减少全球支付过程中的痛点，让款项以更快的速度、更少的步骤抵达收款方。2019 年 4 月，天津口岸区块链验证试点项目上线试运行，在海关总署和天津市政府的支持和推动下，在天津海关和天津市商务局的指导下，金融壹账通积极参与，经过 7 个多月的规划研究、方案论证、联盟建设、开发测试和安全评估等工作，成功实施了区块链技术在跨境贸易中的验证应用。

而在跨境贸易的另一端，一些第三世界国家，则正在以一种更为激进的方式看待区块链技术，它们不仅希望解决跨境贸易的问题，还试图搭建全新的金融体系。

3. 跨境金融市场规模庞大

通过区块链技术，金融企业获得了真正的可信数据，大大提升了风险控制能力；贸易商获得了低门槛、低成本的金融产品，大大促进了其参与区块链跨境贸易的积极性；海关、税务、外汇等监管各方在区块链跨境贸易平台上可以看到贸易、金融、物流的过程数据。由此，监管方在历史上第一次打破了传统监管模式——从“过去完成时”的结果数据监管，走入“参与过程”与“过程监管”，监管视角扩大到整个贸易过程，大家共同存证、验证形成真正的“大监管”。过程数据的可信价值远远大于结果数据的可信价值，根据过程数据的可信特征，监管方可为贸易商提供各项贸易便利化的服务，合规成本有望大大降低，为金融服务贸易提供更多便利。

中国作为全球贸易第一大国，从中国人民银行、中国银行业协会、国家外汇管理局到部分企业都在探索这片区块链应用的最大场景。一是中国人民银行贸易金融区块链平台。它由数字货币研究所和中国人民银行深圳市中心支行建设和运营，于 2018 年 9 月 4 日上线试运行。目前，已有中国银行、中国建设银行、招商银行、交通银行、平安银行、渣打银行等 30 家银行接入。截至 2019 年 11 月，该平台已实现业务上链 3 万余笔，业务发生笔数 6100 余笔，业务发生量约合 760 亿元。二是中国贸易金融跨行交易区块链平台。它由中国银行业协会牵头，中国建设银行、中国工商银行等 11 家头部银行，以及恒生、南京润辰等 4 家科技企业共同参与建设，是基于区块链技术的贸易金融底层平台，于 2018 年 12 月末正式上线运行。三是国家外汇管理局推出的跨境金融区块链服务平台。自 2019 年 3 月 22 日启动试点以来，至同年 12 月 15 日，跨境金融区块链服务平台已扩展到 17 个省（自治区、直辖市），自愿自主加入的法人银行达 170 多家，超过全部办理外汇业务银行的 1/3，覆盖银行网点达 5600 多个；平台累计完成应收账款、融资放款金额折合 101.69 亿美元，服务企业共计 1859 家，中小外贸企业占比超过 70%。

4．区块链引领全球贸易变革

跨境贸易中迫切需要解决的难题是支付难、费率高、周期长。由于在跨境贸易中，每个国家的法律、政治和金融体系及国情不同，因此跨境贸易中的支付需要3～5天，需要先把人民币兑换成美元，再把美元兑换成贸易国的法定货币，还需要支付高昂的手续费，费率可达3%～5%，货物运输周期长达30～60天。这三大痛点困扰着跨境贸易企业。而区块链技术可以实现点对点支付、秒结算、秒到账、零手续费，大大降低了资金成本和时间成本，缩短了货物运输周期，解决了跨境贸易的三大难题，进而实现了全球贸易的整体性变革。区块链跨境贸易也有能力为建立世界多边自由、公平、诚信的贸易新体系、新秩序提供区块链数字基础服务设施。中国作为世界贸易第一大国，有优势、有能力、有责任引领这场数字经济的变革！

三、区块链“未来已来”

1．信任重构社会关系

区块链在分布式系统的基础上，加入了共识机制，解决了困扰人类的一个古老的问题——如何建立点对点的信任机制。区块链虽然是几个成熟技术的巧妙组合，本质上没有任何新科技发明，但在建立点对点的信任机制方面，展现出了无限的光芒与魅力。区块链产业应用能够解决以人工智能为代表的生产力与以大数据为代表的生产资料的发展瓶颈，对二者之间的生产关系形成巨大的变革作用，从而延伸至对社会关系、产业关系的重构。运用区块链技术，可以提高社会的信任度，提升整个经济系统的运行效率，而效率的提升就是成本的节约，也是整个社会价值的提升。

2．企业商业模式创新

区块链技术让用户的数据和隐私更加安全，同时降低了互联网中心化管理的成本，使各行各业可能实现商业模式创新。区块链本质上是一种加密的分布式记账数据结构，从价值角度看，区块链真正有价值的地方是能重构生产关系，改变生产关系的角色定位，从而驱动商业模式变革。对于资源和能力有限的中小企业来说，区块链这种新的变革力量带来了低成本、高效益变革商业模式的新思维、新方案，这让企业可以用它以数字化的方式追踪资产所有权，跨越信任界限，开启新的跨机构合作和富有想象力的商业模式。区块链可以把数字化转型的范畴从单一企业拓展为与供应商、客户和合作伙伴共享的流程。区块链可以在智能合约中保存业务流程的内容，可以自动规定、监控和执行供应链参与者之间的协议。例如，当商品运输到最终收货人手里时，智能合约可以自动触发支付；当出现争议时，智能合约可以控制参与者之间如何解决理赔问题。

所以，在区块链时代，很多商业经营者完全可以应用区块链技术实现换道超车。

3. 个人角色的转变

区块链技术所带来的变革，将革新现有经济格局和人类社会各种事务的旧秩序。这实际上不仅是创建新的技术，更是彻底改变每个人的生活、每个个体的生活。如果说人工智能是一场生产力革命，那么区块链很可能是一场生产关系革命，互联网技术也将从“信息互联网”向“价值互联网”转变，整个社会的价值体系将被重构。在区块链的思想下，每个人都能够充分赋能，每个人都可以成为中心。区块链通过技术的方式让人们低成本地实现共识，从而极大地降低信任成本，这将创造一些以前不存在的市场。之前的工业经济主要建立在中心化的生产关系上，只有处于中心地位的人或组织才能获得更大的资源支配权。区块链技术通过去中心化的方式重构社会信任体系，让陌生人之间通过技术建立互信机制，社会分工与协作也从企业制度的“人治”逐步走向技术自治，从中心化组织向网状化大规模协作转变。建立在技术协议基础上的大规模分工与协作模式不分国界、不分种族，赋予每个人平等分配资源的权利，通过更加高效率的协作与激励机制推动生产力的进步。因此，区块链技术的广泛应用可能产生一场生产关系的大变革，从而影响每个人。

区块链已历 10 多年，技术趋于成熟，借助分布式、不可篡改、去信任、匿名性、自动执行等特征正促进各个国家加速布局。区块链在跨境贸易、政府治理、实体经济、金融行业、数字资产、供应链等领域已经落地开花，随着人们认知的不断提升及应用的不断拓展，区块链或许能像电力、网络一样，成为未来十年新经济社会的基础设施。

区块链，未来已来！

第六章

区块链推动政府治理现代化的技术原理

第一节　政府治理现代化的发展与瓶颈

一、政府治理现代化的内涵

1. 政府治理现代化是国家治理现代化的核心

“治理”（Governance）一词有管理、统治、支配等意思。世界银行在 1989 年首先对“治理”一词的概念进行了界定，指出“治理就是在公共管理和资源配置中行使权利”。随后，西方学者对“治理”的概念展开了许多讨论并进行了新的界定。全球治理委员会认为，治理是“在持续的治理过程中，促使不同的公共组织、社会组织和公众共同参与其中，并相互影响得以协调发展的过程”。而我国学者也对治理做出了相关论述，主要关注多主体参与、法治自治等方面，指出治理是“政府、企业、公民及社会组织等各类主体共同围绕国家、社会公共事务的有序开展协商互动、分享公共权力，为实现公共利益共同管理事务的过程”。

国家治理事关国家经济兴衰、社会进步发展、人民生活福祉，健全国家治理体系、提高国家治理能力是全世界国家的共同追求，也是现代社会发展进步的重要动力。国家治理体系是规范公共权力、维护社会秩序的制度系统，国家治理能力反映一个国家制度的执行力。中国共产党第十八次全国代表大会（以下简称党的十八大）以来，党中央放眼世界、总揽全局，积极适应国家治理面临的新形势、新任务、新要求，通过一系列重大制度安排和体制机制改革创新，不断提高治国理政水平，加快推进国家治理体系和治理能力现代化，把中国特色社会主义国家治理事业推向新境界。中国共产党第十九届中央委员会第四次全体会议（以下简称党的十九届四中全会）审议通过的《中共中央关于坚持和完善中国特色社会主义制度 推进国家治理体系和治理能力现代化若干重大问题的决定》指出，坚持和完善中国特色社会主义制度、推进国家治理体系和治理能力现代化，是全党的一项重大战略任务。

政府是国家最为重要的治理主体，是推进国家治理体系和治理能力现代化的核心力量，政府治理体系是国家治理体系的有机构成，政府治理能力在一定程度上体现着国家治理能力。“政府治理”起源于 20 世纪 70 年代西方发达国家兴起的新公共管理运动。在不同国家学者多年的研究和演变基础上，中国经过实践逐渐形成了具有中国特色的政府治理体系。党的十九届四中全会提出，要坚持和完善中国特色社会主义行政体制，构建职责明确、依法行政的政府治理体系。因此，实现国家治理体系和治理能力现代化首先需要实现政府治理体系和治理能力现代化。

政府治理体系是国家治理体系的有机组成部分，党和国家的各项重要决策部署需要各级行政机关贯彻和落实，人民群众对生活的需求也需要政府行政机关履职去实现，社会秩序需要政府公共管理部门保障。政府治理能力的提高可以进一步提高国家整体治理能力，提高执政党科学执政、民主执政和依法执政的能力，提高立法机关科学立法、执法机关严格执法、监察机关有效监督、司法机关公正司法的能力等。因此，政府治理的现代化水平是国家治理现代化水平的核心表征，以政府治理创新推动政府治理现代化是实现国家治理现代化总目标的应有之义和内在要求。

2. 政府治理现代化的核心内容

政府治理是指政府作为主体通过完善自身行政体制、职责体系、组织结构，创新行政方式，提高行政效能，按照党和国家决策部署推动经济社会发展、管理社会事务、服务人民群众，建设人民满意的服务型政府。政府治理现代化的核心内容可以分为三部分。

（1）强化政府职能，优化政府职责体系。

党的十九届四中全会的决定首先明确了政府的五项基本职能：经济调节、市场监管、社会管理、公共服务和生态环境保护。政府应建立健全运用互联网、大数据、人工智能等技术手段进行行政管理的制度规则；深入推进简政放权、放管结合、优化服务，深化行政审批制度改革，改善营商环境，激发各类市场主体活力；推进数字政府建设，加强数据有序共享，依法保护个人信息。

（2）完善国家行政体制，优化政府组织结构。

党的十九届四中全会强调推进机构、职能、权限、程序、责任法定化，使政府机构设置更加科学、职能更加优化、权责更加协同。政府应深化行政执法体制改革，最大限度减少不必要的行政执法事项，继续探索实行跨领域、跨部门综合执法，提高行政执法能力水平；落实行政执法责任制和责任追究制度，健全强有力的行政执行系统，提高政府执行力和公信力；提高中心城市及城市群综合承载和资源优化配置能力，实行扁平化管理，形成高效率组织体系。

（3）加强支撑社会治理。

社会治理是国家治理的重要方面，政府要建设人人有责、人人尽责、人人享有的社会治理共同体；要畅通和规范群众诉求表达、利益协调、权益保障通道，完善社会矛盾纠纷多元预防调处化解综合机制，提高预测、预警、预防各类风险能力，增强社会治安防控的整体性、协同性、精准性；完善群众参与基层社会治理的制度化渠道，实现政府治理和社会调节、居民自治良性互动，夯实基层社会治理基础，更好提供精准化、精细化服务。

二、信息化浪潮下政府治理模式的创新

1．信息技术推动政府治理模式的创新

推进政府治理体系和治理能力现代化离不开新技术、新手段的支撑。随着信息技术不断渗透到各行各业，互联网与政府治理之间的融合也变得日益紧密，政府不断探索新的治理途径与方式，政府治理已然焕发出新的生机。互联网的快速发展给国家的经济和社会发展都带来深远影响，以移动互联网、大数据、人工智能、区块链等为代表的新技术应用极大地推动了各国社会生产力的发展和生产关系的重塑，引发了各国在政治、经济、社会、文化等重要领域的深刻变革，显著地改变着政府、市场和社会的关系，为我国经济社会发展注入新的活力。

政府治理理念就是政府联合多方力量对社会公共事务进行共同管理及社会对政府和公共权力的约束，目的是维护社会秩序和公共利益，保障公民的自由及权利。随着“互联网+”时代的到来，现代信息技术深入融合人类社会生活，逐渐颠覆着、改造着人们的思维方式、生活模式、哲学理念，政府治理理念更加民主、开放、法治、公平，平等协作治理、网络化治理等新治理理念逐渐兴起，促使政府组织结构发生变化，政府决策体制更为科学化、民主化。“互联网+”还带来了信息搜集、生产、传输、分析、存储与整合利用等各个环节的革命性变革，也为政府治理工具的创新提供了坚实的保障。

没有信息化就没有现代化，信息化是覆盖中国现代化建设全局的战略举措。信息是政府治理的重要依据，要发挥其在此进程中的重要作用，要以信息化推进政府治理体系和治理能力现代化，统筹发展电子政务，构建一体化在线服务平台，分级分类推进新型智慧城市建设，打通信息孤岛，构建全国信息资源共享体系，更好地用信息化手段感知社会态势、畅通沟通渠道、辅助科学决策。

电子政务经过十几年的快速发展，统筹协调机制逐步理顺，顶层设计更加完善，成为推动政府治理现代化进程不可缺少的重要手段，在深化政府职能、改善政务服务、优化营商环境、提高公共治理水平等方面发挥越来越重要的作用。

2. 电子政务已成为推动政府治理现代化的重要途径

电子政务是政府机构在其管理和服务职能中运用现代信息技术变革传统工作模式，结合技术的实施过程强化政府与政府、政府与企业及政府与公众之间的信息沟通与互动，实现政府组织结构和工作流程的重组优化，创新政府治理和社会治理方式的重要途径。充分利用电子政务建设的创新成果，能优化政府组织结构和行政制度，强化政府职能，提升政府管理与公共服务能力，打造现代、高效、透明的政务环境，营造良好的营商环境。

我国一直十分重视电子政务的发展，将其作为转变政府职能、提升治理能力现代化水平的重要突破口。信息化建设是电子政务的基础，我国从 20 世纪 80 年代开始大力推动电子信息技术在电子政务中的应用：1993 年以后，陆续开展了“三金工程”“政府上网工程”“两网一站四库十二金”等一系列政府信息化工程；2011 年，工业和信息化部提出了加快推进国家电子政务发展，促进服务型、责任型政府建设；2013 年，我国大力推动建设基于云计算的电子政务公共平台；2016 年，中共中央办公厅、国务院办公厅印发的《国家信息化发展战略纲要》强调“持续深化电子政务应用，着力解决信息碎片化、应用条块化、服务割裂化等问题，以信息化推进国家治理体系和治理能力现代化”，并在政府工作报告中提出要大力推行“互联网+政务服务”；2018 年 6 月，国务院办公厅又出台了《进一步深化“互联网+政务服务”推进政务服务“一网、一门、一次”改革实施方案》。这一系列的部署快速推动了政府信息化建设，为我国电子政务的发展指明了方向。

综上，我国的政务信息化过程可以概括为四个阶段：起步阶段、融合阶段、协同阶段、智能化阶段。起步阶段有两个标志：一是政府上网，二是办公自动化。融合阶段是电子政务和政府各个部门的业务融合，如和交通、教育、卫生、招商等部门的业务进行融合。协同阶段主要针对在跨部门协同过程中解决各部门的协同困难、信息孤岛等问题，目前主流的政务信息化也处在协同阶段。而政务信息化的未来方向就是服务更加智能化。

从电子政务的发展历程中可以看出，“互联网+政务服务”是对自身行政管理和公共服务治理的综合性改革，不仅提高了政府办公效率，也使政府的组织体系发生了变化。通过与信息手段相结合，政府职能更加结构化，有利于全方位审视各层级、各系统、各部门的职能配置和职责关系。政府可以借助信息技术平台整合政府职能，促进政府与社会的良性互动，通过对海量服务信息的分析和挖掘，科学决策，精确、及时、高效地满足公众的公共服务需求。

三、政府治理现代化的瓶颈

数字经济是继农业经济、工业经济之后，人类历史发展的一个新的阶段。随着信息技术的不断发展，数字经济逐渐成为适应、把握和引领经济发展新常态的重要支撑，并直接影响世界经济发展格局，为各国经济发展实现突破提供重要机遇。当前，我国经济发展已经进入以数字经济为核心动力的新阶段，数字经济占 GDP 的比重超过 30%，数字经济对国民经济的贡献显著增强。与传统经济发展模式不同，数字经济是将信息通信技术融合应用、全要素数字化转型作为效率提升和经济结构优化的重要推动力的新经济形态。大数据、人工智能、区块链、虚拟现实等新技术的快速发展及共享经济、“新基建”、个性化定制等新业态的涌现，使经济发展路径及市场特征开始发生巨大变化，为原有的政府治理模式带来了新机遇与新挑战。

在数字经济时代，经济发展依靠的关键生产要素是数据。随着移动互联网和物联网的蓬勃发展，人与人、人与物、物与物的互联互通得以实现，数据量呈爆发式增长，奠定了我国发展数字经济、改善社会治理结构的雄厚基础。党的十九届四中全会从国家治理体系和治理能力现代化的高度把数据与劳动、资本、土地、知识、技术、管理一并视为生产要素，数据日益成为重要的战略资产，推动技术、劳动等其他生产要素的数字化发展，为现代化经济体系注入新动力。

为适应数字化浪潮，立足数字经济发展的现实诉求，加快数字政府建设成为政府优化治理的重要实践，数字治理体系和数字治理能力成为政府治理现代化建设的重要内容。在“互联网+政务服务”“最多跑一次”“不见面审批”等政策的创新推动下，我国数字政府建设全面提速，深入运用数字化手段拓宽治理体系、提升治理能力的理念得到了进一步强化。政府通过充分挖掘规模化数据要素的潜力，释放大数据红利，促使政府治理朝着更加科学、便捷、高效的方向发展。

以往提及政府治理，人们总是会想到审批流程烦琐、政府公共服务效能不高、科学化决策程度较低及政务数据开放不足等诸多问题。随着我国“放管服”改革的不断深化，当前群众对政府办事的满意度明显上升，对数字政府的认可度逐渐提高。但随着群众需求层次的不断升级，其对政务服务的期望也越来越高，从衣食住行、教育、医疗、养老等方面，不断向精神文化、生态环境、社会参与、公平正义等方面延伸，政务服务质量也需要进一步提高。如何进一步提升政府的经济调节、市场监管、社会管理、公共服务等的治理能力，促进建设法治型、服务型政府，成为政府治理的核心议题。互联网新技术的确给政府治理创新带来了机遇，但也给政府治理现代化建设提出了挑战。

1．政务数据质量低

随着我国产业数字化转型的不断推进，数据已成为重要的战略资源和新的生产要素，基于数据分析的科学决策和治理机制成为决定政府治理方向、生产经营方式、经济政策的重要因素。中心化、集中式的政务数据资源系统具有一定的稳定性，但其管理和维护成本较高，存在低效、迟缓、失真等问题，政务数据质量低成为政府利用数据的一大难题。一方面，新一代信息技术与经济社会各领域的深度融合和社会信息化系统的快速普及，使数据量呈指数级增长，使人们的数据体量大、来源多、价值密度低，非结构化数据高维、多变、随机性强，基础数据和过程性数据往往需要优化组合才能产生规律性信息，加大了高质量政务数据采集、分析和应用的难度。另一方面，随着数据规模的急速扩大，数据在获取、存储、传输和计算等过程中的错误率也在迅速增长，更新速度的加快使数据的时效性迅速降低，由此产生大量数据不一致的问题，传统数据替换方法难以跟上更新速度。

对此，政府在治理过程中，面对数据爆发式的增长，如果不能提升判断能力，在海量的数据中快速、有效地提取对政府决策有用的信息，不能科学地利用政务数据判断数据的真假和蕴含在数据中的价值，则很容易被虚假信息误导做出错误的决策。政务数据的真实性和有效性及政府对网络数据的态度都在无形中决定着政府治理的质量和决策的精准性，考验着政府对数据的掌控和综合利用能力。

2．政务数据共享和开放难

通过建立平台来实现政务数据的共享和开放，是当前电子政务使用政务数据资源最主要的形式。在维持政务系统管理和系统数据相对独立的基础上建立的统一平台，将分散的各部门数据资源整合，以实现政务数据的共享和开放。但这一举措在实践中仍面临许多痛点，“信息孤岛”“数据烟囱”问题仍是制约电子政务发展的主要瓶颈。

（1）数据权属不清导致政务数据共享和开放难。在数据共享的过程中，需要明确数据共享的范围和方式、数据的管理和使用权限，保障共享后数据存储的安全性和数据的完整性，而这一系列过程都需要得到数据所有者的授权。在当前数据共享的过程中，部门之间信息系统不联通、信息不共享，各类垂直系统普遍存在不愿意或难以共享和开放的现象。很多部门担心数据共享后自己会失去数据的所有权和管理权，因此不愿意将所有的数据作为公共数据库分享给其他部门。目前，虽然有些政务平台建立了一定的授权和认证机制，但由于中心化系统的数据存储依赖于数据管理中心或第三方服务平台，仍无法控制其他平台在获得权限后对数据的操作行为，更多的是从工作层面由政府部门协商解决数据共享的矛盾，很难形成有效、可靠、灵活的数据共享机制，这就阻碍着政务数据共享工作的推动。

（2）关键和隐私数据难保护制约政务数据的共享和开放。随着大数据应用的深化，政务数据潜藏的价值受到了各种社会力量的关注。自发布“互联网+”的国家政策以来，国务院开始推动各级政府开放特定政府公共数据，允许第三方企业进行挖掘，以期提升政务服务质量。但政务数据包含组织机构的关键数据和公民的个人隐私信息，随着政务数据的开放，这些数据面临更大的风险。目前，有些政务平台在数据开放过程中缺少关键和隐私数据的加密保护和追溯管理，组织机构不能完全控制数据资源访问、留存和转让，且中心化系统容易受到黑客和病毒的攻击，在数据开放的过程中有泄露和篡改的风险。虽然一些部门采取了一些方法来实现关键数据的脱敏和匿名化处理，如用掩码形式将姓名、证件号码中的某些信息用“*”代替，但在社会大数据环境下不同数据库间的关联性高，通过数据分析很容易暴露真实信息，并不能完全保护隐私安全。因此，政府部门难以在数据开放过程中平衡数据利用与个人隐私保护之间的冲突，数据开放环节中还缺少隐私加密技术的应用，许多政府部门不敢、不愿将自己部门的数据开放，公众也面临着关键数据和个人隐私信息被泄露和被滥用的风险，这加剧了公众的不安全感和不信任度，制约了政务数据的有效利用。

3. 政府部门协同治理难

协同治理是推动政府治理现代化的实现方式。我国应正确对待政府与社会（公众）、市场（企业）的关系，既要让政府在国家治理中发挥主导性作用，又要在一些具体的领域引入多元治理主体，完善有效的社会治理和市场治理机制，实现治理过程中各主体间既分工合作又有机协同，从根本上弥补政府、社会和市场单一主体治理的局限性。政府作为政府治理体系的中心，管理着公共资源和数据资料，电子政务系统的建设往往是跨领域、跨地区的，各地区、各部门的电子政务发展还不均衡、不充分，电子政务发展中出现各自为政、条块分割、协同治理难等问题，国家电子政务建设统筹协调机制的力度有待进一步加强。

（1）现有条块化和属地化的管理体制使部门之间协调难。国家电子政务信息系统尚未形成条条联动、块块协同、标准一致、运维持续和信息安全的体系化格局，出现不同部门之间的政策、标准、要求等相抵触的现象，条块分割的垂直管理体制与跨界融合的发展态势不适应，在战略规划和总体部署方面仍需加强统筹谋划。

（2）随着互联网的发展，政府的治理对象从线下转向线上，治理对象开始呈现出虚拟化、隐蔽化等特点，加大了线上和线下管理部门划分职责和实现协同治理的难度。

（3）由于责任分散和社会公平感缺失，多元协同治理过程中还会出现“搭便车”现象。当单个主体与其他参与者共同完成某项任务时，其付出的精力往往少于其单独承担任务时付出的精力，个体行为积极性与效率也随之下降。不同体制各有其独特的组织逻辑，不同组织逻辑的体制难以相互协调。当面临公共事务的复杂性高而各主体间职责又不清晰时，协同就更加困难。

（4）网上办事指南精细化程度不高，准确性、时效性和实用性不强的问题比较普遍，导致跨部门、跨地域事项难办理，行政成本高，行政效率受到影响。

4．新技术产生治理监管缺陷

转变政府职能的核心是要切实做好放管结合。政府监管能否到位，关系到改革成效的好坏。随着简政放权的深入实施，一方面，市场准入门槛大幅降低，激发了市场主体活力，增强了经济发展内生动力，提升了经济社会创造力和运行效率；另一方面，随着跨区域、跨行业经营的多元化市场格局形成，新技术、新业态、新产业、新模式不断出现，依据传统经验判断和普遍撒网的监管模式已经无法满足互联网时代的监管需求，随着监管对象数量的不断增多，监管难度逐渐加大。

5．社会多元治理体系不成熟

社会治理的特点是突出人民群众在基层社会治理中的主体作用，让人民群众成为推动基层社会治理现代化的最大受益者、最积极参与者和最终评判者。特别是注重发挥基层社会组织的独特作用，激发基层社会组织的内生动力，让基层社会组织的微治理释放出巨大能量，充分发挥人民群众的主体作用，最大限度地把基层群众组织起来。但目前我国社会多元治理体系还不太成熟，具体表现在以下两个方面。

（1）多方信息沟通不对称。良好的沟通与协调机制是协同治理成功的重要保障。传统政府部门习惯由单一组织承担某项任务，组织内部结构关系和沟通渠道有助于信息流动。在多元主体参与的协同治理网络中，分权式组织结构和非制度化传播途径会带来种种沟通困难，不同参与主体间建立的信息壁垒进一步加剧了问题的严重性。

（2）社会治理面临的痛点问题，需要在政府、企业、公众的多方参与和努力下，不断地在发展中得到解决。虽然政府门户网站经常发布网上咨询投诉、民意征集、在线调查、结果反馈等信息，但企业、公众并没有积极参与进来。政府门户网站发布的信息大多是介绍政府的相关动态和工作，公众参与度低。

综上，这些新问题、新挑战迫切需要政府部门推进治理创新，用新思路和新办法服务和发展数字经济，全面支撑经济高质量发展。

第二节　区块链为政府治理带来发展的新契机

区块链是将计算机科学、密码学、分布式存储、P2P 网络、共识机制、智能合约等理论和技术跨领域地进行创新整合的成果，能使数据不可篡改、可溯源、安全可信及分布式存储、保护隐私等，从而满足数据信任传递和价值交换的需求。基于区块链技术能够搭建新型政务信息化平台，提升电子政务服务水平，推动互联网由“信息网络”向“信任网络”和“价值网络”转变。因此，区块链成为政府治理现代化的有效工具。

一、区块链助力完善科学决策的数字政府

我国原始数据资源丰富，政务数据覆盖面广、含金量高，数据是发展数字经济的核心要素，建设数字中国、发展数字经济，必须将推进数据资源建设放在首要地位。利用区块链可以建立健全政务数据共享和开放制度，建立健全数据治理体系，提升数据治理能力，进一步通过深度挖掘数据资源中蕴含的价值，

实现政府决策科学化和公共治理高效化，加快推动数字政府建设、促进数字经济增长。

1. 区块链有助于实现政务数据共享和开放

区块链通过加强数据确权、保障数据安全、推动政务数据的共享和开放，助推数据作为生产要素进入生产流通环节，提升社会数据资源价值，加强数据资源整合和安全保护，增强电子政务发展的科学性和协调性。

第一，保障政务数据确权。从语义上理解，数据确权，就是确定数据的权利人，该权利包括所有权、使用权、收益权等。可以从两个层面进行理解：一是从权利角度，数据确权就是明确了数据所有权、使用权、收益权等权利的主体；二是从义务角度，数据确权也规定了数据使用者对数据保护的责任。数据确权的主要目的是明确数据的产权归属问题，从而规范数据采集、传输、共享、交易、开放等流程，推动数据资源的整合和利用，加速数据开放、数据共享、数据流通，从而降低数据交易成本，激发大数据及其相关产业的活力。在政务数据的共享和开放中，主要针对数据权利主体、数据来源、获取时间、使用期限、使用方式、共享方式等属性进行规范，保证数据交易各方正常完成共享过程，确保政务服务的顺利进行。目前，规范数据共享和开放秩序的数据产权制度尚未建立，而区块链技术为数据确权提供了新思路。

通过数字签名可以实现在访问数据过程中的身份授权，并保证数据的真实性。数字签名与纸质合同上签名确认合同内容和证明身份类似。利用区块链的非对称加密技术，区块链中的每个节点都可以对其产生的数据进行加密，再利用公钥和私钥验证身份、加密和解密数据，以满足数据所有权的验证和签名，提高数据的安全性，保障数据在共享过程中不被泄露。任何机构或组织在访问数据前，都必须得到数据所有者的授权许可，再根据其权限到资源目录中读取相应的数据。

此外，可以通过第三方证书授权中心签发和背书数字证书，规范各个系统及用户之间的身份关系，建立安全有效的信任体系和责任划分体系。数字证书是经证书授权中心数字签名的包含公开密钥拥有者信息和公开密钥的文件。为了保证公钥信息安全可信，应先对使用者身份进行核验，赋予相应的访问权限，避免数据权属的纠纷。区块链技术拥有分布式的共享账本，数据所有权都写在链条上，多个节点共同保存该账本，链上无法随意修改数据，一旦出现违反数据交易合约的情况，区块链技术可以确保合同的有效性，减少传统情况下取证、仲裁、协调等人工干预环节。

第二，提高政务数据的隐私保护能力。区块链以其可信任性、安全性和不可篡改性，能够在保证数据可信、数据质量、数据隐私安全的前提下，充分实现政务数据共享和数据计算，为区块链的应用在数据质量和共享层面提供有力的支持。

区块链灵活地运用了密码学原理，包括哈希函数、非对称加密等加密算法保护数据安全。在数据上链的过程中，将原始数据的哈希值及数据的物理存储位置写入区块链，并设置公钥加密存储，只有具有特定权限的用户才能够用私钥进行解密并访问相应的数据，进行数据校验或读取原始数据。区块链节点之间不需要直接共享原始数据，能确保数据传输和存储的安全，避免关键和隐私数据在共享和开放的过程中被泄露，提高政务系统的安全性。基于同态加密、零知识证明、差分隐私等技术能实现多方数据共享中的数据隐私保护，使得多方数据所有者在不透露数据细节的前提下进行数据协同计算，在保障数据隐私的基础上进一步挖掘数据的价值，辅助政府决策和社会治理。

总体来说，区块链能够进一步规范政务数据的使用，细化授权范围，有助于打通数据孤岛，在保护数据隐私的前提下实现数据共享和开放。

2. 区块链有助于完善公共服务体系

公共服务和社会治理模式的改革，是政府治理现代化的重点。政府可通过区块链优化电子政务系统，围绕医疗、教育、社保、就业、住房等领域，构建一体化网上服务或一门式服务中心，为公众提供无缝对接的全流程服务。政府应围绕公共安全、市场监管、食品药品安全、社会治理创新、诚信监管等领域开展基于区块链的实时监测、动态分析、精准预警和精准处置，进一步提升服务效率，降低信息系统运营成本，提升政府公信力，优化营商环境，发展核心竞争力。

二、区块链加速打造人民满意的服务型政府

我国在 21 世纪初提出建设服务型政府的目标，其特征主要表现在：服务型政府以人民为中心，转变政府职能，深化简政放权，增强政府公信力和执行力，提高工作效率和服务水平，使广大人民群众的获得感更强、满意度更高。将区块链用于政府信息建设，是深化落实“互联网+政务服务”的重要举措，能优化和完善政务服务、融合和升级政务服务平台，有效推动治理格局多元化、透明化，助推政府职能转变，增强政府治理的协同性，建设人民满意的服务型政

府。区块链中的共识机制、智能合约等技术，能助力打造透明可信任、高效低成本的应用场景，从而优化政务服务、城市管理、应急保障的流程，提升治理效能。

1．区块链推动治理格局多元化

中国共产党第十九次全国代表大会（以下简称党的十九大）报告指出，要“打造共建共治共享的社会治理格局”。这就要求政府加快推进从“一元管理”向“多元治理”转变，加强多元主体间的多向度合作，要求从传统的政府单一管理模式转向政府、市场、公众多元协商共治。这体现了政府治理理念的转型和升级，与区块链的“去中心化”特性不谋而合。

区块链技术的数据可靠性允许每个参与节点都拥有一份完整的数据备份，并且由多个节点共同参与维护，解决了去中心化的核心问题，在实现政府内部之间及政府与市场、公众之间的数据资源共享的同时，保证了数据的安全性，提升了政府部门的公信力和市场、公众参与社会公共事务管理的积极性，对于政府逐渐摒弃传统的单一管理角色，逐步向政府、市场和公众等多个主体共同参与的多元治理格局转变有切实的推动作用。

2．区块链促进治理过程透明化

随着数字经济的快速发展，人们对数据的认识越来越高，对政府信息公开与数据共享的关注度也日渐提高。政府治理过程的透明与否不仅会影响公众对政府服务的满意度，还会严重影响政府部门的公信力。因此，建设透明的、可信任的政府是我国行政体制改革的内在要求，也是我国政府治理创新的必然选择。

区块链则能很好地解决协同治理过程中公众、企业对政府的信任问题，这种依靠技术背书建立起来的信任机制用技术信用增强了政府信用。一是区块链基于加密算法、数据结构等原理解决了传统的中心化信任问题，确保平台上多方的数据记录、传输过程和存储结果都是可信的；二是在区块链中通过时间戳给区块链网络中的每条数据都加盖时间标记，且所有用户都无法对时间戳上记录的数据进行修改，保证了数据记录的真实性和有效性；三是区块链特定的链式结构使区块链上的数据依次相连，环环相扣，修改其中任何一环都需要重复之前的工作量，保证了过程的不可逆。将区块链应用到政府信息公开等工作领域，在实现数据共享的同时，还能提高数据的社会利用价值，让资源得以最大限度的利用，更好地满足公信力要求，形成政府、市场、公众互相监督的治理格局，在创新政府治理工具的同时，还能有效推动政府治理过程的透明化。

3. 区块链有助于推动政府职能转变

区块链的智能合约技术凭借自身代码及法律、自治性机制和数字化资产等特点和优势，已经在金融、物流、医疗等众多领域发挥着重要作用，而在未来的政府治理中，政府部门也可以充分利用智能合约技术。政府主体作为资源的供给方，在进行诸如精准扶贫、行政审批、公益管理、教育、养老等工作时，将智能合约代替纸质合同和人工验证及审批工作，可以简化办事流程，实现跨部门的无纸化审批，为标准化的公共产品或公共服务提供自动化流程，实现自动执行及监督，减少人为的干预和繁杂冗长的审批环节，提升政府部门内部运行的效率和处理行政事务的效率，提升政府服务水平。

三、区块链优化健全依法行政的法治型政府

党的十八大报告将“基本建成法治政府”确定为建成小康社会的各项目标之一，党的十九大报告又进一步对全面推进依法治国做出了更多、更具体的要求。党的十九届四中全会指出，要深化行政执法体制改革，最大限度减少不必要的行政执法事项；进一步整合行政执法队伍，继续探索实行跨领域跨部门综合执法，推动执法重心下移，提高行政执法能力水平。而法治型政府的建设既需要内生动力的支持，又需要技术创新从外界提供推动力。多节点共同维护、数据不可篡改的区块链体系能够对公共权力的运行过程和公共服务的供给过程进行有效的监督和约束，依法利用政务信息资源，增强公众参与的合法性。

区块链可以记录政务数据全生命周期的痕迹，从产生、传输，到流转、交易等全部数据操作，区块链都可以对其进行记录，任何人在区块链网络中，不能随意篡改数据、制造虚假数据。区块链中的所有区块一经形成便无法更改，可以提供数据的全程记录；区块链技术建立的点对点分布式的信任机制可为实现政务数据的完整性提供架构保证。区块链中的所有节点都会承担网络路由、构建新节点、验证区块数据、传播区块数据等功能，通过访问数据系统，将数据使用过程的日志、对数据访问和使用的行为等信息在短时间内大范围地进行全网广播、匹配、核查和认定，保障数据存储、读取、执行整个过程透明、可追踪、不可篡改。通过在区块链上增加数据访问日志，并将日志上链，可形成对数据全生命周期的交互留痕。另外，区块链的智能合约技术打破了各自为政

的数据统计标准和方法，取代传统的数据协议，通过在区块链的智能合约中写入指定、统一的代码，系统将根据代码推断合约的实现条件，使合约代码可实现全自动化流程。例如，当某些部门数据残缺或未及时上报时，智能合约会自动在全网发送实时警告，并将警告记录和相关部门的答复记录在区块链上，便于追溯和问责。

因此，政府应推动区块链技术与法治建设全面融合，把“区块链+法治”作为“数字法治、智慧司法”建设的新内容，立足现有基础，结合各地实际，借鉴先进经验，统筹推进、重点突破，不断提升人民群众在法治建设领域的获得感、幸福感、安全感，为国家治理体系和治理能力现代化提供有力的法治保障，加快依法治国进程。

四、区块链推进建设技术融合的智慧型政府

当前，电子政务中广泛使用大数据、人工智能、物联网、5G 等技术，新技术手段为政府治理和国家治理现代化提供新的支撑。随着信息技术的不断发展，学科交叉融合不断加速，将区块链技术与新一代信息技术融合，逐步成为各行业深化信息技术应用的方向，由此催生出一系列新产品、新应用和新模式，推动政府的经济调节、市场监管、社会管理、公共服务等职能的转变，推动政府治理模式创新。

一是区块链与大数据结合，能提供安全数据存储、分布式数据管理、加密通信、智能合约等新型数据管理模式，极大地提升区块链上数据的价值，拓展使用空间，有助于推进数据的安全共享和数据的确权交易，提高政务数据的利用效率。二是区块链与人工智能结合，能保证人工智能引擎的模型和结果不被篡改，降低模型遭遇人为供给的风险；在计算能力层面，基于区块链的人工智能可以实现去中心化的智能联合建模，为用户提供弹性的计算能力并满足其计算需求，有助于提高政务领域人工智能应用的安全性。三是区块链与物联网结合，多中心、弱中心化的特质将降低中心化物联网的运维成本，数据加密、安全通信的特质将有助于保护用户隐私数据，身份权限管理和多方共识将有助于识别非法节点，及时阻止恶意节点的接入和作恶，促进公共信息资源的横向流动和多方协作。四是区块链与 5G 结合，将大幅提高区块链网络的性能和稳定性，链上数据可以达到极速同步，提高共识算法的效率；5G 驱动智能设备数据更多上链，为基于物联网的区块链应用提供有力支持，实现稳定的数据溯源和分布式点对点交易功能；区块链能为 5G 应用场景提供数据保护能力，通过应

用密码技术实现网络安全可信的互联。

因此，在利用区块链技术的基础上，充分融合大数据、人工智能、物联网、5G 等新兴技术，可以挖掘现有政务数据的价值，扩展政务服务的应用场景，提升政务服务质量，不断推动电子政务向智慧阶段发展。

第三节　区块链在国内外政府治理的应用现状

一、国外政府治理创新中的区块链应用

区块链技术的去中心化、不可篡改、可追溯等特点成为政府提升治理能力、改善服务水平的强大助推器，使区块链技术在政府和公共事务领域的应用成为可能。如今，虽然区块链还在发展过程中，技术尚未成熟，但各国政府已经慢慢意识到区块链技术的价值所在，并且开始尝试研究和探索区块链技术在公共事务领域的应用创新。2019 年，世界各国共落地 845 个项目，其中政务应用 214 个，约占全部应用总数的 25%，可以说区块链技术在政府治理方面的应用呈现出了巨大的潜力。大部分国家政府对区块链技术采取了积极的拥抱态度，在身份认证、国防安全、土地管理、证书电子化、精准扶贫、海关清关、政府采购、投票选举和政府办公等多个场景下开展区块链技术在政务领域的试点和应用。

1．加快发展电子政务，提高政务处理效率

爱沙尼亚在区块链上开展政务管理。爱沙尼亚是一个仅有约 130 万人口的小国家，却是电子政务的领跑者。爱沙尼亚实行电子投票，通过电子签名签署的合同合法有效，目前文件的签署量已经突破 1 亿份；电子税务也发展迅速，99%的税单都是在线填写的。爱沙尼亚政府一直致力于将分布式记账技术应用于无钥签名设施（KSI），爱沙尼亚的一家本土公司 Guardtime 承担了该应用的开发工作。无钥签名设施允许公民验证政府数据库中所记录的个人信息的完整性，避免特权用户背地里篡改政府网络中所记录的信息。这项技术确保了爱沙尼亚公民的个人信息安全且准确。依靠这项技术，该国得以进一步推进一系列的数字化公共服务，如电子商务注册和电子税务平台。区块链技术的应用大大减轻了爱沙尼亚政府对于国家和公民的行政负担，也极大地提高了爱沙尼亚政

府的公务管理效率。此外，从 2015 年 12 月开始，区块链公证逐渐服务所有 e-居民，无论他们身居何处、在何处做生意，都可在区块链上享受结婚证明、出生证明、商务合同和其他服务。因为区块链存储于全世界数以千万计的计算机中，具有公开、公证的可复制性与不可更改性，这使得这种公证方法比目前各国使用的传统公证方法都安全。

加拿大国家研究委员会建立了区块链试点项目，利用区块链技术记录政府公文，发布政府拨款、捐助等信息，以提高政府行政管理透明度。日本加贺市与大阪市IT企业Smartvalue达成合作，利用区块链技术开设电子行政专用网站。新加坡政府首次将区块链技术引入国庆日庆典现有的操作系统，由基于区块链技术的搜索引擎 Boogle 负责新加坡国庆日相关运营生态的软件开发。阿联酋卫生和预防部推出区块链系统，将医生、药剂师和技术人员等卫生专业人员的评估信息进行保存并与地方许可卫生部门共享，有助于提高医疗健康的质量；迪拜经济发展部推出基于区块链技术的统一商业注册平台 UBRP，提高企业在迪拜开展业务的便利性。

2．强化政府职能，推动政务信息公开

随着区块链技术的兴起，韩国政府近期着力于研究和探索区块链技术在推动政务信息公开和提升政府透明度等方面的发展潜力。其中，韩国国家立法机构中的第二大政党——自由韩国党于2019年1月宣布计划凭借区块链技术的应用实现一个崭新的开放式数字民主时代，旨在打造一个全新的体系，使公众和政府行政人员都能够以创新的方式参与其中，以更好地实现政务信息透明化。在具体应用领域，主要涉及会议记录、关键绩效指标评价、投票选举及请愿系统四个方面。利用区块链技术备份会议记录的优点在于，利用数字身份管理系统可以对与会者的身份信息进行验证和记录，同时对与会者在会议上的行为进行精准记录。在会议结束后，使用一个或多个密钥对会议记录进行加密，然后通过网络节点自动上传到区块链上。此种方法可使会议文件和会议精神能够及时且安全地传输给该区块链上的各个参与节点。利用区块链技术记录和评价政府行政人员的关键绩效指标，有利于保证各项指标数据的共享性、真实性和不可篡改性，在加强内部监督的同时，也加强了公众对政府行政人员的外部监督。利用区块链系统优化党内选举的投票流程，能够保证选票的匿名、透明和安全。将区块链技术应用到请愿系统中，则能够有效防止操纵政府行政人员提交意见等一系列腐败行为的发生。

2018年5月，美国西弗吉尼亚州成为第一个允许使用区块链技术进行互联网选举的州。选举是区块链技术最有潜力的应用领域之一，其安全性和身份保护机制可以减少诈骗，确保选民的选举是匿名的，而且随时可以看到结果。使用区块链技术进行选举，每个人只能投一次票，投票的结果不能更改，每个选举点都可以实时看到选举的结果。区块链因其分布式的特点，使黑客攻击变得更难。

3. 完善产品溯源管理，提升政府监管力度

国际能源署提出了“能源联盟”的概念，致力于寻找一种新机制使公众在能源零售市场中发挥更大的作用。通过分布式发电、智能电网和储能技术，公众得以参与能源的生产和销售过程，降低电费开支。然而，虽然智能电网等技术已经成熟，但公众真正参与能源零售市场，依然面临很多障碍。例如，如何在一体化的能源零售市场上为公众提供及时的成本和需求数据，使他们可以做出正确的决策；如何鼓励公众积极参与能源零售市场，简化能源供应合同的切换环节；如何管理因需求变动而动态变化的能源价格；如何保证不同市场的互联互通，使自我生产、自我消费的能源用户真正获得获益。区块链一方面将产销两端直接对接，另一方面将这种新型市场上的交易规范化。建立在区块链基础上的智能电网可以直接把生产消费者产生的电量记录在分布式账本上，便于进行市场交换。与原来生产消费者和某家电力公司签订双边合同不同，由分布式账本管理的能源零售市场，增加了生产消费者的选择权。自行消费之后的多余电量不仅可以存于电池备用，或者返给电网，还可以出售给网络里出价最高的买家，甚至可以异地赎回等。

除此之外，英国使用区块链技术完成了屠宰场肉类追踪，确保食品安全，并计划投资1000万英镑将此技术用于研究和创新；美国将区块链技术用于食品药品安全监管、患者数据共享、国土安全保护、政府信息加密、航空零部件跟踪。

4. 支撑社会治理，加强公共安全服务

美国国土安全局着手开发基于区块链技术的安全系统，推动区块链技术在政府管理和社会治理领域的应用；日本中央和地方政府于2018年开始积极导入区块链技术，以总务省开始推进将区块链技术导入行政与公共领域为契机，积极推动和应用区块链技术；智利财政部下属税收机构推出了处理支付业务的区块链平台试点，该平台可在区块链上存储智利公共机构处理的交易，如纳税或专利费等；墨西哥还将区块链技术用于跟踪公共服务的招投标，以提高政府透明度，减少政府腐败。

二、国内政府治理创新中的区块链应用

将区块链技术同政务领域结合逐渐成为我国区块链项目落地的重点领域。2019 年，各地政府都在积极探索区块链与电子政务的融合，全国 34 个省市的电子政务区块链应用落地项目达到 85 个，占 2019 年全国区块链应用落地项目的 26%，较 2018 年增长 203%，在所有领域中增长率最高，说明政府对区块链的接受度越来越高。2012—2019 年电子政务区块链应用落地项目数量如图 6.1 所示。

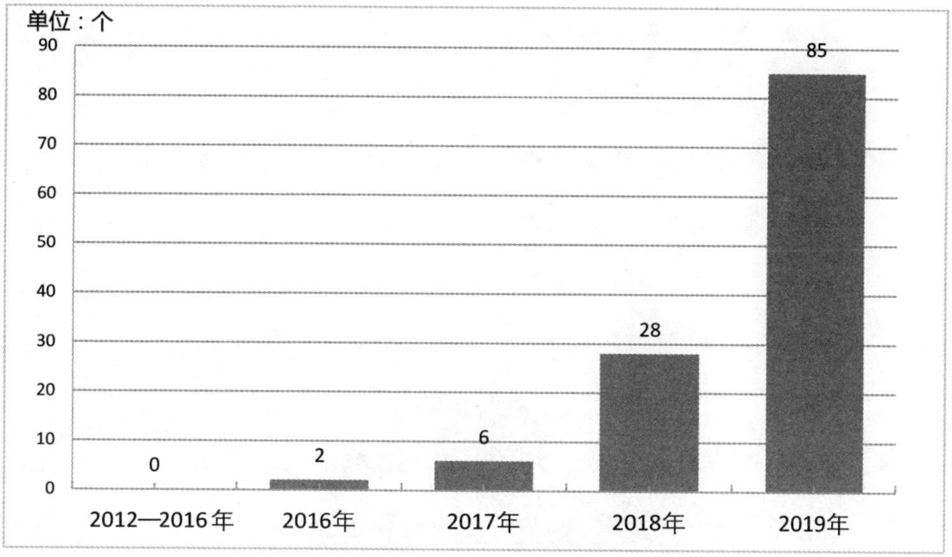

图 6.1 2012—2019 年电子政务区块链应用落地项目数量

（数据来源：赛迪区块链研究院）

国内城市如北京、广州、深圳、杭州、重庆、青岛等相继开展“区块链+智慧电子政务应用”，目前大部分均已建成并投入使用。2019 年，我国电子政务区块链应用重点探索城市主要集中在南方地区，其中广东、福建应用落地项目分别为 14 个、11 个，位居前两名，这与南方的发展程度及政府扶持政策息息相关。电子政务区块链应用落地城市分布如图 6.2 所示。

根据赛迪区块链研究院数据统计结果，我国区块链在电子政务的应用场景主要有数据共享、电子票据、数据存证、政府审计、数字身份、监管溯源等，其中以数据共享与电子票据为主，分别落地 23 个、18 个应用。电子政务区块链应用落地领域分布如图 6.3 所示。

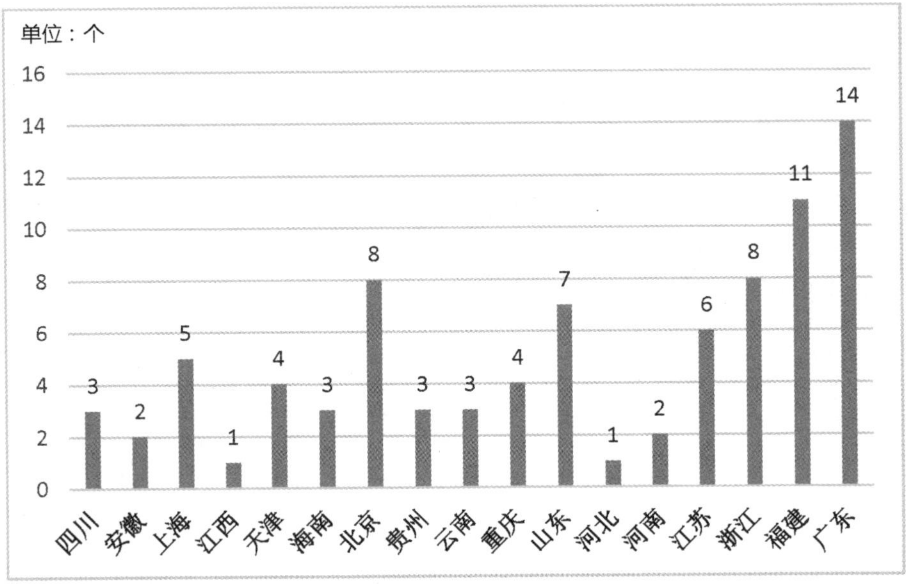

图 6.2　电子政务区块链应用落地城市分布

（数据来源：赛迪区块链研究院）

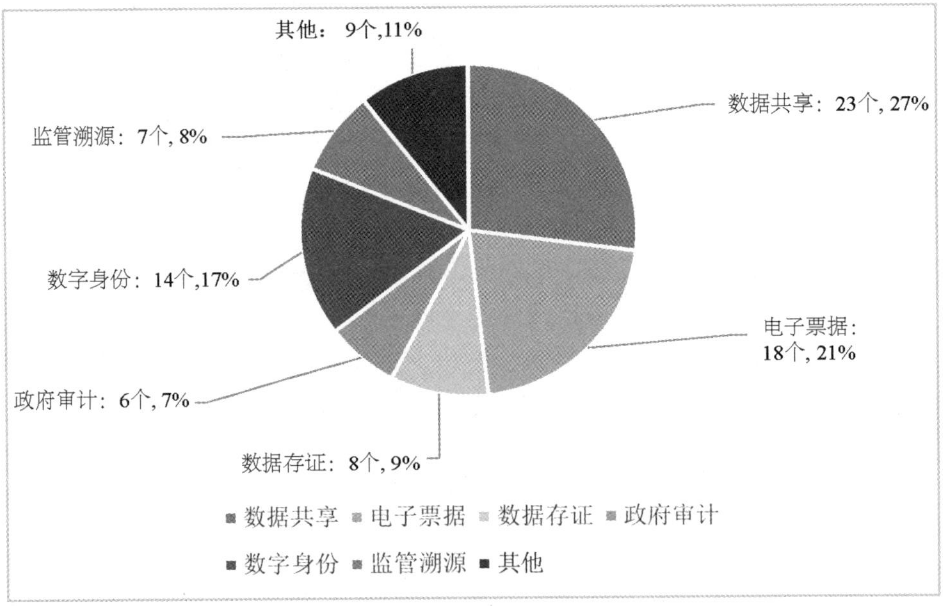

图 6.3　电子政务区块链应用落地领域分布

（数据来源：赛迪区块链研究院）

三、政府应用区块链技术创新发展的挑战

目前，我国区块链在电子政务的应用集中在数据共享方面，多采用联盟链的形式，以“去中心化+监管中心”的方式运作。虽然一些应用已经取得了一定的进展，但是我国的电子政务区块链应用仍处于试点测试阶段，政策和技术仍不成熟，存在一定的安全风险。

1．政府监管方式固化，对区块链理念接受程度低

区块链作为一项新兴技术，目前普及程度较低，政府部门作为天然的中心化管理机构，不能适应完全去中心化的业务流程重塑，难以接受区块链技术带来的改变。由于政务数据需要隐私保密，因此在政府部门间存在权限、责任、利益难协调的情况，没有主动利用区块链技术解决电子政务中数据共享的难题。

由于政务数据共享必须以政府监管为前提才能展开工作，因此针对此类问题，国内涌现出许多解决方案。例如，《贵阳区块链发展和应用》白皮书中提出引入国家监管性质的主权区块链，得到工业和信息化部及社会企业的关注；智乾政务链创新了区块链的应用模式，构建了一个“业务去中心化+管理可中心化”的综合平台，让区块链技术更适用于当下国情和真实场景。

2．区块链的可扩展性低，规模应用存在隐患

由于区块链具有去中心化的要求，需要所有节点参与共识、计算、全量存储，网络中的所有节点必须同步，以验证每条信息的准确性。这极大地增强了系统的安全性，杜绝了安全漏洞隐患，但由此带来的问题是失去了可扩展性，区块链的计算能力及响应速度仍然存在瓶颈。

针对可扩展性问题，目前有以下几种优化处理方式。

（1）闪电网络和状态通道。其思路是保持底层的区块链协议不变，将交易放到链下执行，通过改变协议用法的方式解决可扩展性问题。链下的部分可以用传统的中心化的分布式系统实现，性能具有可扩展性。

（2）分片处理。其思路是每个节点只处理一部分交易，如由一部分账户发起的交易，从而减轻节点的计算和存储负担。

（3）多链架构。其思路是将原本的一条链分成多条链，每条链都负责部分计算和存储业务，并且具有可扩展性，即链的数量可以随着业务量和数据的增加而增加，系统的总体性能随着链的数量的增加而提升，系统的存储空间也能随着链的数量的增加而扩大。

3．地区间的发展水平不均衡，难以规模化发挥效应

整体来看，东部地区电子政务的发展水平远高于西部地区，电子政务的推行主要集中在经济发达的城市，而农村地区由于缺乏人才、资金落后，电子政务发展水平普遍不高。城市与城市之间也有明显差距，这种差距不仅制约着基层政府的政务管理活动，还影响着整个政务网络和电子政务体系的建设。电子政务区块链平台主要集中在北京、广州、深圳、杭州等一线城市，二三线城市电子政务推进速度慢、应用少。由于新建区块链平台会对原有业务和平台产生很大影响，且以往某些地区的电子政务系统中对平台的建设规划和设计不足，因此在新系统和平台的建设中出现部门不愿配合的情况，这增加了区块链项目落地的难度，政务系统改造难度大，加剧了地区间的差异。因此，现有的基于区块链的电子政务应用难以大规模地投入使用，也未能影响更多的使用人群，短期内应用效果不明显。

4．区块链自身技术仍不够成熟，技术难题亟待解决

区块链应用除面对监管系统缺位、监管规则空白挑战外，还需要解决与现行法律制度的对接和协调问题，只有这样才能获得正式的合法地位，这主要体现在智能合约的应用方面。当前，智能合约存在与现行法律制度的对接难题。关于智能合约的论述大多集中强调其如何实现可编程金融及如何取代中介机构等方面，而忽略了智能合约与现行法律制度的协调和融合。首先，是关于语义解释和表达效力的问题。在现实生活中，受限于语义表达的多意性和客观情况的多变性，往往会出现法律未规定或双方未约定的情形，需要对法律规定或合同条款进行解释，且这种解释往往涉及复杂的利益权衡和价值判断，应依靠具有公信力的第三方从中裁决。但智能合约完全依靠计算机语言编写的程序代码在缔约方之间实现验证和执行，这必然会引发一个根本性问题，即程序代码是否能够精确地表达合同条款的语义，以及合同条款是否又能准确地表达当事人的意思，若不能表达，那么对于合同条款的语义应如何解释、由谁来解释、是否被现行法律制度所认可等都成为关键的问题。其次，在智能合约执行过程中，一切均须听命于事先设定好的代码，而不考虑缔约方当下的真实意愿，若一方当事人某一操作失误或希望有其他选择，代码并未提供可修改的替代方案，则所谓“智能”并不智能，导致现行法律制度上的合同变更、撤销和解除等根本无从适用，而这与“意思自治”是完全相悖的，让人不免担心智能合约在提高效率的同时可能牺牲了一定的公平和自由。因此，智能合约虽然在某种程度上实现了技术与法律的协同，但还需要现行法律制度的进一步确认。

第七章

区块链推动政府治理现代化的应用场景

第一节　区块链推动依法治国

一、区块链与依法治国

党的十九届四中全会指出，坚持全面依法治国，建设社会主义法治国家，切实保障社会公平正义和人民权利的显著优势。坚持和完善党的领导制度体系，提高党科学执政、民主执政、依法执政水平。必须坚定不移走中国特色社会主义法治道路，全面推进依法治国，坚持依法治国、依法执政、依法行政共同推进，坚持法治国家、法治政府、法治社会一体建设。

当前，区块链技术应用已延伸到数字金融、物联网、智能制造、供应链管理等多个领域。无论是出于维护公众安全考虑，还是着眼行业健康发展，都务须高度重视其管理问题。

因此，政府要加强对区块链技术的引导和规范，加强对区块链安全风险的研究和分析，密切跟踪发展动态，积极探索发展规律；要探索建立适应区块链技术机制的安全保障体系，引导和推动区块链开发者、平台运营者加强行业自律、落实安全责任；要把依法治网落实到区块链管理中，推动区块链安全有序发展。

1．各级领导干部要认清管好区块链的必要性

区块链技术给世界各国经济社会带来巨大的发展机遇，全球主要国家都在积极加快布局区块链技术发展。尽管“自治”“自律”理念是区块链的核心价值，

但其技术发展仍处于早期阶段，应用还不成熟，运行安全面临挑战，可能给国家政治安全、意识形态安全、主权安全、金融安全等带来诸多风险。例如，区块链可能成为存储、传播违法违规信息，实施网络违法犯罪活动的工具；基于区块链的数字货币，可能为跨国犯罪、非法交易提供极大的便利；非官方数字货币打造的商业体系，可能影响国家经济金融安全等。由此可见，政府监管是必须的，否则就会产生很多问题。

2. 各级领导干部要树立管好区块链的信心

区块链本质上是一套治理架构，其核心是基于多种技术组合而建立的激励约束机制，目前处于 3.0 版本阶段。其下一步的发展重点之一，就是解决监管的便利化和低成本问题。加强对区块链的规范和治理，不仅有利于区块链的健康发展，更有利于提升国家治理体系和治理能力的现代化水平。各级党政部门不仅要成为区块链政策的制定者，也要成为区块链的积极应用者、场景管理者。对各级领导干部而言，管好区块链是一个新任务，但无须有“畏难情绪”。各级领导干部要坚信无论是在技术上还是在法理上，都是能够监管区块链的；要从经济效能和治理效能两方面加深理解，通过组织学习交流、考察调研、专题研修，不断提高对区块链技术的了解，增强管好区块链的信心。

3. 各级领导干部对区块链的管理要恰到好处

区块链目前尚处于发展初期，政府监管要包容、审慎，注重效果，措施适当，允许探索、允许试错，不能“一管就死”，扼杀了新生事物的发展；要明确底线思维，出台负面清单；要在引导基金的结构设计、资金运作、投资管理等方面创新突破，提高其承担风险、产业扶持、资源聚集能力；要充分研究利用发达国家在技术人才、市场、政策等方面的积极因素，扶持优秀企业出海，引入海外优质项目，努力寻求合作共赢。

总之，相关部门及其负责同志要注意区块链技术发展现状和趋势，提高运用和管理区块链技术的能力。对于各级领导干部来说，既要用，也要管，在运用中学会管理，同时在管理中更好运用，只有这样才能使区块链技术在建设网络强国、发展数字经济、助力经济社会发展等方面发挥更大的作用。

二、区块链与共建共治共享的社会治理制度

政府要抓住区块链技术融合、功能拓展、产业细分的契机，发挥区块链在促进数据共享、优化业务流程、降低运营成本、提升协同效率、建设可信体系

等方面的作用。在社会治理和公共服务中，区块链有广泛的应用空间，将有力推动社会治理数字化、智能化、精细化、法治化。随着大数据、云计算、5G技术的广泛应用，人与人的联系拓展到人与物、物与物的万物互联，数据已成为数字时代的基础要素。当将区块链应用于数字金融、医疗服务、版权保护、商品溯源等领域时，区块链将为这些领域的管理者和服务者提供可靠的数据信息。例如，区块链可以帮助监管部门轻松获取商品从生产到销售的全流程信息，大大降低监督执法成本。因此，政府各部门必须加强和创新社会治理，完善党委领导、政府负责、民主协商、社会协同、公众参与、法治保障、科技支撑的社会治理体系，建设人人有责、人人尽责、人人享有的社会治理共同体，确保人民安居乐业、社会安定有序，建设更高水平的平安中国。实现这一要求，将最新科技成果应用于社会治理，区块链大有可为。

1. 区块链可以促进社会治理智能化

区块链中的共识机制、智能合约，能够打造透明可信任、高效低成本的应用场景，构建实时互联、数据共享、联动协同的智能化机制，从而优化政务服务、城市管理、应急保障的流程，提升治理效能。例如，依托区块链建立跨地区、跨层级、跨部门的监管机制，有助于降低监管成本，打通不同行业、不同地域监管机构间的信息孤岛。当审计部门、税务部门与金融机构、会计机构之间通过区块链技术实现审计数据、报税数据、资金数据、账务数据的共享时，数据造假、逃避监管等问题将得到有效解决。

2. 区块链可以助推社会治理精细化

数字时代，社会治理须透过海量数据发现真问题。区块链能有效集成经济、文化、社会、生态等方面的基础信息，并通过大数据进行深度挖掘和交互分析，将看似无关联的事件有序关联起来，从而提升实时监测、动态分析、精准预警、精准处置的能力。例如，深度分析单位时间物资、资本的集中流向，可以对经济社会发展的热点领域进行预判，为推进供给侧结构性改革、防范和化解重大风险等提供决策参考。

3. 区块链还将推动社会治理法治化

在司法、执法等领域，区块链技术与实际工作具有深度融合的广阔空间。例如，运用区块链电子存证，解决电子数据“取证难、示证难、认证难、存证难”等问题。将区块链技术与执行工作深度融合，把区块链智能合约嵌入裁判文书，后台即可自动生成未履行报告、执行申请书、提取当事人信息、自动执行立案、生成执行通知书等，完成执行立案程序并导入执行系统，有助于解决执行难问题。

同时，我们也要看到，包括区块链在内的最新科技成果，在应用初期难免出现不成熟、不规范的问题。这就要求政府各部门进一步加强对区块链等技术的基础理论和标准体系研究工作，制定专门法规，为新技术的应用和发展提供指引；完善与电子数据相关的法律法规，有助于更好地厘清开放和共享的边界，明确数据产生、使用、流转、存储等环节和主体的权利与义务，实现数据开放、隐私保护和数据安全之间的平衡，进而促进科技与社会治理的深度融合。

三、区块链实现政务数据治理现代化

电子政务体系内政府各个部门之间的信息孤岛问题非常严重，数据共享难推进。因此目前，在政务数据共享领域，存在办事入口不统一、平台功能不完善、事项上网不同步、服务信息不准确等诸多痛点。这就要求政府各部门要探索利用区块链数据共享模式，实现政务数据跨部门、跨区域共同维护和利用，促进业务协同办理；深化“最多跑一次”改革，为人民群众带来更好的政务服务体验，实现人民群众“零跑腿”和“无纸化”办理。

在多种数据中，住房公积金数据的上链共享最为广泛。湖北武汉、广西玉林、河南平顶山、甘肃嘉峪关等多地均就住房公积金的政务应用进行招标。

2018 年 10 月，海南省即采用了蚂蚁金服区块链与华信永道研发的“联合失信惩戒及缴存证明云平台”，实现住房公积金黑名单及缴存证明的跨中心、跨地域共享。

在缴存证明方面，据支付宝工作人员介绍，在引入区块链技术之前，住房公积金缴存在海口的小王要到三亚贷款买房，就要先到海口市住房公积金管理中心打印缴存证明，再拿到三亚申请办理，几趟跑腿无法避免，三亚市住房公积金管理中心也需要联系海口市住房公积金管理中心验证缴存证明，办理周期较长，常有延期情况出现。

在引入区块链技术之后，小王的缴存证明便编码上链，保证其真实可信。现在，小王只要在支付宝里申请开具缴存证明，三亚市住房公积金管理中心在获得授权后，在链上对该证明查询和验证。如此，便省去了小王两地跑腿，以及两个部门之间手动交换信息的麻烦了。

在住房公积金黑名单方面，各城市住房公积金管理中心只需接入上述平台，并上传各中心的黑名单，即可实现信息共享且不可篡改，失信人一旦异地办理住房公积金业务也将一目了然。

四、区块链实现政务数据治理现代化的应用

2015 年，国务院印发《促进大数据发展行动纲要》，要求大力推动政府部门数据共享。“大力推进国家人口基础信息库、法人单位信息资源库、自然资源和空间地理基础信息库等国家基础数据资源，以及金税、金关、金财、金审、金盾、金宏、金保、金土、金农、金水、金质等信息系统跨部门、跨区域共享。”当然除政务数据共享要求外，金融、健康医疗、司法等行业的数据获取与共享也被提出诉求，需要拉通，需要提升商业和社会价值。在金融领域，有些银行推出的基于个人住房公积金的信用贷款，利用个人住房公积金缴纳数据和银行内部积累数据，为消费者提供信用贷款额度。在健康医疗领域，自新型冠状病毒肺炎（以下简称新冠肺炎）疫情爆发后，医疗数据打通迫在眉睫，数据一旦可获取、可共享，就极大地提升会诊效率。

数据获取与共享已经逐渐成为行业乃至社会的基础，数据流动可有效加快我国供给侧结构性改革的步伐，但由于前期为集中式模型，数据被集中管理，数据获取权限审批难、共享难、定责难等问题制约了数据的流动。随着 2017 年区块链技术在面向企业的方向逐渐成熟，数据获取与共享迎来了新技术辅助数据流动的新希望。

在政务数据共享中存在数据未落地，只是交换通道作用，数据交换与数据权限管理系统脱节，数据共享和开放不全面等问题。为进一步提升数据管理效率和效能，政府通过引入区块链理念，构建政务数据共享体系，将各部门数据权限管理要求和关键数据“上链”锁定，实现对政务数据的逻辑管控。具体表现在以下几个方面。

（1）解决数据权限管理中权限列表与数据“两张皮”、权限列表的变更和数据共享授权随意等“老大难”问题，形成数据和系统的一套“家底”。

（2）从城市级的管理层面开展自我革命，通过区块链实现共享交换体系技术架构的重构与升级，解决“聚”和“通”的关系，并实现“聚”和“通”在不同历史时期的动态调整。

（3）通过定向开放、特区开放、完全开放等形式，与城市服务业扩大开放工作有机结合，发挥大数据在促进产业带动、优化服务民生等方面的先导和支撑作用，提升大数据的社会效益。

（4）通过技术体系变革，明确市级政务部门未上链的信息系统，不得申请运维或升级改造费用，促进政务数据的新模式改变。

案例：区块链促进政务数据共享及权限管理

政务数据共享是基于区块链技术与区块链理念打造的，由软件与对应的管理办法组成的一个完整的解决方案。该解决方案通过分布式存储保证在政府各个办事机关节点看到的数据权限管理目录可靠可信，且数据是可共享及跟踪的，任何一个节点的修改会快速同步到全部节点；通过不可篡改保证政务数据权限管理系统上链后其共享范围、对接的系统都无法独立修改，必须基于共识机制与智能合约的控制，在多方协同的情况下才能完成业务的变更，达到保证数据权限管理目录全面可靠的目的；通过智能合约将传统大数据交换的行为固化成自动运行的软件逻辑，以区块链实现政务数据共享，驱动共享交换，把所有操作行为、访问行为都记录在区块链中，为后续的业务考核、数据溯源提供真实可靠的数据源。在此之上完成数据权限管理链驱动探针进行数据库的探测、抽取和接口封装，使原有的大规模数据交换，演进为按需数据抽取的模式，并可在此基础上驱动可信数据交换（沙箱），实现大规模数据建模时的“可用不可得”。基于数据共享的数据权限管理链及数据交换架构图如图 7.1 所示。

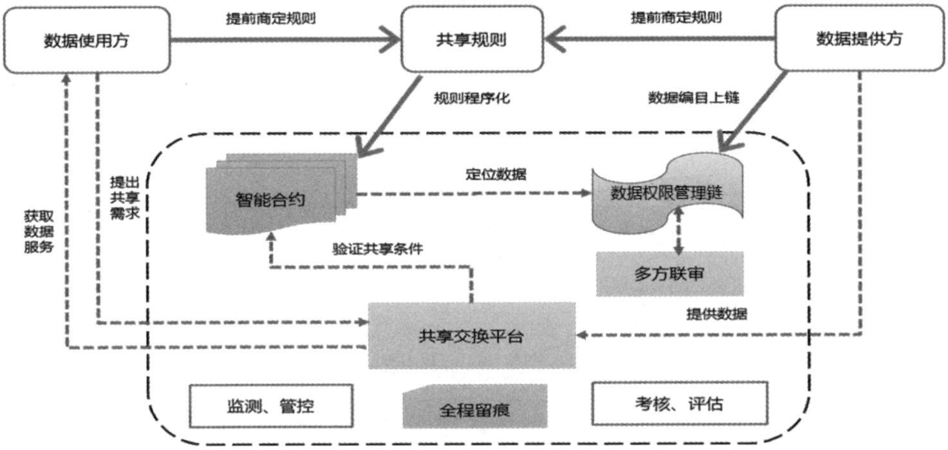

图 7.1　基于数据共享的数据权限管理链及数据交换架构图

区块链促进政务数据共享及权限管理案例建设包括以下几个方面。

1. 建设思路

政府各部门形成一套完整、唯一的部门数据权限管理目录，政府机构平台提供统一的数据权限管理目录管理界面（注册、查询等）及编目工具。

2. 建设方式

采用数据权限管理目录“打底”的方式，一是大部分部门可直接利用前期梳理、系统整合、规划备案、入云搬迁等已有基础，不再重新梳理；二是部分没有基础（或已发生较大变化）的部门，利用新的编目工具从数据库中直接提取原始数据权限作为数据权限管理目录，形成初步“家底”。

3. 推进策略

以项目评审和数据汇聚为抓手，分别从信息系统列表和数据资源列表入手，推动数据权限管理目录的建立。

（1）从信息系统列表入手向两侧延伸。各部门在申报项目前，应先完善对应的信息系统列表及信息系统列表所包含的数据资源列表；在项目验收前，应对信息系统列表和数据资源列表进行更新，与项目申报形成闭环。

（2）从数据资源列表入手向两侧延伸。各部门在数据汇聚前，应先完善数据资源列表，并与信息系统列表实现关联；在数据汇聚后，应与汇聚的数据实现对接。

4. 数据共享应用的价值

（1）基于区块链的政务数据共享系统通过各业务部门采集和梳理的数据结构进行内部比对和血缘分析，对可以进行共享和获取的数据，应给予用户和信息化管理部门以提示。

（2）通过系统提供建立电子化协议或打印纸质协议的方式，业务部门将基于目录上的共享需求进行协议的签署，保障目录的充分利用。

（3）通过系统智能分析业务部门提示方向需要的信息资源，展示相关信息资源，积极推动信息共享。

（4）采用技术抓取手段与业务梳理手段相结合的方式。系统自动对用户数据库或业务系统数据结构等信息进行抓取，并通过系统给用户一个直观展现，辅助用户对信息资源结构进行中文名称等关键要素的编辑。

（5）强化考核评估能力，依据系统建立大数据目录考核评估体系，研究制定考核评估量化指标，以此引导政府各部门开展目录梳理工作。

五、区块链实现政务数据治理现代化的创新点

（1）技术以区块链为核心，基于联盟链，在以安全为先的原则下，兼顾性

能要求。在共识算法中，采用 PBFT（拜占庭容错）算法，在保证区块链高效的同时，保证在部分节点出现故障的情况下系统的稳定性；在网络上，优化 P2P 算法与交易流程，解决大规模节点上线时对网络的诉求与冲击；在硬件上，通过国产硬件芯片（如华为鲲鹏等）或 Intel SGX 芯片构建软硬件结合的可信区块链环境，支持高效共识与数据安全访问；在整体上，基于社区，同时提高软硬件的自主可控能力，为区块链提供技术兜底保障。

（2）基于数据交换平台的数据探针技术。数据探针完成应用和数据的集成，数据交换平台则实现服务集成、数据集成、设备集成、消息集成全连接，支撑数据、服务、资源的协同，达到数据在政务部门之间、政务部门与企业之间的互通。通过在数据权限管理链上叠加探针平台，完成数据权限管理链对探针操作的触发与管理，实现在数据确权的前提下对数据进行实时开放。

（3）基于可信数据交换技术，将政务数据与企业数据打通，助力数据多跑路而人员少跑路的目标。通过在数据权限管理链上叠加探针平台、运用可信数据交换技术，完成数据的“可用不可得”“阅后即焚”，并对算子、算力、数据流动进行实时记录上链，方便数据溯源。

案例：北京“目录区块链”构建数据共享新规则

2019 年 11 月，北京利用区块链将全市 53 个部门的职责、目录及数据连接在一起，形成“目录区块链”系统，为北京大数据的汇聚共享、优化营商环境提供支撑。同时，依托“目录区块链”将部门间的共享关系和流程上链锁定，构建起数据共享的新规则，解决了数据流转随意、业务协同无序等问题。所有的数据共享、业务协同行为在“链”上共建共管，无数据的职责会被调整，未上链的系统将被关停，建立起部门业务、数据、履职的全新“闭环”。

“链”上调用数据减材料、减流程、减时间。

目前，北京不动产登记已实现“一个环节、一天办结”。2018 年，这项业务涉及交易、缴税等 4 个环节，需要 5 天时间，还需要提供居民户口簿、结婚证等一大堆纸质材料。现在，只要登录“北京市不动产登记领域网上服务平台”或到不动产登记大厅就可以体验方便快捷的新流程，且只有一个环节、一次性即可办结。这背后是“目录区块链”调度下的全市各部门数据的有序运转。通过“链”上实时接入公安、民政等多个部门的户籍人口、社会组织等标准数据接口，实现了减材料、减流程、减时间。据 2019 年世界银行报告，北京建筑许可办理时间压缩了 32%，环节压缩了 18%，排名大幅提升。自 2017 年 12 月起，北京就通过大数据平台共享了建设工程规划核验等 20 类数据，为压缩建筑许可办理时间提供了支撑。如今，在“目录区块链”的支撑下，北京的建筑许可数据共享完成了闭环的最后一步。

第二节 区块链推动政务服务现代化

一、区块链推动税收治理现代化

区块链技术是提升税收治理能力的新型技术手段，是助推实现税收治理现代化的良好契机和重要抓手。将区块链技术应用于税收治理，开启了新形势下加快推进税收治理体系和治理能力现代化的新篇章。区块链技术突破了传统发票对客户端、税控器具的要求，不再对票量、票额进行限制，更有效地避免了虚开发票、虚假发票、一票多报、虚抵虚报的风险，让发票回归商事活动凭证的本源。

区块链技术在税收征管中发挥了重大作用，这体现了我国税务机关强大的执行力。联盟链的关键技术，可为办理居民异地住房公积金贷款和个税抵扣等业务提供技术支撑。吉林财经大学教授张巍建议，通过构建基于区块链技术的管理平台，利用区块链技术支撑业务管理的简化和优化，使管理要素更精准，让区块链技术更有效地服务于税收征管现代化；建立智能税收治理体系，将征纳双方从传统的税制和征管模式的束缚中彻底解放出来，通过大数据思维化解风险、提升能力，以智能税务完善税收治理体系。要想打造智慧财税，首要问题是将电子发票入账，区块链追溯不仅方便了电子发票的形成，更重要的是成就了发票的真实性。

我国数字经济税收治理面临的几大难题如下。

（1）数字经济税制缺失引发可税性争议，纳税主体、课税对象界限及税率目前都无法合理确定。

（2）数字经济对税收管辖权形成挑战，税源不稳定对税收征管也产生了极大的影响。

（3）数字经济的隐形交易特征和交换方式，导致税务机关无法掌握涉税信息，很容易诱发“交换隐形化避税”。

（4）数字经济作为新兴经济业态，大多数交易基于网络活动，税基评估涉及很多复杂因素，税基的确定难度比较大。

（5）在跨境数字经济中，数字化产品自身性质界定难、税收管辖权确定难、税收征管难等一系列税收问题增加了税收的复杂性。

（6）纳税义务人和税务稽查对象难以确定，以及税务审计制度立法不完善，也大大增加了税务稽查的难度。

针对我国数字经济税收治理的难题，通过区块链技术可以构建社会共治的涉税风险防控体系、电子签名、数据保护法律体系、风险智能化分析识别平台、基于区块链技术的税收治理框架、基于税制优化的税收治理路径。

我国是国际上“区块链+税务”应用领域的先行者。2018 年 8 月，由国家税务总局指导、国家税务总局深圳市税务局主导、腾讯区块链提供底层技术支撑的区块链电子发票实现落地。首张区块链电子发票在国贸旋转餐厅开出，此次国家税务总局深圳市税务局携手腾讯落地的区块链电子发票，将“资金流、发票流”二流合一，将发票开具与线上支付相结合，打通了发票申领、开具、报销、报税全流程。深圳市从 2019 年 1 月起实现电子发票全覆盖，对使用区块链电子发票的企业根据实际不限量供应发票，这表明“区块链+税务”的应用前景将越来越广阔。截至 2019 年 10 月 27 日，深圳市注册使用区块链电子发票的企业超过 7500 家，共开票 975 万张，涉及金额 69.3 亿元，覆盖餐饮、零售、交通、住宿等多个民生领域。电子发票只是一个开端，区块链在建设智慧城市、打造公平竞争环境方面有着广泛的应用前景。“区块链电子发票不是‘发币’链，区块链电子发票不是‘去中心’，区块链电子发票不是‘永恒错误’。”区块链在财税领域的应用，还存在着信任关、兼容关及互通关三大挑战，要从整体的角度来规划和布置全局，当前政府工作的重点是基于区块链技术整合财税票据，并积极探索基于新技术平台的财税管理和制度创新。

目前，腾讯、中国平安、万科等企业都成为区块链电子发票的用户。区块链电子发票节省了企业的时间成本和人力成本，使企业财务管理更便利，使企业得到了实实在在的利益。腾讯区块链电子发票如图 7.2 所示。

腾讯区块链电子发票底层采用区块链技术，借助分布式记账、多方共识和非对称加密等技术，实现发票开具与线上支付相结合的效果。

在业务流程上，可以分为四个步骤。

（1）税务机关将开票规则部署上链，包括开票限制性条件等，并在链上实时核准和管控开票。对于纳税服务方的税务机关而言，区块链电子发票通过“资金流、发票流”的二流合一，实现“交易数据即发票”，有效解决了发票填写不实、不开、少开等问题，保障了税款及时、足额入库。此外，通过区块链管理平台，可实时监控发票开具、流转、报销全流程的状态，对发票实现全方位管理。

（2）开票企业申领发票，将交易订单和链上身份标识上链。对于商家而言，区块链电子发票提高了店面运转效率，节省了管理成本；企业开票、用票更加便捷、更加规范，在线申领、在线开具，还可以对接企业的财务软件，实现即时入账和报销，真实可信，后续还可拓展至纳税申报。

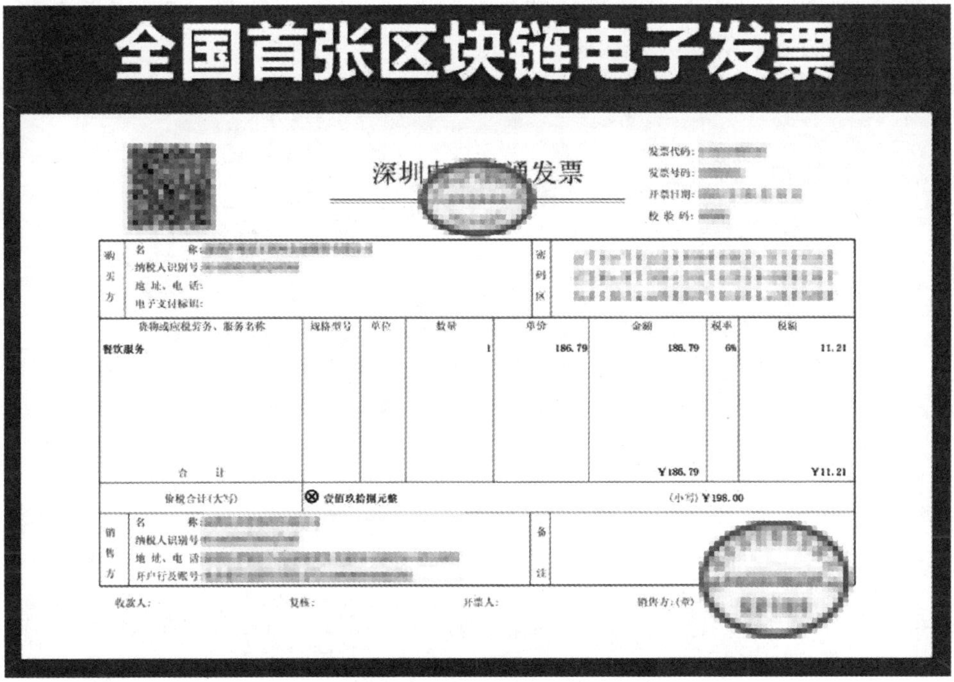

全国首张区块链电子发票

发票代码：
发票号码：
开票日期：
校验码：

购买方　名称：
纳税人识别号：
地址、电话：
电子支付标识：
密码区

货物或应税劳务、服务名称	规格型号	单位	数量	单价	金额	税率	税额
餐饮服务			1	186.79	186.79	6%	11.21
合　计					¥186.79		¥11.21
价税合计（大写）	⊗壹佰玖拾捌元整				（小写）¥198.00		

销售方　名称：
纳税人识别号：
地址、电话：
开户行及账号：
备注

收款人：　复核：　开票人：　销售方：（章）

图 7.2　腾讯区块链电子发票

（3）纳税人认领发票，并在链上更新纳税人身份标识。对于消费者而言，通过手机微信功能，消费者结账后即可自助申请开票，一键报销，发票信息将实时同步至开票企业和税务机关，消费者可自动拿到报销款，免去了来回奔波的劳碌和烦琐的流程，收票、报销实现电子化与便捷性，实现“交易即开票，开票即报销”。

（4）报销企业验收发票，锁定链上发票状态，审核入账，更新链上发票状态，最后支付报销款。

腾讯区块链电子发票的业务流程如图 7.3 所示。

在技术架构上，腾讯区块链电子发票由四部分组成。

（1）云基础设施：提供包括网络基础设施等硬件资源，配合云平台服务，实现开放式、可插拔的多样化业务需求。

（2）区块链基础平台：提供底层区块链服务能力，包括权限管理、数字签名、加密算法、共识机制等。

（3）电子发票业务平台：连接税企的一层，包括企业申请注册、开票、报销等业务功能。

（4）业务应用平台：提供软件开发工具包（Software Development Kit，SDK）和 API，方便接入第三方发票服务。

腾讯区块链电子发票的技术架构如图 7.4 所示。

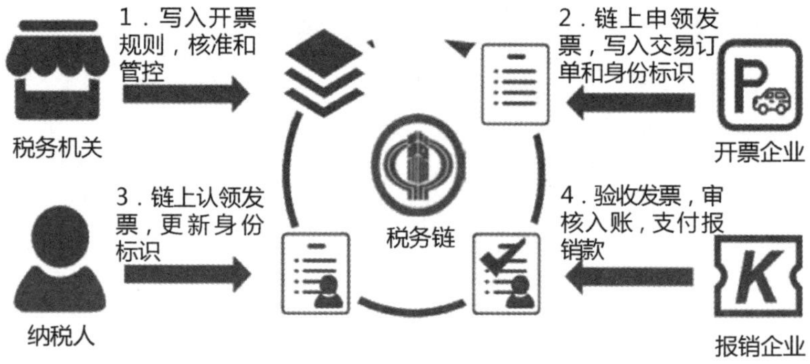

图 7.3　腾讯区块链电子发票的业务流程

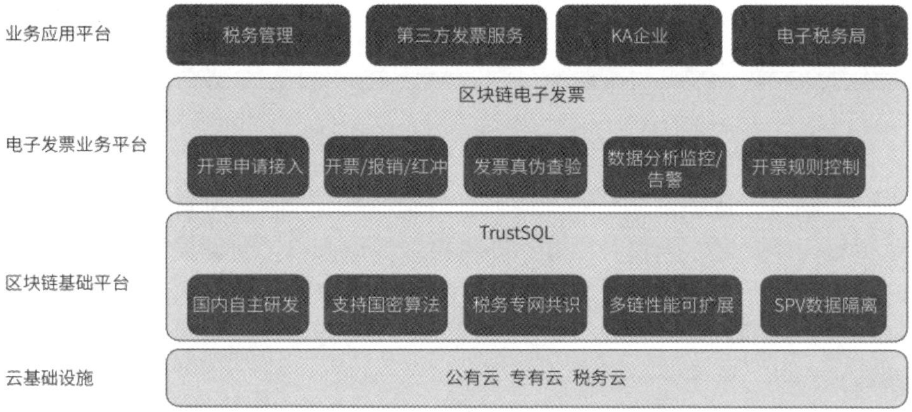

图 7.4　腾讯区块链电子发票的技术架构

腾讯区块链电子发票解决了以下痛点。

（1）打通信息孤岛。通过区块链连接每个发票干系人，发票信息实时上链，实现发票状态的全流程可查、可追溯。

（2）简化报销流程。发票干系人通过链上协作，实现无纸化报销，并且链上报销无须烦琐的手续，简化了报销流程。

（3）解决“一票多报、虚抵虚报”问题。利用区块链技术，可以确保发票的唯一性和信息记录的不可篡改性。

（4）加强政府监管力度。由于发票信息上链，公开透明、无法篡改且可溯源，因此为税务局提供了更好的实时性、全流程监管手段。

腾讯已经在电气电子工程师学会（Institute of Electrical and Electronics Engineers，IEEE）、国际标准化组织（International Organization for Standardization，ISO）、国际电信联盟（International Telecommunication Union，ITU）等全球各大标准组织提交区块链电子发票的标准建议，等到标准正式确立，区块链电子发票将迎来更广泛的应用前景。

二、区块链优化公民身份认证

区块链技术在互联网安全管理及认证等领域也有很大的优势，普遍应用于社交网络、身份认证、学历认证等方面，下面将从一个比较具体的方面——身份证讲起。

区块链是分布式存储、共识机制、加密算法等计算机技术的新型应用模式，简单说就是一个大家共同记录的账本。区块链及其分布式记账技术将对未来的身份认证系统产生重大影响，让我们看一下区块链赋能身份证将发生什么变化呢？

1．难以被篡改

大家都知道生物识别技术，在身份证中采用生物识别技术可以提高个人身份认证的准确度。但是信息容易被篡改，如果把采集到的信息通过区块链进行信息存储，个人身份认证的准确度将进一步提升，即“生物识别+区块链”。例如，ShoCard 项目便融合了生物识别技术和区块链技术，也就是把数据指纹保存到区块链中，再通过私钥进行数字身份认证。

2．数据分析结果更加准确

目前，身份证主要通过大数据将个人的公共信息进行分类记录，如生物信息、个人特征等。一般来说，个人身份具有多重性特征，使得它需要大数据支撑。而区块链的可追溯性使数据从采集、交易、流通到计算分析的每一步记录都可以留存在区块链上，保证了数据分析结果的准确性，即“大数据+区块链”。

3．保护个人隐私

通过区块链的分布式存储思想，使用非对称加密技术将个人信息存储于区块链中，这样就能起到很好的保护个人隐私的效果。

4. 用户使用更加便捷

当你创建一个区块链身份证时，需要设置一个密码，并在账户中填写自己的个人信息、上传照片，将你的区块链身份证与工作档案、家庭档案连接起来。这样，区块链身份证能更加安全、便捷地识别你的身份，不用担心自己的身份证会丢失；区块链身份证的防伪性也更好，便于各种签证手续的办理和学历、工作认证，不用担心自己的身份信息被篡改。

身份证对于每个公民都十分重要，身份证是用于证明持有人身份的证件，住酒店、买车票处处都会用到它，一旦身份证丢失、忘带、被盗用，简直就是一场“灾难”。如果你还担心身份证引发的各种问题，那么基于区块链技术的智能身份认证系统或许可以帮你解决困难。属于你的区块链身份证会显示你的护照照片、在线头像，姓名下方有一个不可更改的密钥创建日期及密钥标识，这张身份证上还分布着签名栏、专属二维码、交易编号及哈希算法证明。

区块链身份证有两个优势：安全、便捷地解决信息丢失问题；永远不会丢失、永远不会被篡改。如果每个人都有一个区块链身份证，就相当于每个人都有一份完整、独特的，记录了一生中每笔交易的永久记录。未来，区块链身份证可能不会一下子就将所有的社交等信息全部连接到一起，但它很可能取代身份证、指纹、护照等身份识别工具。如果你拥有了区块链身份证，则一定要妥善保管密钥，因为无论进行任何操作，都需要提供密钥来进入个人账户，而唯一的密钥只有你知道，所以一定记得备份。到那时，虹膜识别等生物识别技术也许根本用不到了，毕竟，黑客攻击一个系统首先要做的就是入侵，然后才能进行篡改。但是在区块链系统中，登录动作也是一笔“交易行为”。如果有人想要以冒名顶替的方式登录已经采用区块链技术的系统，就等于要在千亿台电脑上登录资料链，几乎没有成功的可能。如果真的到了那一天，也许指纹或瞳孔扫描等技术，都会变得不是那么必要了。

三、区块链明晰政府财政专项资金发放

财政资金是指国家运用价值形式参与社会产品分配，形成归国家集中或非集中支配，并用于指定用途的资金。它既包括中央政府和地方政府的财政收支，还包括与国家财政有关的企业、事业和行政单位的货币收支。政府发放财政资金主要是为了有计划地满足国家机器、社会消费和建设的支出需要。因此，合理聚集和管好、用好财政资金，是国家理财的一项重要任务。

财政资金管理经过多年实践已经越来越完善，但也存在一些不足。以扶

贫资金管理为例，扶贫在具体工作中有许多痛点，包括扶贫款项落实不力，监管困难，贫困户难以识别，贫困人口创收难、易返贫等。在利用区块链技术助力精准扶贫方面，中国工商银行可谓先驱。此前，中国工商银行携手贵州省政府联合共建，打造业界首个服务于精准扶贫的区块链平台，实现扶贫资金管理的高效与透明。截至2019年10月，扶贫资金划拨近5000笔，拨付金额超过70亿元。

2020年中央财政专项扶贫资金预算1136亿元，约占2019年中央财政专项扶贫资金1261亿元的90%。其中，继续重点加大对“三区三州”等深度贫困地区的支持力度，专门为“三区三州”安排144亿元，并将资金分配到具体区、州。同时，财政部督促各地继续深入推进贫困县涉农资金整合试点工作，以强化对脱贫攻坚战的投入保障。财政部要求相关省（自治区、直辖市）安排给贫困县的资金增幅不得低于该项资金平均增幅；分配给贫困县的资金一律采取“切块下达”，资金项目审批权限完全下放到县，不得指定具体项目或提出与脱贫攻坚无关的任务要求。此外，财政部督促各地用好中央财政提前下达资金这一有利条件，提前谋划和编制好预算，待预算年度开始后，按程序切实管好、用好财政专项扶贫资金，确保资金精准高效使用。如此巨额的资金在管理中出现问题是难免的，而利用区块链技术可以实现财政资金的精准发放，更好地提高资金使用效率。

财政部对利用区块链技术的态度是友好的。此前，财政部发布的《狠抓规范管理　强化示范引领——财政部前三批PPP示范项目整改情况通报》指出：“充分利用大数据、人工智能、云计算、区块链等信息技术，建立跨地域、全行业、穿透行政层级、全生命周期管理的大数据监管服务平台，充分发挥政府、市场、社会公众三方作用，实现项目信息真实透明、动态监管，推动政府职能的转变和监管方式的创新。”

区块链助力金融扶贫体现在以下几个方面。

1．区块链有助于实现金融扶贫对象的精准识别

目前，金融机构在扶贫对象的识别上存在两个层面的不精准：一是无法精准定位有真实金融需求的贫困户；二是对有金融需求的贫困户，无法精准识别和准确判断其需求点。承担扶贫任务的金融机构要实现这两个层面的精准，需要付出与自身收益极不对称的精力和成本，所以它们往往对全村的贫困户进行授信评级，然后在地方政府的主导下为贫困户配置信贷资源。这种“漫灌”式的金融扶贫，不但效果一般，更浪费了稀缺的信贷资源。区块链技术所具有的共识机制、去信任化等特征，为贫困户大数据的构建和应用奠定了坚实的基础，

从而可以实现数据分析、信息共享和持续跟踪，打通金融机构、政府部门与贫困户之间的信息孤岛，充分提升金融扶贫的有效性。

2. 区块链能够确保金融扶贫资源的高效管理

在开展金融扶贫的过程中，政府完全可以立足银行业务系统所具有的先天优势，如稳定、安全、高效、功能强大等，打造以区块链技术为底层架构的金融扶贫资源管理系统，整合银行金融服务链和政府扶贫资源行政审批链，对扶贫资源运用的各个阶段实现全程跟踪，有效解决金融扶贫政策落地、资金到村到户“最后一米”的问题。此外，还可以依托智能合约技术，将贫困户需求、扶贫项目、扶贫资源进行有效匹配，转变扶贫资源管理模式，由原来的“推动”变为“拉动”，即各级政府部门在申请扶贫资金前首先要确定用款项目和款项用途，上级扶贫管理部门再根据各地区实际需求配套资金，并由银行系统完成资金拨付，最终实现资金“精准到人”“精准到户”，通过“精准滴灌”实现扶贫的“对症下药”和“靶向治疗”。

3. 区块链可有力促进普惠金融的良性发展

相对而言，金融机构对贫困地区呈排斥倾向，越是区域经济发展落后、贫困人口众多、客观环境潜力不足的地方，金融机构的数量和占比都越小。基于去中心化、分布式记账等技术特点，区块链为金融体系进一步降低运营成本提供了有力抓手，这就使金融机构可能实现扩大贫困地区的金融服务范围。另外，随着区块链技术的不断成熟，价值转移技术逐步应用，这也为贫困户提供了通过价值互联网获取金融服务、破解金融机构物理网点约束的途径。

4. 区块链为立足特色产业、开展金融精准扶贫提供充分保障

在立足特色产业、开展金融精准扶贫方面，区块链所具备的信息不可篡改性，为农业产业发展、品质保障和生态价值的实现提供了保障。基于区块链的产业扶持模式，不仅能够为食品安全（包括运输、销售和消费的全程跟踪管理）提供技术和数据服务，还可以为检疫部门、农业金融，特别是精准扶贫提供信用体系建设与风险防控服务，确保信贷风险相对可控及精准扶贫真正到点、到户。

5. 区块链能够有效提升金融扶贫合力

金融扶贫有效性的提升，涉及政府部门、金融机构及扶贫对象等多个方面，

可以区块链为基础构建各方参与的扶贫平台。区块链所提供的分布式存储、可追踪、防篡改、不可撤销等信息维护与安全机制，将使金融扶贫可能实现全流程管理。一方面，该平台将有效整合和共享扶贫对象、金融机构、政府部门及相关企业间的信息，将相关信息流、资金流贯穿成为生态链，为参与各方进行决策、组织实施提供信息支持；另一方面，该平台通过对金融扶贫全流程所涉及的行为进行存证，为参与各方的全程管理、跟踪监督、有效监管、风险防控、责任分担等提供基础条件，从而有效降低人为因素导致的扶贫损耗，为参与各方降低交易成本、实现多方共赢奠定良好基础。

案例：雄安新区工程资金管理平台

党的十八大以来，反腐倡廉成为政治生活的主旋律之一。落到实处，就是政府的资金要专项专用、来龙去脉要理得清楚。放到传统的工程项目中，若资金去路不明，则有可能导致违法转包、责权不明；若资金被挪用，则有可能导致工期延误、工程质量存在隐患、工程欠薪等。

为解决这些问题，雄安新区在建设过程中引入了由翼帆数字科技有限公司研发的基于区块链的工程资金管理平台。自 2018 年 8 月投入运行以来，该平台已接入多项工程，管理企业 1000 多家，管理资金约 20 亿元，累计为 4 万人次建设者发放资金，发放金额约 2 亿元。

这个平台是如何运作的呢？

据雄安集团相关负责人介绍，该平台采用了 BIM（建筑信息模型）+CIM（城市信息模型）技术，先为建筑产业链上的各法人主体（开发商、施工方、监理方、运营方）和个人提供数字化身份，为上链做好前期准备；待工程启动后，该项目的各个主体均需持私钥对资金流通进行签名确认，保证资金流通有据可查；签名后即在链上广播，由此，工程款项到了哪个环节、发给谁、发放时间在链上一目了然。区块链在资金管理中可以切实解决使用透明度低的问题，因此除管理工程款项外，未来雄安集团其他领域的资金管控也将采用区块链技术，包括拆迁补偿等资源分配类项目。上线两个月后，该平台还加入了“建设者工资保障金”制度来完善链上治理，保障建设者的权益。

“建设者工资保障金”规定，工资保障金由雄安集团和施工企业（投标联合体）分别缴纳资金共同设立。雄安集团一次性缴纳 1000 万元存入银行专户，施工企业缴纳工程合同款金额的 0.5%作为保证金（每项合同缴纳上限为 300 万元）。届时，施工企业如未能按合同约定的时间支付工资，该平台将向关联部门/企业发出预警，并划出保证金来支付建设者的工资。

未来，区块链技术、各方机构及银行都将加入监管行列，使政府财政专项资金运用的整个流程实现完全透明化，使腐败现象不再发生。

案例：扶贫资金链与公益寻人链

以前的扶贫就是先层层审批，然后交付资金；使用区块链技术以后，变成先确定资金的用途，然后根据实际情况进行资金交付工作。这样一来，就可以实现从粗放扶贫到精准扶贫的转变过程。

中国工商银行与贵州的贵民集团已经达成了合作，推出了扶贫资金链，通过区块链平台实现了157万元扶贫资金的发放工作。这个项目是国内首个区块链的扶贫项目，使跨链合作成为可能。扶贫工作涉及很多部门的通力合作，这套技术不仅具备区块链的技术特性，而且实现了跨链数据的整合和互通，具有很好的借鉴价值。

而腾讯推出的公益寻人链，通过将各家寻人机构和平台上链打通，不仅解决了一直以来的信息孤岛问题，而且实现了寻人项目信息和数据的共享。使用公益寻人链，可以实现各个平台和机构的数据共享，同时可以保持每个平台和机构的独立性和筛选信息的自主性，促进这些平台和机构更加高效的合作。

一般情况下，当人口失踪后，我们会在较大的平台上逐个发布消息。但有了公益寻人链后，我们就可以只在一家平台发布，其他平台和机构的数据会得到实时的更新。各大平台和机构寻人的渠道是不同的，这样一来，区块链技术就可以将各大平台和机构不同的渠道整合到一起，帮助失踪人口快速地找到自己的家人。

这个平台没有中心节点，是去中心化的系统。该系统在数据分享和多方渠道平台共同协作方面对于人口找寻发挥了重要的作用。它通过在所有节点的广播效应，扩大了传播的范围，实现了高效率的信息传递。

第三节　区块链推动司法治理现代化

一、区块链促进公安工作创新

公安工作是政府的重要行政行为。公安工作的内容是由法律法规和政策确定的，包括国家安全和社会秩序两个方面。国家安全，指我国人民民主专政政权和社会主义制度不受侵犯，我国的国家主权和领土完整不受侵犯。维护国家安全是国家许多部门的工作，公安工作主要是依法同那些破坏国家安全的犯罪行为进行斗争的工作。社会秩序是社会关系的外在形式，是由一定的社会规范确定和维系的。而那些专门由公安法规所确认和维系的社会秩序，就是社会治安秩序，包括国家工作秩序、社会公共秩序和公民生活秩序。公安工作是由多种分工、多个层次连接而成的一个工作系统，是一个有机联系的整体。在现有公安工作管理体系中，同样存在着公安数据共享难、数据真实性存疑等问题，有效利用区块链技术可以促进公安工作的创新发展，推动国家安全和社会秩序管理工作创新。

1. 区块链促进公安信息化建设创新

针对公安机关现有工作中信息共享程度低、信息准确性难以保证、信息安全机制不健全等突出问题，可以利用区块链技术加以解决，如利用去中心化与加密技术推动公安信息的共享、共识机制的建立，利用时间戳技术保障公安信息的真实性和准确性，以及利用分布式记账技术与自治性特质保障公安信息的安全。

2. 区块链促进身份管理创新

针对身份认证——在进行身份认证时，个人身份区块链会有选择地披露个人信息，被披露的信息经区块链智能合约检验发送给对方，在网上即可完成身份认证，方便快捷，让有限的警力从纷繁复杂的社会管理事务中解脱出来；针对公安机关内部管理——公安机关内的人力资源、警用设备等通过“个人身份区块链+警察私有链”来管理，警察私有链和警用设备私有链的创建和写入权限分别为人事部门和装备管理部门，读取权限仅在公安机关内部，并分级设限；针对电子证据——个人身份区块链记载的大数据为案件侦查、分析等提供可靠依据，可直接作为法律证据，无须第三方机构背书，极大地提高了效率，节约了成本。

3. 区块链促进交通管理创新

区块链技术在案件侦查、网上处理交通事故、智慧城市交通管理等多方面大放异彩：交警部门可运用区块链技术设定共识机制，一旦发生交通事故或违章，即可触发智能合约，驾驶员自主处理交通事故或违章；运用区块链技术关联共享停、行车大数据，规划部门可以合理规划道路和停车位，交警部门可以合理设置十字路口红绿灯时间等。可以说，区块链技术的应用场景十分丰富。

4. 区块链促进情报工作创新

针对情报工作中出现的种种问题，区块链技术可以为公安情报工作提供可信、安全、规范的数据库，可以为情报搜集带来新模式，可以实现情报触发的自信任、自流程，可以实现情报人力资源的科学激励。

二、区块链明确司法存证

1．司法存证的发展

2012 年以前，电子数据在我国法律体系下不能作为独立证据参与诉讼。2012 年之后修订的《中华人民共和国民事诉讼法》《中华人民共和国刑事诉讼法》《中华人民共和国行政诉讼法》将电子数据作为一种证据种类纳入立法。2011 年原国家工商行政管理总局发布了《国家工商行政管理总局关于工商行政管理机关电子数据证据取证工作的指导意见》，2015 年《最高人民法院关于适用<中华人民共和国民事诉讼法>的解释》规定了电子数据的部分形式，2019 年公安部发布了《公安机关办理刑事案件电子数据取证规则》，以上法律法规明确了电子数据在行政、司法实践中可以作为独立证据，并对电子数据的取证手段进行了一些规定。

2．最高人民法院推动“区块链+司法”

2018 年，最高人民法院出台了《最高人民法院关于互联网法院审理案件若干问题的规定》，明确可以用区块链等技术手段解决电子数据的存证问题。电子数据存证是潜在区块链技术的重要应用落地。《最高人民法院关于互联网法院审理案件若干问题的规定》中规定，当事人提交的电子数据，通过电子签名、可信时间戳、哈希值校验、区块链等证据收集、固定和防篡改的技术手段或者通过电子取证存证平台认证，能够证明其真实性的，互联网法院应当确认。

3．区块链如何改变司法存证

随着数字经济的高速发展，证据正逐步进入电子证据时代，呈现出数量多、增长快、占比高、种类广等趋势。尽管电子数据存证已逐渐普及，但电子数据在司法实践中仍面临挑战，如防篡改能力不足等。区块链技术具有防止篡改、事中留痕、事后审计、安全防护等特点，有利于提升电子数据的可信度和真实性。区块链与电子数据存证的结合，可以降低电子数据存证成本，方便电子数据的证据认定。

使用新技术为司法业务赋能，是提高司法效率、降低司法成本的必然选择。

（1）立足司法区块链技术，突破现有节点管理模式，精准构建开放中立的数据存储基地。

（2）立足可信电子数据平台，突破传统电子数据调取方式，精准构建公正、高效的互联网审判证据规则。

（3）立足司法信用共治平台，突破社会信用认证瓶颈，精准构建共治共享的互联网信用生态坐标。

在电影《秋菊打官司》中，秋菊为了帮丈夫讨要一个说法，历经波折。从乡治安室，到县公安局，再到市公安局，最后告上法庭，才有了最终的结果。在这个过程中，秋菊付出了很大的代价：将受伤的丈夫及家活、农活扔给年迈的公婆，已经怀孕多月还和小姑子顶着烈日行走在尘土飞扬的路上，没有经济支撑不得不低价卖掉家中唯一值钱可卖的红辣椒。秋菊消耗了大量的人力、物力、财力，就是为了“讨个说法”，其代价着实有点大。

在如今的社会中，还有很多像秋菊丈夫那样的人。自己的利益受了侵犯，但是因为维权之路烦琐坎坷，大多选择放弃，像秋菊一样不顾一切讨要说法的人很少。例如，自己辛辛苦苦写的小说，却被人抄袭；自己的摄影作品未经授权被到处使用；加班加点赚的兼职工资被老板扣着不发……这些事例时时刻刻发生在我们身边。因为标的金额不大，但是取证及证明证据有效的成本非常之高，所以大多数人都选择吃“哑巴亏”。

而在区块链时代，或许，不再有秋菊！

案例：互联网法院上链，开启司法新篇章

2019 年 9 月 18 日，杭州互联网法院正式上链，成为全球首家用区块链审判案件的法院。案件当事人可以通过线上申诉入口，在线提交电子合同、维权过程、服务流程明细等电子数据，公证处、司法鉴定中心、CA/RA 机构、法院等链上节点共同见证、共同背书，为案件当事人提供一站式服务。

杭州互联网法院常务副院长王江桥介绍，该区块链由三层结构组成：一是区块链程序，用户可以直接通过程序将操作行为全流程记录于区块链中，如在线提交电子合同、维权过程、服务流程明细等电子数据；二是区块链的全链路能力层，主要提供实名认证、电子签名、时间戳、数据存证及区块链全流程的可信服务；三是司法联盟层，它是使用区块链技术将公证处、司法鉴定中心、CA/RA 机构及法院连接在一起的联盟链，每个单位成为链上节点。通过这三层的完整结构，能够解决互联网上电子数据全生命周期的生成、存储、传播、使用，特别是生成端的全流程可信问题。

那么，该如何运用这个互联网法院呢？

以网站侵权为例：假如你原创了一篇文章，有一天当你浏览 A 网站时，发现这个网站上发表了你的文章，而你并不知情。要是在以往，为了维权，你需

要走一系列线下流程，但是有了区块链的助力，流程就会精简得多。

首先，你需要打开司法链的区块链程序，通过实人认证的核验，便可开启整个区块链程序记录模式。

然后，搜索并打开侵权的A网站，在侵权网站上打开侵权作品，下载、保存侵权作品，系统会完整地记录整个流程，包括取证的流程。

紧接着，系统会自动提交侵权过程的明文记录，杭州互联网法院系统核验本地机器上区块链中的哈希数据，经过明文和哈希的比对判断一致性。这样，整个过程就连接起整个侵权证据链，保证了电子数据的真实性。

当然，只要你能提交完整可信的证据，在链上机构的见证下，就不必再到法院，直接就能和网站协商解决。

在维权过程中，你不必像秋菊一样，花费大量的时间。你可以利用空余时间，不同地、不同时、不同步地参与诉讼，“一次都不用跑”，便可解决纠纷。此外，有了区块链的助力，还可以解决电子数据在传输、使用过程中的安全可信问题，有效避免相关数据丢失、不完整、被篡改等问题的发生。

第四节　区块链推动应急管理现代化

一、应急管理体系和能力现代化

应急管理是为应对特重大事故灾害的危险问题而提出的。应急管理是指政府及其他公共机构在突发事件的事前预防、事发应对、事中处置和善后恢复过程中，通过建立必要的应对机制，采取一系列必要措施，应用科学、技术、规划与管理等手段，保障公众生命、健康和财产安全，促进社会和谐健康发展的有关活动。在我国应急管理体系和能力建设过程中，要发挥我国应急管理体系的特色和优势，借鉴国外应急管理的有益做法，积极推进我国应急管理体系和能力现代化；要强化应急管理装备技术支撑，优化整合各类科技资源，推进应急管理科技自主创新，依靠科技提高应急管理的科学化、专业化、智能化、精细化水平。

二、区块链天然适合应急管理

区块链与应急管理是天然的结合，能够解决管理效率低、救援物资调配无序、救援资金结算慢等多个难题。重大灾害的救援是一个“巨复杂系统”，灾害发生后，政府、企业、志愿者都参与救援，大量人员、物资如何有效调配是应急管理的关键。作为一种新应用模式，区块链具有分布式存储、点对点传输、共识机制、加密算法等计算机技术的优势，提供了一个可以让多方参与维护的、一致的、可共享但不可篡改的分布式数据库，提高了数据共享的透明度、安全性和效率。区块链技术发挥作用的基础是要有统一的应急指挥信息系统，它与指挥通信系统、视频会议和监控系统、大屏幕显示等集成在一起，构成了应急指挥中心的核心功能。区块链技术是去中心化的技术，而突发事件也是无中心的事件，去中心化的区块链技术结合无中心的突发事件，应用于中心化的应急管理工作，可以大大提高效率。在灾害救援方面，区块链技术有利于解决人员、物资的调配无序等关键性难题。这主要表现在以下两个方面。

（1）区块链智能合约技术实现灾害快速响应。灾害发生后，信息要报到政府，通过政府来调动装备和物资，参与抢险救援。区块链智能合约技术可以实现灾害的快速响应，从而提供点对点的服务、物资、人员，提高应急管理效率。

（2）区块链金融技术、区块链物流技术避免救灾“糊涂账”。救援往往是不计成本地投入大量装备、物资，但真正需要多少、用了多少、用在哪里难以统计，因此容易形成“糊涂账”。区块链具有不可更改属性，区块链物流技术可以追踪物资流向，有效调配资源，区块链金融技术可以解决救援资金结算效率低的问题。

三、区块链+常态与非常态应急管理

区块链作为一种分布式的技术解决方案，核心包括区块链标签技术、共识与信任机制、哈希算法、分布式存储与智能合约等。常态与非常态应急管理作为一个“巨复杂系统”，除无中心这一点外，几乎在每个方面都存在与区块链技术结合的天然需求。

基于常态与非常态应急管理对区块链技术的需求，应急区块链奠基人、美国资深应急管理专家（MEP）于鸣平教授团队研究发现，区块链技术与其所研发的应急指挥信息系统结合恰好能大幅提高响应效率，提升服务水平，降低响应成本，提升对政府中心化的应急管理工作的支持水平。该项目获得了中国国家应急管理首席专家和外国专家的高度认可，同时，超级账本中国区的顶级区块链专家也非常认可区块链技术在应急管理领域的广阔发展前景，并全力支持项目技术开发。

在现已开发完成的应急指挥信息系统的基础上，通过与区块链技术的结合，生成包含一段时间内所有交易记录的区块，以及按照突发事件发生顺序链接的数据结构，区块链使得所谓“去中心化”的互助联动得以实现，而这一点恰恰是常态与非常态应急管理所面临的中心化管理与去中心化服务的悖论。

在没有第三方中间环节存在的情况下，区块链共识与信任机制和区块链物联网可以保证互不熟悉的双方完成服务和资源的准确和快速供应，并通过区块链记账或区块链金融应用，通过现实世界的法定货币完成支付。

简而言之，区块链技术透明、可验证，以及去中心化的特点，与现有的应急指挥信息系统结合，可以广泛应用于无中心的各级各类突发事件的应急管理工作，以及社区日常非紧急事件服务管理工作，在人人参与、人人尽责、人人共享服务的常态与非常态应急管理流程中，提供可信的去中心化的低成本交易与服务的技术保证。

四、基于区块链的应急管理社区

在无中心的突发事件与中心化管理矛盾逐渐加深的背景下，将区块链技术应用到应急管理领域，将去中心化的区块链技术、无中心的突发事件和各种民众需求，与中心化的政府常态与非常态应急管理工作相融合，构成一个中心化与非中心化互相作用的基于区块链的常态与非常态应急管理体系。

基于区块链的常态与非常态应急管理体系，及其演绎出的驱动区块链应急管理体系运行的通证系统——响应通证（ERH），可以支撑包括区块链应急指挥信息系统、区块链应急物流管理、区块链应急金融服务等各国、各地区的应急管理工作。

区块链应急管理社区通过去中心化的区块链技术，将需求和服务资源区块链化，运用区块链共识与信任机制提高信息采集与分发的效率，大幅提高应急响应的效率；运用区块链物流技术实现应急响应和服务的物流管理和精准分配，节约响应成本，解决资源调度与配送的无序问题；运用区块链金融技术解决信息和管理不对称条件下的资源无序调度，大幅降低应急管理成本，实现集约化应急管理。同时，区块链应急管理社区通过综合应用区块链技术，激励更多人投身社会化常态与非常态应急管理工作，为人民纾困解难，为社会创造价值。

区块链应急管理社区汇聚国内外应急管理领域资深专家，其中，于鸣平教授组织开发 2008 年奥运会数字化应急预案演练系统和应急指挥信息系统，他具有十几年应急管理经验，在应急管理多个核心领域一直引领业务发展方向。

常态与非常态应急管理工作在各个应用领域被认为是具有“颠覆性”创新潜力的各项区块链技术的结合，如此大规模的区块链应用场景十分少见。如果区块链应急管理社区项目获得成功，将不仅开创应急管理工作的新模式、新业态和新商机，也将在区块链应用领域成为一个新标杆。

五、区块链在疫情应急管理中的应用

2020年，新冠肺炎疫情在全球蔓延。这次疫情爆发突然，病毒感染性强，涉及范围广，形势严峻。这次疫情是对我国治理体系和治理能力的一次大考，针对这次疫情应对中暴露出的短板和不足，我国更应该健全国家应急管理体系，提高政府处理急难险重任务的能力。我国在面对疫情时的反应机制较快，各项措施做得比较到位，但是仍不可避免地出现了一些纰漏。

由于疫情应急管理本身的分散性、多方参与性和突发性等特点，传统的管理手段和工具显得力不从心，而区块链作为一种基于分布式账本管理、去中心化的数据可信任的技术，天然契合疫情应急管理分散性、多方参与性和溯源的要求。因此，积极利用区块链的技术优势，将区块链技术应用到疫情应急管理的各环节中，可成为进一步完善我国应急管理体系、提高应急管理效率的有效途径。

区块链是一种在不信任情况下建立信任的技术机制。由于其具有去中心化、分布式、透明开放、不可更改等诸多特点，因此它非常适合疫情应急管理中的多个应用场景。

1. 疫情监测及预警

疫情监测及预警，指在大规模疫情发生前，对传染病病例数据进行日常采集上报、汇总整合及分析识别，并基于分析结果在存在爆发风险时进行预警并及时响应。因此，稳定的疫情监测和及时的疫情预警，在疫情发生初期对疫情防控及应急管理工作的决策及部署至关重要。“非典”之后，国家的基础医疗条件大幅改善，自动化预警及防疫能力也达到国际水平，但在本次新冠肺炎疫情开始前，疫情未得到及时关注，造成错失前期疫情防控的最佳时机。我国目前已建立传染病自动预警与响应机制，并开发了“国家传染病自动预警系统”，可对数十种已知传染病进行自动分析和应急响应，但在实际应用过程中仍存在上报审批流程长、人为干扰、病例数据不能公开共享及中心化决策机制时效性差等问题。

在疫情监测及预警环节应用区块链技术，可构建多层级疫情数据上报及同步网络，提升数据共享和同步效率，在基层建立突发传染病大数据采集和实时预警自治能力，提高全国疫情监测及预警的及时性和有效性。具体表现在以下几个方面。

（1）基于区块链，建立分布式、点对点的多层级疫情报告数据共享网络。

利用区块链建立多层级国家防疫链，在纵向上实现各层级疫情数据共享，在横向上实现跨区域、跨医院的疫情数据同步及交换，为国家统筹监测、预警和控制疫情提供数据基础和决策依据。

（2）利用区块链，结合大数据和智能合约，实现基层疫情数据分析及预警能力。

基于防疫链上实时同步的疫情数据，建立大数据条件分析模型，使各层级均实现疫情自动预警能力；结合智能合约，实现基层自动实时预警，不再单纯依赖国家级中心化决策，提高疫情应急管理决策的时效性。

（3）借助区块链，建立透明开放且无法篡改的疫情上报机制及追责体系。

基层医院或疾控中心直接在链上提报疑似病例或确诊病例等疫情数据，为上级部门管理及社会透明化监督提供数据依据。当需要进行疫情追责时，可在区块链上进行数据溯源，形成完整的、防篡改的责任链条，极大地增强政府的公信力，为疫情防控提供明确的追责依据、坚实的群众基础。

2. 疫情信息协同与公开

疫情信息协同与公开包括疫情信息的快速采集、整合共享及实时公开。面对传播迅速的疫情，有效的疫情相关人员追踪、多方防疫数据整合及对整个社会的实时信息公开等都是疫情应急管理工作的重要组成部分。本次疫情应急管理工作面临的一大难点是疫情在春节期间爆发，大量流动人口难以精准定位及隔离，造成疫情迅速蔓延，为后续的疫情控制工作造成巨大的困难。由于缺乏部门间的数据整合，对密切接触人员的追踪部分依靠在社交平台上发布寻人启事，而有些当事人为自身安全故意瞒报接触史，造成同行者感染风险增加。

在疫情信息协同与公开环节应用区块链技术，可将政府各部门间的数据进行安全共享，打通系统间的信息孤岛，提升疫情应急管理工作的执行效率。具体表现在以下几个方面。

（1）基于区块链，快速进行疫情传播轨迹追踪，实现精准定位及隔离。

利用区块链技术将确诊人员、密切接触人员，以及各省疫情爆发期间流动人员信息统一进行上链登记，追溯疫情源头人员的精确数据，方便相关部门进行及时排查及隔离。疫情期间，南京审计大学上线了疫情防控区块链系统，该系统利用区块链的去中心化和分布式存储来实时监测疫情状态，有效提高了疫情排查效率。

（2）利用区块链，结合“城市大脑”，进行多渠道数据整合，实现多部门协同推进防疫工作。

基于已有的城市数据，运用区块链汇总并整合疫情重点关注人员、最新疫情数据、资源调度等各类防疫信息，打通各部门间的“数据”，建立统一的疫情防控指挥中心。据《广州日报》消息，疫情爆发后，广州市南沙区迅速开发了疫情防控协同区块链系统，该系统基于“南沙城市大脑”，纵向对接广州市数据，横向实时打通区内多部门数据，有效实现跨部门多源数据对接，为防疫工作争取了宝贵时间。

（3）借助区块链，进行疫情数据及防疫信息的实时公开，及时破除谣言，稳定社会抗疫信心。

利用区块链建立区块链疫情监测平台，实时追踪疫情进展情况，对相关疫情数据进行上链登记，实现数据不可篡改、可追溯；将各级政府、卫生健康委员会和高校等公开的防疫信息与应对措施信息、各地舆情信息、患者画像数据上链存证，保障疫情数据公开质量，客观完整地还原疫情发展现状，缓和群众恐慌情绪；提供经官方验证的病理知识、防疫手段，为科学防疫提供舆论支撑，防止谣言滋生。

3. 疫区物资调拨、捐赠及发放

疫区物资调拨、捐赠及发放包括对社会各界人士捐赠的物资及善款的管理，以及对物资的调拨和发放管理。面对突发疫情，应急物资调拨的及时性直接影响疫区民众及医护人员的生命健康及防控工作的顺利开展。在本次疫情防控的过程中，疫区物资的捐赠管理及分配管理暴露出很多问题。疫情爆发后，社会各界积极捐赠，然而疫区物资却一再告急。物资捐赠及发放过程不够公开透明，造成慈善机构公信力不断下降。此外，现有应急物资管理体系尚不健全，面对大量、多点且分散的物资捐赠及发放需求，各部门之间难以进行信息整合及统筹协调，造成资源浪费，管理效率低下。

在疫区物资调拨、捐赠及发放环节应用区块链技术，在保证数据真实可信且不可篡改的前提下，可实现全流程、多领域数据整合共享，提高应急物资调拨效率，提高慈善机构公信力。具体表现在以下几个方面。

（1）基于区块链，实现应急物资全过程追溯，提升应急物资调拨效率。

利用区块链建立物资捐赠管理溯源区块链平台，通过多环节数据同时上链，实现应急物资从物流、仓储、分发到派送的全过程追溯，使需求方有一个方便快捷的需求发布平台，使捐赠方得以顺利完成物资捐赠，确保物资及时到达疫区。

（2）利用区块链，进行应急物资管理，促进各部门间数据整合，实现应急物资调拨协同。

通过将包括慈善机构、政府部门及物流公司等机构在内的全部门相关信息上链，实现部门间的信息共享和相互协同，便于统筹协调，提高应急物资运送效率。

（3）借助区块链，提高慈善捐赠透明度和慈善机构公信力。

利用区块链公开透明、不可篡改的特点，保证链上机构身份可信、责任主体清晰。捐赠物资的物流信息、总量信息、调配情况、分发情况全程记录上链，多点存储。如果出现挪用捐献物资等情况，全过程数据均可追溯，接受公众监督，促进相关机构自觉守信，提高自身管理能力。

区块链作为一项新兴技术，拥有很大的发展潜力。自 2019 年上升为国家战略以来，区块链已经在众多领域获得了实质性的进展，但在疫情应急管理中的应用还有待探索。在疫情应急管理领域中，将区块链应用于疫情监测及预警，疫情信息协同与公开，疫区物资调拨、捐赠及发放等场景，可有效促进疫情数据的多来源整合共享，实现疫情应急管理工作的多部门协同，提升应急物资的多渠道调拨效率，为疫情应急管理的信息公开、决策制定及责任追溯提供真实可信的科学依据，在提高流程透明度及政府公信力的同时，有效提升应急管理效率。经过此次新冠肺炎疫情，相信区块链技术将很快应用于更多疫情应急管理相关的场景中，为健全我国国家应急管理体系、提升应急管理能力做出贡献。

第八章

区块链促进民生高质量发展

区块链技术正在社会民生领域中得到应用，除商品溯源外，在教育、不动产登记、知识产权保护、精准扶贫和智慧城市建设等领域都能看到区块链正在与之结合并产生更大价值，进而促进民生高质量发展。

第一节　“区块链+商品溯源”让百姓更放心

一、溯源体系

溯源就是可追溯，可追溯包括两个途径：跟踪和追溯。跟踪指的是商品从供应链的上游至下游的正向流通，即跟随一个特定的单元或一批商品运行路径的能力；追溯则指的是商品从供应链的下游至上游的逆向流通，即识别一个特定的单元或一批商品来源的能力。因此，我们可以总结溯源体系就是利用物联网、大数据建立一套完整的体系，使商品从生产过程到流通环节的信息都可以跟踪和追溯。

二、溯源体系的价值

那么，为什么要建立溯源体系？其实，溯源体系最早是由欧盟在 1997 年为应对“疯牛病”而逐步建立并完善的食品安全管理制度。因此，最早建立溯源体系的目的是解决农产品等的食品安全问题，从源头上把控食品的质量。

溯源体系不仅追溯源头问题，还须对商品流转过程进行追踪。随着流转信息的发展，一是奢侈品、艺术品、古迹，在拍卖行流转，历经时间演变，应对其进行真伪的追溯或信息的追踪；二是随着电子商务的发展，山寨、假货猖狂，商品在流通环节的追溯问题也渐渐被重视，为保障消费者购买的商品不被以次充好、发生调包现象，应对商品流转过程进行追踪。

三、溯源体系的发展

近年来，假货、食品安全等问题被频频推上风口浪尖，如何保障食品安全、避免上当受骗是人们一直在研究却始终无法“根治”的大问题。而区块链技术以其信息公开透明、不可篡改、可追溯等特性似乎为商品溯源带来了新的希望。

1．早期的溯源体系

欧盟为了应对“疯牛病”问题而建立的溯源体系最初主要运用在食品安全领域。例如，一旦食品出现质量问题，可以通过食品标签上的溯源码进行联网查询，从生产基地、加工企业、终端销售等整个产业链条的上下游进行信息共享、公开，最终服务于消费者。

2．传统的溯源体系

传统的溯源体系建立于第三方的监管之上，简单来说，就是建立一物一码的追踪体系，每个商品对应一个单一的编码，消费者可以通过编码区第三方的平台或App查询商品的信息档案。例如，农产品的溯源体系可以追踪农产品从种植到收割、包装、运输等全过程，完整的溯源体系还会延伸到农作物的种植环境、动物的喂养过程等，将所有的信息档案存储于唯一的编码中，表现形式有一维码、二维码等，消费者通过扫码追溯和查询农产品的信息。

对于商品的防伪追踪，很多商品上都有防伪码或监管码，消费者通过扫描条码验证商品的真伪。但是这些防伪技术无法从根本上解决通过复制和转移防伪标识进行造假的问题。

四、现有溯源体系存在的问题

现有溯源体系存在的问题主要表现在三个方面。

（1）在给商品贴上防伪码之前，如何鉴别商品的信息？若从源头追踪，包括农作物的生长环境、农作物的施肥情况等都靠人工记录，不仅浪费时间，还会在登记过程中产生信任问题。溯源体系并不是一个新兴的领域，食品安全和商品防伪问题一直是人们的心头之痛，屡屡曝出的“僵尸肉”“毒生姜”问题不绝于耳。尽管有类似众安保险推出的区块链“步步鸡”，消费者扫描二维码后，就能看到这只鸡的产地、什么时候入栏、什么时候出栏、走了多少步、活动轨迹等，但是上链前数据的真实性成为区块链溯源体系落地的最大问题。

（2）现在的防伪技术已经有很多，包括条码、射频识别（RFID）等，运用各种物理方法，如将防伪码藏于商品内，不开封无法验证，或刮开涂层才能验证等，都是为了防止二维码造假。但是现在的防伪技术无法从根本上解决防伪码被篡改或被盗的问题。例如，装在红酒上的ID，可通过近场通信（NFC）技术实时更新物流信息，但装在红酒上的标签依旧面临着被替换的风险，而虚假数据一旦上链照样无法篡改，若在ID不可被复制上深入研究，还需要新的技术来解决当前的问题。

（3）数据被登记在中心化的系统平台中，可能面临人为作恶修改数据的问题和黑客攻击问题；另外，数据无法得到保障，还面临信任问题。因此，如何建立信任机制，保证数据的安全、不可篡改是溯源体系面临的重要的问题。

五、物联网是区块链解决溯源问题的基础

溯源体系的痛点主要是信任问题。因此，可以将追踪的数据上链，利用区块链数据透明、不可篡改的特点解决信任问题。但只解决上链后的信任问题还不够，如何让数据从链下到链上，才是实际问题，保证上链前数据的安全才是核心。

1．“物联网+区块链”的溯源体系

物联网是指通过信息传感器、射频识别技术、全球定位系统、红外感应器、激光扫描器等各种装置与技术，实时采集任何需要监控、连接、互动的物品或过程，采集其声、光、热、电、力学、化学、生物、位置等各种需要的信息，通过各类可能的网络接入，实现物与物、物与人的泛在连接，实现对物品或过程的智能化感知、识别和管理的网络。物联网是一个基于互联网、传统电信网等的信息承载体，它让所有能够被独立寻址的普通物理对象形成互联互通的网络。由此可以看出，物联网的核心和基础仍然是互联网，是在互联网的基础上延伸和扩展的网络。其用户端延伸和扩展到了任何物品与物品之间进行信息交换和通信，就是物物相息。因此，我们引入“物联网+区块链”技术建立新的溯源体系，物联网解决如何高效获得真实数据的问题，区块链以其数据透明、不可篡改的特点解决信任问题和防伪码被盗、被篡改问题。

2．物联网的感知层硬件

物联网感知层的主要功能是采集和捕获外界环境或物品的状态信息。在采

集和捕获相应信息时，它会利用射频识别技术先识别物品，然后通过安装在物品上的高度集成化的微型传感器来感知物品所处环境信息及物品本身状态信息等，实现对物品的实时监控和自动管理。物联网感知层的关键技术包括传感器技术、射频识别技术、二维码技术、蓝牙技术及芯片技术等。

（1）传感器技术。传感器的物理组成包括敏感元件、转换元件及电子线路。敏感元件可以直接感受对应的物品；转换元件又称传感元件，主要作用是将其他形式的数据信号转换为电信号；电子线路作为转换电路可以调节信号，将电信号转换为可供人和计算机处理、管理的有用电信号。而这些功能得以实现，离不开各种技术的协调和合作。

（2）射频识别技术是无线自动识别技术之一，又称电子标签技术。利用该技术，无须接触物品就能通过电磁耦合原理获取物品的相关信息。射频标签是产品电子代码（EPC）的物理载体，它附着于被追踪物品上，可全球流通，还可对其进行识别和读写。射频识别技术作为构建物联网的关键技术，确保了上链数据的安全性，且与条码不同的是，射频标签不需要位于识别器视线之内，也可以嵌入被追踪物品之内，避免了条码被替换的问题。

（3）二维码技术又称二维条码、二维条形码技术，是一种信息识别技术。二维码通过黑白相间的图形记录信息，这些黑白相间的图形按照特定的规律分布在二维平面上，图形与计算机中的二进制数相对应，人们通过对应的光电识别设备就能将二维码输入计算机中进行信息的识别和处理。

二维码有两类：一类是堆叠式/行排式二维码，另一类是矩阵式二维码。堆叠式/行排式二维码与矩阵式二维码在形态上有所区别，前者由一维码堆叠而成，后者以矩阵的形式组成。虽然两者在形态上有所不同，但都采用了共同的原理：每个二维码都有特定的字符集，都有相应宽度的“黑条”和“空白”来代替不同的字符，都有校验码等。

二维码具有较多的优点。

第一，编码的密度较高，信息容量很大。一般来说，一个二维码理论上能容纳 1850 个大写字母，或者 2710 个数字。换算成字节，可包含 1108 个；换算成汉字，能包含 500 多个。

第二，编码范围广。二维码编码的依据可以是指纹、图片、文字、声音、签名等，具体操作是将这些依据先进行数字化处理，再转化成条码的形式呈现。二维码不仅能表示文字信息，还能表示图像信息。

第三，容错能力强，具有纠错功能。二维码局部沾染了油污，变得模糊不清，或者由于二维码被利器穿透导致局部损坏，在这些极端情况下，二维码都可以正常识读和使用。也就是说，只要二维码损毁面积不超过 50%，都可以利用技术手段恢复原有信息。

第四，译码可靠性高。二维码的错误率低于千万分之一，比普通条码错误率低很多。

第五，安全性高，保密性好。

第六，制作简单，成本较低，持久耐用。

第七，可随意缩小和放大比例。

第八，能用多种设备识读，如光电扫描器等，方便好用，效率高。

（4）蓝牙技术是典型的短距离无线通信技术，在物联网感知层得到了广泛应用，是物联网感知层重要的技术之一。蓝牙技术既可在移动设备之间配对使用，也可在固定设备之间配对使用，还可在固定设备和移动设备之间配对使用。该技术将计算机技术与通信技术相结合，解决了在无电线、无电缆的情况下进行短距离信息传输的问题。

蓝牙集合了时分多址、高频跳段等多种先进技术，既能实现点对点的信息交流，又能实现一点对多点的信息交流。蓝牙在技术标准化方面已经相对成熟，相关的国际标准已经出台，如其传输频段就采用了国际统一标准 2.4GHz。另外，该频段之外还有间隔为 1MHz 的特殊频段。蓝牙设备使用的功率不同，通信的距离有所不同，若功率分别为 0dBm 和 20dBm，则对应的通信距离分别是 10m 和 100m。

（5）芯片技术。半导体芯片是信息化时代的基石，也是当今精微加工制造业的制高点。半导体芯片在工业运用上的创新很多。例如，可以感知温度和湿度，然后通过无线传输诊断信息并发起服务呼叫的智能门锁；工厂里使用传感技术来进行更自动化、更精确操作的机器人装配线；油箱中可以测量液位，并在需要加油时发出自动警报的传感器。单价相对较高的其他产品也可以利用芯片技术实现全链条数据的获取与计算。

上述物联网技术的不断发展，无论是从理论上还是从技术上完全可以实现一物一码，数据自动处理，减少或不需要人工干预，进而保证上链数据的真实性。而解决了上链数据的真实性问题后，区块链的共识机制与分布式存储技术就可以保证整个区块链上的数据真实可信并进行自动处理。

六、区块链解决溯源问题的优势

1．区块链被认为是最适合溯源的技术之一

区块链的分布式记账、密码学及智能合约等技术具有去中心化、公开透明、

不可篡改及可追溯等特点，这恰恰契合了传统商品溯源的需求。区块链的出现改善了溯源体系：第一，在链上的传递过程保证了数据的不可篡改；第二，区块链是分布式账本，造假不是单单一个账本的造假，提高了数据造假的成本；第三，区块链提高了实时信息的更新效率。“物联网采集数据+区块链的溯源体系”方法能更好地解决与人们生活息息相关的食品安全及商品防伪问题。

试想，有一天我们身边所有的商品、信息都可以轻松追溯源头，这对消费者、生产者、监管者而言无疑是一个福音。

2. 溯源的本质是信息传递，与区块链有着密不可分的关系

和溯源一样，区块链的本质也是信息传递。例如，将数据做成区块，然后按照相关的算法生成私钥、防止篡改，再用时间戳等方式形成链，而这恰恰符合商品市场流程化的生产模式。商品流通本身就是流程化的，商品从原产地经过一道道工序生产出来，信息也是从原产地经过一道道工序加工出来的，从商品生产到加工，再到流通，最后到销售，是一个以时间为顺序的流程化的过程，区块链内的信息同样也是按时间顺序排序并且可实时追溯的，两者刚好完美契合。

以食品领域为例，它关系到人们的身体健康和生活质量，人们最关心的问题就是吃得放心、消费得安心。而区块链技术在食品领域有天然的应用价值，从原材料采购到商品销售，所有的节点可以全部上链。从供应商数据、生产品质数据、流通数据，再到消费者数据四个库都是第一手的原始数据，只有这样才能从源头上保障消费者吃得放心、消费得安心。

3. 打造最有价值的溯源链，“物联网+区块链+大数据”是核心

在解决健康服务产业的信任问题方面，区块链使数据永久保存、不可篡改，打通了食品药品的信任通道，为企业提供了真实可信的供应链数据，保护了消费者的合法权益。

自区块链诞生以来，各大企业便纷纷布局区块链。在商品溯源方面，区块链受到电子商务和零售平台的青睐。例如，2018 年 12 月，沃尔玛、京东联合 IBM 和清华大学成立了安全食品区块链溯源联盟，旨在通过区块链技术为消费者和零售商提供全供应链实时溯源服务；2019 年 3 月，阿里巴巴也加入区块链溯源的队伍，搭建了基于区块链的跨境贸易溯源体系，并推出了支持天猫奢侈品平台 Luxury Pavilion 的基于区块链技术的正品溯源功能。

七、区块链溯源之路任重道远

区块链自诞生以来，一直被人们赋予了互联网“升级”的重任。而它的狂热发展也时常让人将其与互联网的发展联系起来。业内人士称，现在的区块链和 20 世纪 90 年代的互联网很像，在那个时候，大家对于互联网有好评，也有差评，其实这是正常的。因为任何一个新生事物，大家对它的接受都需要一个过程。那么在这个过程中，我们应该在法律允许的范围内，给它一个相对宽松的成长环境。

事实上，溯源本身是一个快速发展的行业。随着消费者需求的不断增加与国家和地方政府政策的支持，区块链从业者们积极探索，希望能够通过区块链技术在未来实现商品的绝对防伪。

案例：茅台都要用的区块链溯源，能解决酒的假冒伪劣问题吗

1. 假冒伪劣一直困扰酒水行业

在中国，酒有着独特的历史地位和文化底蕴，拥有广大的消费群体。2013—2017 年，酒水行业的消费端结构发生大转变，逐步从政务消费转向个人消费和商务消费，酒水市场规模不断扩大，酒水行业潜在市场规模巨大。

假冒伪劣问题一直以来都是许多行业亟待解决的痛点，酒水行业同样如此。中国酒水行业信息不透明，参与企业众多，致使市场竞争激烈，没有明确的质量统一标准，价格与价值不相符等现象给了不法分子操作的空间，导致造假泛滥成灾。多种酒类防伪溯源技术被攻破，而企业的防伪成本居高不下，消费者权益无法得到保障，公众对于商品溯源的诉求日益强烈。

2. 区块链溯源是解决酒水行业痛点的新方式

区块链的分布式、不可篡改、透明性、可追溯等特性，为商品溯源提供了一种新的解决思路。

在酒水行业中采用区块链技术可解决区域性仓储、配送、促销、混搭等资源和数据的共享难题，打破以企业、商家为中心的资源匹配模式，基于区块链技术建立产业联盟，实现数据实时共享，提高酒水行业信息透明度。

区块链溯源基于数据存储结构中的时间戳技术应用，形成一个不可篡改、可溯源的数据库。运用区块链技术在酒水行业建立一个防伪、可溯源的系统，从酒类产品生产的高粱、小麦、水等原料，到酿酒、质检、入库等生产过程，再到物流、仓储、销售等渠道，最后到消费者手中，各个环节的信息都被放到

区块链上，实现酒类产品生产信息及流通信息的不可篡改，从根本上保证了商品溯源的真实、可靠。

3. 酒水行业使用区块链溯源的好处

对于消费者，公开透明的信息及可溯源的技术支持，能够有效地帮助消费者了解产品的原料来源、流转过程，从而去伪存真，维护消费者权益，加强消费者对产品的信任，优化消费体验。

对于企业，区块链溯源能够解决酒水行业供应链产品流转及销售过程中的假冒、伪劣、窜货等问题，区块链分布式的特点能够帮助企业降低中心化物流的信息处理成本，提高流转效率。总之，区块链溯源不仅能降低企业的打假成本和管理费用，还能帮助企业建立品牌信誉。

对于监管者，区块链溯源对酒的生产和销售全流程进行记录，且数据不可篡改，监管者可实时进行检查，且可追溯到之前任意时刻的数据，方便监管，并提高监管的震慑力。

4. 区块链溯源在酒水行业中的应用

区块链技术在酒水行业已经不是纸上谈兵了，众多企业已经逐步开始了各自的区块链技术研究与应用。

2017年年底，蚂蚁金服正式和贵州茅台进行合作，提供了关于国酒茅台的正品防伪溯源的基于区块链的服务系统。从茅台产品数字信息诞生的那一刻起，茅台酒的生产、加工、包装、运输等每个环节都被记录在区块链上。茅台有可能成为酒业全面商用区块链进行防伪的厂家。

2017年6月，洋河与京东开展了区块链正品溯源技术合作，借助京东的区块链正品溯源技术，消费者可以全程追踪梦之蓝•手工班的流转过程。消费者通过扫描RFID防伪标签查看产品溯源信息，可以看到这瓶酒从酿造、生产，到流通的全过程信息，还可以看到原产地、生产日期、出仓时间、配送及签收时间等。

2017年12月，五粮液宣布与IBM达成区块链方面的战略合作。五粮液方面宣称，将借助IBM领先的云计算、大数据、区块链、人工智能等技术，在酒类及大机械、大包装、大物流、大健康、大金融、人工智能等领域开展深入合作，助推五粮液整个管理体系的数字化升级和产业转型发展、商业模式创新。在香港召开的“川港澳合作周”大会上，五粮液表示，将引入移动互联网、物联网、区块链等技术，充分利用新业态下新技术的优势，开展质量管理，缩短市场化供应链体系。

第二节 “区块链+教育”让管理更高效

百年大计，教育为本。教育决定着人类的今天，也决定着人类的未来。党的十九大报告明确提出“优先发展教育事业”，认为建设教育强国是中华民族伟大复兴的基础工程，必须把教育事业放在优先位置，深化教育改革，加快教育现代化，办好人民满意的教育。报告还提出，推动城乡义务教育一体化发展，高度重视农村义务教育，办好学前教育、特殊教育和网络教育，普及高中阶段教育，努力让每个孩子都能享有公平而有质量的教育。因此，教育主要包含从幼教到大学，甚至博士等的人才培养。除教育外，培训也是对教育的广义理解，与教育同等重要。培训包括对现任职位的工作者或下岗人员等的培训。目前，教育模式中存在学历证书真假难辨、学籍管理工作复杂、教学质量需要提升等种种问题。区块链技术主要由分布式记账、非对称加密算法、共识机制和智能合约四项技术组成，基于此，它拥有去中心化、可追溯、高度信任的特征。因此，区块链能够针对教育行业现存的问题进行对症下药式的解决，这主要体现在以下几个方面。

一、区块链加强教学全过程管理

区块链技术利用块链式数据结构来存储数据，通过分布式账本来生成和更新数据。当将区块链技术运用于在线教育网络架构时，教师授课、学生听讲的教学记录信息在系统内全程留痕，结合记录、核实等机制，做到教师评价、学生反馈和教学效果的透明、可信，实现了非人工操作的管控，辅助智能化决策，提升了教育管理效率，有利于课后管理的科学合理，解决了家长对孩子课后无人管的担忧。

除跟踪学生在学校的学习活动外，区块链教育平台还可以记录学生的非正式学习活动，如培训活动、省赛、国赛、研究演示、实习经历、社区服务等。一连串的区块链教育平台形成一个分布式账本或电子公文包，让学生在任何时间、任何地点都能获得学习数据。

在学生毕业或完成一个阶段的学习后，区块链教育平台将形成个人的电子信息数据库，包含学生“赚取”的各种技能，即学生在学习期间获得的所有区块链学习数据，这将成为个人求职面试时的简历，也将成为招聘单位选拔人才和择优的重要参考依据。

二、区块链保证学历证书的真实性

现有中心化的系统中的数据容易被篡改，而且很难追踪是谁篡改的；另外，中心化的系统本身就存在被恶意攻击等安全隐患，数据的真实性无法保证。而去中心化的系统，各节点分布式存储证书，使得证书可以脱离运营机构而存在，哪怕颁发证书的机构倒闭了，依然可以在证书链上验证该证书的各项信息，使得证书得以永久保存。

利用区块链去中心化、可验证、防篡改的存储系统，将学历证书存放在区块链数据库中，能够保证学历证书的真实性，使学历认证更加有效、安全和简单，这将成为解决学历证书造假问题的“完美”方案。我国是考试大国，每年各种类型的考试很多；我国也是考证大国，各行各业、各种类型的证书层出不穷。因此，作弊问题成为我国教育行业亟待解决的重大问题。

“区块链+学历证书”将给教育行业带来颠覆性的改变，区块链的分布式存储、去中心化、哈希加密、防篡改、公开、透明、可验证等特性，将使各学历证书造假者无所遁形，同时能节省人工颁发证书和检阅学历资料的时间和人力成本，以及学校搭建运营数据库的费用。

麻省理工学院的媒体实验室应用区块链技术研发了学习证书平台。该平台颁发证书的工作原理如下。

（1）利用区块链和强加密的方式，创建一个可以控制完整成就和成绩记录的认证基础设施，包含证书基本信息的数字文件，如收件人姓名、发行方名字、发行日期等。

（2）使用私钥加密并对证书进行签名，然后创建一个哈希值，用来验证证书内容是否被篡改。

（3）使用私钥在区块链上创建一个记录，证明该证书在某个时间颁发给了谁。

在实际应用中，上述工作虽然能一键操作完成，但是由于区块链自身具有透明化特性，带来了一系列隐私问题，因此目前该平台仍在不断完善中。

在区块链教育平台上，除学历认证外，其他与学生有关的信息，如学生的投资项目、出勤率等，都将在不泄露学生隐私的情况下提供。

三、区块链促进学生档案管理更加科学

学生档案系统是教育单位必不可少的组成部分，它对于学校的管理至关重要。但到目前为止，大多数的学生档案仍然是纸制的，并采用手工管理。部分

学校进行了信息化建设，解决了快速检索、可靠查找等部分问题，提高了管理效率。但当前学生档案信息化整体建设水平仍然跟不上社会发展的需要，学生升学或转校仍然需要进行纸制档案的转移。随着我国教育水平的提升，学生档案的管理工作需要向着更加细致化、规范化的方向发展。而且随着我国社会的发展，学生的家庭情况可能变得越发复杂，需要更精确的信息记录。目前，学生档案管理存在四大弊端——人工管理费用高、信息不完整、不利于流通、信息容易被篡改。

区块链的可追溯、不可篡改等特征，使其能够保证信息的可靠性，从而加强学生档案的可信赖性，减少对纸制档案的需求。而且学生档案系统可以在经过授权的前提下与户籍管理部门等相连，自动将学生的家庭信息，如家庭住址、家庭联系人及联系方式，定期同步到学生档案中，从而依赖政府部门的权威信息自动更新学生的家庭信息，降低学校对此类信息的维护压力，提高准确性。区块链可以把学生在中小学、大学等的所有学籍档案，包括在校表现、奖励和惩罚记录等如实记录，记录时间、记录人是谁，都历历在案，信息一经记录无法修改，分布式存储，在需要调取档案时，只要当事人授权私钥，就可以解锁到完整的、真实可靠的档案信息。

四、区块链推动全球在线教育发展

现在的教育资源，受制于各自为政的中心化平台，师资、教研成果很少共享，缺乏解决个体间信任问题的开放平台，很难实现全球教育资源的共享，教育受地域、经济条件等客观因素的限制。

智能合约技术可以控制区块链资产，能够存储并转移数字货币和学习资料，学习者购买资料和服务等的交易信息可随时被追踪查询并被永久保存，从而为保障商家和消费者的权益提供强大的技术支撑和过程性证据。此外，区块链可汇集社会各地的优质教育资源，为整个社会提供优质的教育服务，最大限度地发挥教育资源的使用效率与规模效益，并加快优质教育资源的传播，在扩展教育边界的同时，助力人人皆学、处处可学、时时能学的学习型社会的构建。区块链在线教育可以切实降低教育的门槛，推动优质教育资源的全球共享进程。因此，区块链有机会改变人类历史上长期难以解决的教育不公问题。

例如，一个中国学生想找一个美国学生陪练一小时英语，这时他可以借助区块链技术。区块链网络可以构建一个解决个体与个体之间信任问题、面向全球开放的网络，正好能够满足他的需求。借助区块链平台，人人都可以成为教育资源，而教育资源可以全球共享，人人都是受益者。

五、区块链促进教师提高教学质量

互联网技术的发展促使线上学习和视频直播等互动手段产生。而区块链可以对在线教育社区里的知识内容制作者的写作质量、学习者的参与度、推广者的推广效果等进行统一的记录，让每一方参与者都能被激发出能动性，让处在这个在线教育社区生态体系中的人都能得到可持续、可发展的利益。传统单一的教育方式不仅不利于教育资源的共享，更限制了教师个人的发展，而区块链技术可以盘活资源，促进教育公平，利用虚拟现实等技术满足用户多元化、个性化的需求，弥补传统教育的某些不足。区块链技术还可以完善教师或学生的客观评价体系，教师可以在面向全球的区块链网络上发布自己的授课需求，学生也可以发布自己的学习需求，匹配到精准的教学。

区块链中的数据无法篡改，无论是教师的个人信息，还是课后学生对教师的评价都能保持客观公正（也就是说，教师提供的信息是绝对真实的，授课记录和评价也无法通过刷单获得）。也只有优秀的教师，会越做越好，形成自身的品牌与竞争优势，让竞争焦点回归到师资博弈、教学质量和成果上，这也是区块链教育正确的发展方向。

六、区块链让学生低成本地享受高质量的教育

随着技术的进步，人类社会已经进入知识共享的时代，但目前共享的基础需要由第三方系统信用背书。例如，在网上销售知识就存在两个问题。一是师生之间如何实现信息对称与相互连接、学生怎么找到可靠的教师（或者教师怎么找到真正有需求的学生）。让教师找到学生对于很多教师而言并不擅长，而让学生找到教师可能难度更大。二是如何保证安全支付。尽管现在有很多成熟的第三方支付平台，但第三方支付仍然是中心化的技术架构，数据安全不能得到有效保证。

基于区块链的教育平台可以建立学生评价体系，学生可以对教师进行公正客观的评价；该平台也会把知识点、科目、资源积累起来，形成更好的引导作用，让更多的学生用更低的成本享受到优秀教师的资源、优秀学校的资源，甚至可以让优秀的学生也成为优秀的教育资源，共享给有需要的企业。

智能交易无须第三方支付平台，可以实现学生与培训机构、学生与教师、培训机构与培训机构之间的点对点交易，既能节省中间平台的运营与维护费用，又能提供有质量保证的在线学习服务。

最后，区块链作为底层技术，随着不断成熟，还能够在更多的方面发挥作

用。但总体来说，“区块链+教育”难以直接运用在教学方面，更多的还是为教学活动保驾护航。

案例：区块链技术在教育领域的应用

1. Blockcerts——学历证书区块链

Learning Machine 与麻省理工学院的媒体实验室合作创建了 Blockcerts——一个可以创建记录并验证基于区块链的学历证明文件的开放平台。在区块链上创建类似学习成绩单和资格证书这样的记录后，利用 Blockcerts 就可以审查文件是否可信并发现伪造的信息。

学生的分数、成绩报告甚至毕业文凭等都可以保存在 Blockcerts 区块链上，并提供不可篡改的学习记录。

2. APPII——资格证书区块链

英国的区块链招聘平台 APPII 利用区块链、智能合约及机器学习技术来验证学生和教师的资格证书。

APPII 的用户可以创建个人档案并填写简历，包括教育历史和学习成绩报告。APPII 使用区块链来验证用户的背景并将其信息锁定在区块链上。

第三节 “区块链+不动产登记”让存证更可信

一、不动产与不动产登记

1. 不动产

简单说，不动产（Immovable Property）就是不能移动的个人财产，是指依自然性质或法律规定不可移动的财产，如土地、土地定着物、与土地尚未脱离的土地生成物、因自然或人力添附于土地并且不能分离的其他物。我国规定不动产的类型有土地、建筑物、构筑物及添附于土地和建（构）筑物的物。

与之对应的动产，就是不动产之外的物，是指在性质上能够移动，并且移动不损害其经济价值的物，如电视机、书本等。不动产是财产划分的一种形态。

2. 不动产登记

不动产登记又称不动产物权登记，是指经权利人、利害关系人申请，由国家确定的职能部门将有关申请的不动产物权的事项记载于不动产登记簿的行为。不动产登记部门在进行不动产登记时应当履行以下职责：第一，查验申请人提供的必要材料；第二，询问申请人有关登记的事项；第三，如实、及时进行登记；第四，法律法规规定的其他职责。

2016 年 1 月 1 日，《不动产登记暂行条例实施细则》正式发布并实施。这是我国不动产统一登记制度建设的关键节点，也是现代法治国家发展的重要一步。这标志着我国以《中华人民共和国物权法》（现已废止）为统领、以《不动产登记暂行条例》为核心、以《不动产登记暂行条例实施细则》等配套规章规范为支撑的不动产统一登记制度体系基本形成，为不动产统一登记制度的全面实施提供了充分的制度依据和坚实的法律保障。

二、现有不动产登记存在的问题

现有不动产登记存在诸多不规范现象，且成本高、效率低。在实际工作中，不动产登记有如下不便之处。

1. 现有不动产交易中的信息孤岛

现有不动产交易信息分散在金融机构、房地产开发商、银行、政府等不同机构中，信息难以整合，数据价值难以发挥，间接导致了政府监管难的局面。

2. 金融业务与不动产业务分离

在传统房产买卖、租赁业务中，贷款等金融业务与不动产业务分离，无形中加大了金融风险与业务流程的复杂性。

3. 交易过程漫长，风险无法控制

不动产交易的安全性是行业机构与广大参与者的一大困扰，土地和房屋所有权登记、房源的历史交易查询、业务办理的监督等环节，都可能存在风险。与此同时，传统的房产交易过程较为漫长，且参与机构较多，导致交易双方面临许多无法控制的因素。

随着不动产统一登记改革的不断推进，不动产登记内容逐渐扩展，对不动产登记信息的采集、传输和共享提出了更高的要求。

4. 各部门职能难以厘清

不动产统一登记制度实施后，各地移交给不动产登记部门的权限仅仅是登记发证职能，登记前的确权、勘查、审批职能仍属各部门。但社会上普遍认为，

不动产登记部门承担了所有职能，无论哪个环节出现瑕疵，“板子”都打给不动产登记部门。出现这种局面，主要由一些地方不动产登记部门职能不清、职责不明导致。以房产抵押交易为例，由于房产抵押交易职能仍属房产交易部门，群众办理此类不动产登记业务，须首先持身份证、户口簿、结婚证、交易合同、抵押合同到房产交易部门申请，填写申请表并签字盖章拍照，三天后再从房产交易部门领取抵押交易告知单；然后，群众再次持上述材料凭抵押交易告知单到不动产登记部门申请办理不动产抵押或交易登记业务。这样，群众需要在各部门多次跑、多次提交同样的资料，只有这样才能拿到证书或证明。这样烦琐的流程极不便民，且造成行政资源的极大浪费。

近年来，不动产信息电子化、资产证券化、REITs 模式等创新玩法，均是为解决这些难点进行的尝试。区块链诞生之后，被多个国家用来改造传统不动产登记业务。自 2017 年开始，巴西、瑞典、日本等国家已纷纷探索区块链在购买房产、托管房产、记录房产所有权转让等环节中的应用，以及研究如何进一步将不动产数据库整合成可视的数据记录。

三、区块链解决不动产登记问题的优势

区块链的诞生为解决不动产登记中的这些问题提供了一个新思路——将区块链与不动产登记结合，利用区块链技术解决不动产登记所面临的具体问题。

1．有效消除行政壁垒，实现多部门数据实时传递

由于区块链采用分布式存储的方式，因此每个参与的部门都可以获得完全相同、完整的数据，且数据共享以后，数据的使用及修改依然需要从数据管理部门获得对应授权，未经授权无法使用和修改数据；同时，通过信息共享平台对接的单位对不动产数据进行的修改会及时传递给系统所有的参与者，从而有利于消除部门间的行政壁垒，实现多部门数据实时传递和共享。

2．杜绝房产交易过程的“阴阳合同”现象

区块链的分布式记账属性使得不同网络节点间、不同机构间、不同区域间可以共享分布式账本，并对节点进行拓展，为低成本、高效率地实现更多部门的数据共享奠定良好的基础。通过与银行贷款系统、中介服务系统等进行系统对接，可以实现交易数据全程管理，杜绝房产交易过程的“阴阳合同”现象。

3. 实现数据共享的安全性、完整性、一致性、真实性

区块链利用加密和共识算法建立的信任机制，能够让抵赖、篡改、欺诈等不良行为成本巨大，保证全系统数据的不可篡改和不可伪造，多中心、分布式存储的方式让数据的安全性进一步加强，实现数据共享过程的安全性、完整性、一致性、真实性。基于区块链技术，每个节点都会同步共享整个链上的数据，若一方进行数据篡改就会导致其手中的账本和其他节点的账本对不上，直接杜绝了任何一方进行数据造假。并且由于每一方手中都有一个完整的账本，即使其中一方的账本遭到攻击或破坏，其他节点那里还有，不至于导致数据丢失。因此，不动产交易信息可被完整地记录在区块链上，房产过往交易信息可全程被跟踪；涉及多个部门的同一业务，只需要获得相关权限即可办理，数据会同步送达相关部门；信息在相关部门仅需填报一次，群众也只需向综合窗口提交一套材料。

4. 促进交易安全，降低部门管理风险

电子合同、电子证照、不动产登记审批、房屋交易及登记、购房资格核验、档案查询及证明，均通过区块链平台进行展示，用户可直接进行身份校验及查询，对于第三方查询，须获得用户的授权。系统对查询操作、授权查询操作等日志进行上链存证。不动产交易信息上链以后，能有效防止被篡改，帮助用户对不动产的历史交易信息、房屋信息追根溯源，帮助有关部门做到数据的“自证清白”。

5. 有利于优化政务流程，简化群众办事流程，提高“放管服”水平

通过不动产交易信息的可信上链，用户可在“区块链+不动产登记”平台完成身份验核后，基于移动 App、公众号、小程序等各类应用端，实时查询及验证其在本地的房车拥有情况及获取相关证明材料，无须通过烦琐的程序进行证明的办理工作。区块链不仅可以实现数据的可信传递，还可以通过智能合约技术对业务办理的流程进行技术固化，保障流程的有序、顺畅执行，既可以确保“先税后证”等基本原则落实，也有利于对现有不动产登记流程进行整合，进一步简化群众办事流程，提高“放管服”水平，提高办事效率，提高群众满意度。

6. 有利于挖掘政务数据的价值，提高政务数据的使用程度

多个部门数据整合以后，通过对数据进行加工、脱敏等操作，在符合保密

制度的要求下，通过大数据分析等手段，可以将不动产数据及关联数据作为城市大征信数据的一部分，更好地服务群众、相关企业和有关部门。

四、区块链在不动产登记中的具体应用

1. 电子合同

区块链可改变传统纸质合同的做法，将合同的签署、归档、存储等都放到互联网上，生成电子合同。基于区块链技术，可以在签署合同时对签署者的身份进行验证，同时将签署者的电子签名、电子签章等进行存储，保证合同的有效性与唯一性。

2. 电子证照

利用区块链技术构建的电子证照共享平台，可通过平权共建的原则实现全面的数据归集，形成个人或企业的电子档案，任何人都不能随意篡改或造假，最大限度地保障数据的安全。基于区块链的共识机制，税务、民政、公安、房产、社保等部门可以实现电子证照信息共享，节约部门之间的沟通成本，减少办事群众材料的重复提交。

3. 不动产中间数据库

为了保障数据库的安全，目前不动产登记部门和其他部门采取中间数据库进行数据对接，如数据库 A 要访问数据库 B，要先建立一个数据库 C，B 把 A 要的数据传到 C 中，然后 A 进入 C 获取数据，这种方法技术成本高且效率较低。利用区块链技术，各政务部门将自己的数据直接写入区块链中，就可以和其他部门的数据库进行连接，不用再进行点对点的中间数据库建设。

4. 不动产登记审批

不动产登记的流程为“申请→受理→收件→档案扫描→录入上传→初审→核定→登簿→缮证→归档”。将整个登记流程放到区块链上操作，可以让其他节点的部门实时了解不动产登记进展情况；并且在区块链上进行登记操作，每一步的变化都用时间戳记录下来，可以追溯在不同时间节点发生的任何变化，防止有人对数据进行篡改或造假。

5. 房屋交易及登记

在区块链技术的加持下，每套房屋从最初的土地形态到竣工售卖，以及最

终到购房者手中，这一系列变化都以时间顺序记录下来，不仅可以帮助消费者追溯相关数据来源，还可以防止数据重复和数据篡改，消费者再也不用担心虚假房源的问题。房屋的网签备案、贷款申请、登簿制证都可以基于区块链进行。例如，将购房合同、贷款合同放到区块链上，基于区块链的智能合约技术实现约定时间自动付款、扣款。

6．业务办理现场影像留存

目前，很多不动产登记部门都上线了“拍照摄像”功能，留存个人和企业办理不动产登记业务时的现场照片，以防止虚假代理、虚假签名等行为。将“拍照摄像”功能和区块链技术结合，构建不动产登记个人信息库，将个人的照片、指纹、签名等都放在链上共享，不仅可以使不动产登记部门的工作更方便，还可以给其他部门办理业务提供参考。

7．购房资格核验

不管是买新房还是买二手房，都要进行购房资格核验，其中最重要的就是对拟购房家庭的购房资格进行审核，包括户口、社保、纳税、贷款、名下房产等多个方面的内容，涉及多个政务部门。利用区块链技术，将购房资格核验结果放在链上，相关部门在办理房产交易、不动产登记等业务时均可查用。

8．档案查询及证明

1）“个人房屋信息记录”查询

“个人房屋信息记录”就是我们常说的“无房证明”“首套房证明”等，在办理购房资格核验、银行贷款等业务时，开发企业、住建部门、登记部门、银行机构可能都会要求提供本人或家庭的“个人房屋信息记录”。如果采用区块链技术，让这些机构间达成共识，就可以直接查询相关人员或家庭的“个人房屋信息记录”，群众就不用反复提交证明材料了。

2）不动产信息查询证明

在办理银行贷款、涉及房产公证的事项时，需要权利人提供名下的不动产信息，出具不动产信息查询证明。有了区块链的加持，金融机构和公证机构可以和不动产登记部门基于智能合约技术实现信息共享，直接通过系统查询权利人的不动产情况，加盖电子印章打印出来，作为业务办理的依据。

3）低保档案查询

保障性住房的申请，一般是低保户优先，受理申请的部门会查询申请人的户口、收入、是否纳入低保等信息。利用区块链的共享数据库机制，住建部门和不动产登记部门可以和民政部门进行对接，对申请人的低保档案进行查询。

总体来讲，区块链是从比特币这一应用中衍生出的技术，仍处于不断发展和实践相结合的阶段。技术的成熟度先且不论，这需要不断地进行技术研发和应用实践来证明，但作为一种新技术，它为不动产登记改革和创新提供了一种新思路。

“区块链+不动产登记”或将成为推进不动产登记“放管服”改革和优化营商环境的重要手段。区块链技术可打通税务、民政、公安、房产、社保等部门的数据孤岛，推进部门间的协同管理，以实现不动产全生命周期的可追溯，在保障数据安全可靠的同时，进一步提高不动产登记业务的办理效率，规范不动产登记工作。

案例：北京市规划和自然资源委员会“区块链+不动产登记”应用场景上线公告

为进一步优化营商环境，促进利企便民，落实北京市政务服务领域区块链应用行动计划（2020 年），北京市规划和自然资源委员会会同北京市住房和城乡建设委员会、国家税务总局北京市税务局和北京市城市管理委员会基于区块链技术升级了北京市不动产登记信息平台，自 2020 年 2 月 8 日起正式上线 7 个应用场景。现将有关事项公告如下：

（1）自 2020 年 2 月 8 日 9:00 起，“区块链+不动产登记”7 个应用场景正式上线，通过北京市规划和自然资源委员会门户网站“不动产登记”专栏“北京市不动产登记领域网上办事服务平台”或网站地址（http://bdc.ghzrzyw.beijing.gov.cn/eo）进入，其中自然人采用北京通登录，企业采用电子营业执照登录，经纪机构采用法人一证通登录。其他应用场景将持续推进，原有现场业务办理方式仍然保留。

（2）具体应用场景及办理方式。

① 企业间非住宅不动产交易登记。房屋用途为非住宅且不含抵押的不动产，交易双方企业可通过网上办事服务平台填写登记和纳税业务信息，网上预审通过后，通过系统预约具体办理时间，到不动产登记大厅约半小时完成业务办理。

② 抵押登记智能审批。不动产权利人可直接在银行或公积金部门等服务网点完成抵押登记业务申请，不需要到不动产登记大厅。登记部门审批完成后

自动生成不动产登记证明电子证照。银行或公积金部门直接获取不动产登记证明电子证照，快速实现“凭证照放贷”。

③ 抵押注销登记智能审批。不动产权利人可直接在银行或公积金部门等服务网点完成抵押注销登记业务申请，不需要到不动产登记大厅。信息系统进行自动审批、自动登簿。

④ 一证办理夫妻间房屋转移登记。夫妻双方中至少有一方为北京市户籍且 2003 年（含）后在北京市民政部门办理婚姻登记的，夫妻双方可通过网上办事服务平台填写登记业务信息，网上预审通过后，通过系统预约具体办理时间，夫妻双方到现场仅凭身份证即可完成业务办理。

⑤ 存量房交易登记一网通办流程优化。流程优化后，申请人在现场核验时，不再提交契税完税证明。

⑥ 一网通办业务填报材料精简。申请人在网上办事服务平台填报时，申请人或代理人为北京市户籍的，无须上传身份证影像件；申请人 2003 年（含）后在北京市民政部门办理婚姻登记的，无须上传结婚证或离婚证影像件；申请人为北京市的企业、机关、事业单位、群团的，无须上传营业执照或法人证书或登记证书等影像件。

⑦ 不动产登记电子证照数据上链及应用推广。申请人到电力、燃气、歌华有线部门进行过户业务办理时，不需要携带纸质不动产权证书，直接在手机端出示不动产登记电子证照即可办理业务。

另外，还推出存量房补录网上申报业务，持非 × 京房屋产权证和非不动产权证书的申请人可登录网上办事服务平台进行存量房补录业务申报，不需要再到不动产登记大厅进行办理。

第四节 “区块链+知识产权保护”让知识更有价值

一、知识产权

知识产权，也称知识所属权，指权利人对其智力劳动所创作的成果和经营活动中的标记、信誉所依法享有的专有权利，一般只在有限时间内有效。

各种智力创造，如发明、外观设计、文学和艺术作品，以及在商业中使用的标志、名称、图像，都可被认为是某一个人或组织所拥有的知识产权。“知识产权”一词是在 1967 年世界知识产权组织成立后出现的。

二、知识产权保护

在现代社会中，知识产权作为一种私权在各国普遍获得确认和保护，知识产权制度作为划分知识产品公共属性与私人属性界限并调整知识创造、利用和传播中所形成的社会关系的工具在各国普遍确立，并随着科学技术和商品经济的发展而不断拓展、丰富和完善。特别是在经济全球化背景下，知识产权制度发展迅速，不断变革和创新，当前世界经济已经处于知识经济时代，技术创新已是社会进步与经济发展的最主要动力。相应地，知识产权越来越成为提升市场核心竞争力和巩固市场地位的手段，知识产权制度因此成为基础性制度和社会政策的重要组成部分。从20世纪末开始，许多国家已经从国家战略的高度来考虑、制定和实施知识产权战略，并将知识产权战略与经贸政策相结合。知识产权战略成为国家发展总体战略的组成部分，对实现国家总体目标具有重大意义。

我国知识产权立法起步较晚，但发展迅速，现已建立符合国际先进标准的法律体系。知识产权法的渊源是指知识产权法律规范的表现形式，可分为国内立法和国际公约两部分。

1. 国内立法

（1）知识产权法律，如《中华人民共和国著作权法》《中华人民共和国专利法》《中华人民共和国商标法》等。

（2）知识产权行政法规，如《中华人民共和国著作权法实施条例》《计算机软件保护条例》《中华人民共和国专利法实施细则》《中华人民共和国商标法实施条例》《中华人民共和国知识产权海关保护条例》《中华人民共和国植物新品种保护条例》《集成电路布图设计保护条例》等。

（3）知识产权地方性法规、自治条例和单行条例，如《深圳经济特区企业技术秘密保护条例》等。

（4）知识产权司法解释，如《最高人民法院关于审理专利纠纷案件适用法律问题的若干规定》《最高人民法院关于诉前停止侵犯注册商标专用权行为和保全证据适用法律问题的解释》等。

2. 国际公约

我国在制定国内知识产权法律法规的同时，加强了与世界各国在知识产权领域的交往与合作，加入了10多项知识产权保护的国际公约，如《与贸易有关的知识产权协定》《保护工业产权巴黎公约》《保护文学和艺术作品伯尔尼公约》《世界版权公约》《商标国际注册马德里协定》《专利合作条约》等。其中，世界贸易组织的《与贸易有关的知识产权协定》被认为是当前世界范围内知识产权保护领域中涉及面广、保护水平高、保护力度大、制约力强的国际公约，对我国有关知识产权法律法规的修订起到重要的作用。

三、现有知识产权保护存在的问题

改革开放以来，我国的专利、商标、版权等一系列指标都位居世界前列，已成为名副其实的知识产权大国，但仍存在大而不强、多而不优的问题，企业海外知识产权风险越来越高。知识产权保护成为攸关产业转型升级及提升国家竞争力的核心战略。

1. 我国企业引进国外先进技术的成本上升

由于拥有自主知识产权的东西较少，我国企业为了发展，不得不付出更为高昂的成本以获取国外的先进技术，进而失去价格上的竞争优势。当前，民营企业在知识产权保护方面面临着巨大的困境。我国各种重要的资源都非常丰富，唯独知识产权资源欠缺。一方面，企业重在“中国制造”收益，自身产权意识不强。如果企业没有一定的资金来源，则很难得到持续性发展。因此，很多企业往往是爆发式、阶段性地创造收益，而忽视了自身的技术投入，没有知识产权意识，没有形成长远的发展眼光。另一方面，不少企业还存在用高昂成本引进知识产权的情况，也不尊重他人的知识产权。加之我国对侵犯知识产权的惩罚力度不够，法律规定的赔偿额较低，难以起到威慑作用。在这种情形下，很多企业铤而走险，选择山寨式复制产品、制造产品，以低额成本获取短期利益，直接导致企业名誉与品牌的丧失，难以形成长远发展。

2. 国内大量的知名商标在国外被抢注

1985—2008年，我国共受理国内发明专利申请3万件，其中向国外申请的不足4000件，这意味着大多数专利在我国以外的地区可无偿使用，致使国内一大批商标在国外被抢注。深圳市神舟电脑股份有限公司从2002年开始，向全球约80个国家提出商标注册申请。2006年8月5日，它发现“神舟”“Hasee”

商标图案在巴西被以组合商标的形式申请注册。经过一番法律“拉锯战”，才促使抢注人主动撤回注册申请。“KONKA”（康佳）“999”、“飞亚达”、“金立”等商标都曾有在国外被抢注的惨痛经历，成批知名商标被抢注的案例并不罕见。有人从 2003 年开始，就在韩国以个人名义注册包括我国钟表品牌在内的近 30 件商标，并于 2014 年 6 月 20 日集中向韩国知识产权局申请注册 BERNY、EBOHR、STARKING 等 5 个国内知名钟表商标。时间持续之长、涉及商标之广，足见其恶意抢注。钟表行业是我国重要的产业集群，但钟表企业在知识产权方面意识比较薄弱，此次在韩国被集体抢注商标正凸显了钟表企业的品牌保护意识缺失。

3．原产地标记没有得到很好的保护

依据我国相关法律的规定，原产地标记属于商标的一种，要想获得原产地标记，需要向所在地检验检疫机构提出申请。地理标志商标注册和保护，对增加农产品附加值、不断提高农民收入、扩大农产品出口、促进特色农业产业的形成和发展、提高农业产业化水平、优化农业产业结构、促进农业社会化服务体系的发展，并带动其他行业的发展等具有极其重要的意义。我国由于缺乏原产地概念，对原产地标记理解肤浅，致使不能充分发挥原产地标记的功能。

4．缺乏对知识产权滥用的限制措施

在现实生活中，会出现权利人以不公平、不适当的方式行使其权利的情况，因此任何权利都要受到一定的限制。我国在修订有关法律法规时应充分考虑这一因素，合理维护国内企业的权益，加大对自主知识产权的保护力度。一方面，我国要完善法律制度，营造良好的知识产权保护氛围，保护我国企业的自主技术创新；另一方面，知识产权管理机构应充分发挥自身职能，加强知识产权信息的传播与共享，帮助我国企业建立清晰的知识产权理念。更重要的是，要进一步完善国家知识产权战略，深化结构调整，推动产业改革，为高、新、尖端技术的发展提供引导与扶持。

5．互联网的发展带来的挑战

由于信息流通的速度比较快，各种数字内容很容易传播，基本上知识产权的所有者对自己作品的传播途径或获取路径无法控制。在互联网生态下，知识产权的侵权现象越来越多，纠纷也越来越多。网络中如网页截图、电脑文档等

证据，容易被篡改、伪造，原创者无法自证真伪。市场中还有随意侵权和敲诈式维权等现象，甚至还有一些无中生有的“版权”(譬如国旗等是有公共版权的，不属于任何一个企业和个人)，这些现象损害着原创者的正当权益。

6. 知识产权被侵犯后维权难

不容忽视的是，对知识产权保护的法律重视力度远远不够，尚没有形成完整的保护体系。当前，我国已经制定和实施的一系列法律法规还存在缺陷，如随着新兴互联网的发展，网络知识产权的保护力度没有及时更新，导致部分企业钻漏洞获利益，造成了恶劣的影响。法律的保守性和滞后性，使得法律的立法速度远不能适应网络技术的发展速度，存在确认难、取证难、侵权责任分担复杂等一系列亟待解决的难题。同时，知识产权被侵犯后如何维权是一个比较复杂的问题，其中损害赔偿金额的确定是决定侵权成本的重要因素之一。另外，与物权等有形财产权相比，权利人在维护其知识产权时需要付出相对更多的调查取证成本、法律服务成本等。因此，与有形的物权相比，知识产权维权确实需要付出更高的证明成本和维权代价。

案例：中国企业感慨为什么知识产权维权这么难

“我们每年放弃的专利量和申请的量都差不多。”攀钢集团研究院钒钛冶金研究所所长孙朝晖委员声音不高，语气无奈，“维权真的很难。你明知道他在侵权，但你拿他没办法。特别是工艺专利，取证非常难。”

孙朝晖告诉《科技日报》的记者，工艺专利，就仿佛从A地去往B地的特殊路径，条条大路通罗马，但总有一条路快捷、方便且成本最低。

他回忆说，其所在的攀钢曾用7年时间，投入巨大人力、物力和财力，来攻关钒氮合金产业化技术，一直默默无闻，鲜有人问津。

2001—2005年，是市场推广期，“也比较安静”。2005年之后，产品开始挣钱了。“一下子，全国到处都是这个东西！”孙朝晖摇了摇头，“人家肆无忌惮地侵权，你没办法。”

虽然专利在手，但他们仍感到维权困难。专利本就是充分公开的技术，一家企业若想模仿，私底下找到专利持有企业的工程师“点拨”那么一两次，就可以进行技术重现。但专利持有方若要起诉侵权，就得给出证据——“人家根本不让你看生产过程，你怎么找证据？”孙朝晖建议，能否在知识产权侵权案中采用举证倒置法，以加强知识产权保护体系的建设。

被称为“玻璃女王”的蓝思科技股份有限公司董事长周群飞委员也有同样

的苦恼。听到有人谈论专利，她扭头跟旁边的委员抱怨：“我辛辛苦苦做了好几年，成功了，侵权就全上来了！”

周群飞自己的手机摄像头用到了蓝宝石工艺，这也是其企业的技术亮点之一。有委员好奇地问道：“你是怎么做到的？”“都要技术。比如蓝宝石的透光率没有玻璃好，我们要用增透膜提高透光率，正反面都要镀膜，膜层不能脱落，附着力要好，非常难！”她念叨着，“我们开发技术很费劲，结果人家去供应商那里买设备，在我这里找几个人，就能做了。接下来，我就要开始打专利官司了！”

企业举证难是一方面，另一方面，知识产权法院虽有，但不够多。自2014年起，我国北京、上海、广州陆续建立知识产权法院，又在多地陆续建立知识产权法庭，加强了知识产权的审判力量。“可能还需要更多、更专业的人来进行知识产权案件的审判。”孙朝晖说。

对企业来说，专利产生不了收益，每年还要交维护费，但成本又得控制。于是，就出现了放弃的专利和申请的一样多甚至更多的无奈局面。

“我们知识产权的维护费用已经涨到每年 600 万元，再也支撑不了了。每年我们会把前面的专利梳理一遍，不核心的就放弃。其实专利战略很重要的前提是专利群。”孙朝晖表示，知识产权保护的环境确实在好转，但企业期待着能更好。“我们就是希望知识产权能真正得到尊重。”

四、区块链解决知识产权保护问题的优势

因为区块链本身所具备的特性，能有效地满足市场需要，并能在知识产权领域发挥出巨大的潜力，因此区块链对于知识产权保护具有重要意义，具体表现在以下几个方面。

1.“区块链+知识产权保护”提供全程记录

区块链具有不可篡改的属性，一旦记录就无法更改，可以说为知识产权保护提供了安全、完美的原创记录。区块链技术将若干交易信息打包成区块，并对区块信息按一定规则进行组织后计算信息指纹，数据拥有不可篡改和可追溯的特性，这使将区块链应用于知识产权存证成为可能。例如，作者创作出作品之后，利用区块链进行加密登记，登记之后作品就是有身份的了，它是什么时间创作的、由谁创作的……这些都被加盖上时间戳，如果谁盗用作者就能够立刻发现。

2. 保证知识产权价值转移全过程透明

利用区块链可以不依赖于第三方平台，直接在链上完成确权、用权、维权等环节。

可以说，区块链可以完整地记录一个作品的所有变化过程，可以保证数字内容的价值转移过程可信、透明，并提供原创时间等依据。

3. 通过智能合约自动执行许可协议

区块链中的智能合约是一种在区块链之上运行的计算机代码，包含一组规则，即该智能合约的当事方同意交互才能交互。根据预定义规则的满意度，协议将通过代码自动执行。区块链的分布式记账可用于维护知识产权并监控侵权事件，而智能合约也可以在执行许可协议方面发挥更积极的作用。智能合约允许创建者设置自己的许可条款并确保它们正在执行。另外，智能合约可以用于直接向最终用户许可内容，从而减少中间商并减少侵权机会。

4. 区块链提升知识产权维权效率

区块链存证与传统存证方式的最大区别在于系统提取基本信息和特征信息进行时间戳签名后加密上链，不一定需要上传原文件。在发生争议时，当事方拿着原文件与哈希值到法院校验便知真假。针对互联网数据不易存证的难题，区块链的自动抓取程序可进行网页截图和录像、源码识别，将网页截图内容和抓包文件记录在区块链中。

总之，在信息传播速度越来越快的时代，区块链技术必将在知识产权领域发挥巨大的作用。

第五节 “区块链+精准扶贫”让扶贫更精准

一、精准扶贫

精准扶贫是粗放扶贫的对称，是指针对不同贫困区域环境、不同贫困户状况，运用科学有效的程序对扶贫对象实施精确识别、精确帮扶、精确管理的治贫方式。一般来说，精准扶贫主要是就贫困户而言的，谁贫困就扶持谁。

二、精准扶贫成为国家战略

（1）2013 年 11 月，习近平到湖南湘西考察时首次进行了“实事求是、因地制宜、分类指导、精准扶贫”的重要指示；2014 年 1 月，中共中央办公厅详细规制了精准扶贫工作模式的顶层设计，推动了“精准扶贫”思想落地。

（2）2017 年 10 月，党的十九大报告指出，要动员全党全国全社会力量，坚持精准扶贫、精准脱贫，坚持中央统筹省负总责市县抓落实的工作机制，强化党政一把手负总责的责任制，坚持大扶贫格局，注重扶贫同扶志、扶智相结合，深入实施东西部扶贫协作，重点攻克深度贫困地区脱贫任务，确保到 2020 年我国现行标准下农村贫困人口实现脱贫，贫困县全部摘帽，解决区域性整体贫困，做到脱真贫、真脱贫。

（3）2020 年 3 月，决战决胜脱贫攻坚座谈会以电视电话会议形式召开。会上指出，贫困地区基本生产生活条件明显改善，贫困地区群众出行难、用电难、上学难、看病难、通信难等长期没有解决的老大难问题普遍解决，义务教育、基本医疗、住房安全有了保障；贫困地区经济社会发展明显加快，基本公共服务日益完善，贫困治理能力明显提升，基层组织得到加强，基层干部本领明显提高。精准扶贫是国家的第一民生工程。

（4）《中华人民共和国 2019 年国民经济和社会发展统计公报》显示，按照每人每年 2300 元（2010 年不变价）的农村贫困标准计算，2019 年年底农村贫困人口 551 万人，比 2018 年年底减少 1109 万人；贫困发生率 0.6%，比 2018 年下降 1.1 个百分点。全年贫困地区农村居民人均可支配收入 11 567 元，比 2018 年增长 11.5%，扣除价格因素，实际增长 8.0%。

三、现有精准扶贫存在的问题

虽然我国的脱贫攻坚战取得了决定性进展，但随着脱贫攻坚逐步向纵深推进，深度贫困问题凸显，攻坚难度递增，扶贫工作中存在一些不容忽视的实际困难和突出问题。例如，贫困人口识别困难，不好划分；扶贫资金使用不透明；驻村干部不作为，没有把资金用在刀刃上等。

现有精准扶贫存在的问题具体表现在以下几个方面。

1. 贫困人口识别难度大

在开展群众路线活动过程中，贫困人口建档立卡比较复杂，总体上各地结合实际研究制订实施方案，严格贫困户识别以农户收入为基本依据，综合考虑住房、教育、健康等情况，通过户主申请、小组提名、评议票决、公示审批的方式，整户识别，取得了实质效果。但贫困人口存在很大不同。对于那些有特殊困难的人，如残障人士，或者没有劳动能力的人应该做好兜底保障工作；对于那些有梦想、想干一番事业却没有资金的人应该重点扶持；而对于那些整天游手好闲、无所事事的人，是坚决不能扶持的。所以，在识别贫困人口的问题上，难度相对比较大。

2. 数据造假现象仍然存在

对于贫困人口，帮扶到位是重中之重，而在有些地区仍然存在包庇现象，如有的人没有达到贫困标准，却能申请成为贫困户，或者有的人随便支个摊子，就能申请到扶贫资金，资金到手后却不作为。而那些真正的贫困人口，或者想干一番事业，却没有资金的人，得不到政府的扶持。

还有一些地方领导因在精准扶贫工作中“创新速度”而受到党内警告处分。例如，仅用了 8 天时间，从选址到修建到完工，就帮助困难群众新修了住房。但仔细一看：房子建在一土坡上，年轻人上下都有些费力；松软的土地上，简单进行了平整（没有挖地基），直接用水泥浇出地坪；空心砖砌的主体墙用力一击就是一个窟窿……这样质量的“新房”存在极大的安全隐患，谁人敢住！这说明一些地方领导对党中央的精准扶贫战略认识不清、领悟不透、实践不力，只搞表面文章、做假形象。因此，政府要严格考核开展普查，严把退出关，坚决杜绝数字脱贫、虚假脱贫；要开展督查巡查，加强常态化督促指导，继续开展脱贫攻坚成效考核，对各地脱贫攻坚成效进行全面检验，确保脱贫攻坚成效经得起历史和人民的检验。

3. 扶贫资金使用不透明

扶贫资金是国家为改善贫困地区生产生活条件，提高贫困人口生活质量和综合素质，支持贫困地区发展经济和社会事业而设立的财政专项资金。近年来，各地不断加大扶贫工作力度，扶贫资金总量逐年递增，贫困地区生产生活条件得到有效改善，贫困人口收入显著提高，但仍存在部分预算单位扶贫资金使用不规范等问题。例如，个别单位开支的扶贫工作人员下乡补助、购买贫困户慰问品等费用未及时进行账务处理；部分单位会计报销手续不规范、不完善，存在费用报销单据填报不规范、无审批、无领导签字等问题。还有，尽管大多数地区都把钱用到了真正该扶持的人身上，但具体发放的比例是多少，有没有少发、漏发，也是一个很大的问题。同时，扶贫资金到位之后，这些有志青年是不是真正在做事，把钱用在了刀刃上，有没有完成阶段性的目标，都是需要公开数据的。

4．脱贫攻坚成效难以量化

扶贫的目的，最终是脱贫。脱贫的结果是什么呢？如何衡量是否达到了脱贫的目的？这都是很难衡量的事情。因此，各地要加强扶贫领域作风建设，坚决反对形式主义、官僚主义，减轻基层负担，做好工作、生活、安全等各方面保障，让基层扶贫干部心无旁骛地投入疫情防控和脱贫攻坚工作中；要加强脱贫攻坚干部培训，确保新选派的驻村干部和新上任的乡村干部全部轮训一遍，增强精准扶贫、精准脱贫能力。

四、区块链如何助力精准扶贫

1．共识机制可用于精准识别扶贫对象

将区块链的共识机制引入精准扶贫中，不仅可以精准识别扶贫对象，根据具体的致贫原因匹配帮扶项目，还可以以智能合约的方式，实现项目申报、审批流程、扶贫对象、款项配给等信息公开透明，从而监控金融扶贫中各个项目的实施进程，形成全程跟踪式管理。扶贫的工作人员需要把贫困户的相关数据录入区块链系统，如收入情况、支出情况、存款情况、医疗情况、劳动力情况等指标，划分贫困等级、贫困原因、贫困类别，建立基于区块链的扶贫大数据管理平台。

2．区块链的不可篡改性提升数据的真实性

区块链具有不可篡改的特点，上传的数据是不能修改的。当填写错误时，系统会将已上传的数据打回，重新上传正确的数据即可。数据一旦审核通过，则不能再修改了。同时，可利用区块链技术进行身份认证，将数据和人的授权行为绑定在一起，保证上链数据的真实性，保证企业上链的数据不可篡改、不可伪造，具有高安全性。因此，只要驻村干部的统计数据上链，就无法更改，所有的数据都有记录，这极大地降低了造假的可能性。

3．区块链的可追溯性使资金利用更有效

传统扶贫贷款一直受到信息不对称、管理成本高、授信和用信场景线上化

难度大等问题的困扰，导致金融机构依靠传统模式为贫困户开展授信业务的人力成本及风险较大。而区块链在全面清查、核实的基础上，可以运用大数据征信技术构建诚信体系，保证金融机构对扶贫对象的数据进行动态化更新、常态化管理，准确识别出风险可控的目标客户群体，进而发放贷款。区块链上的每笔资金都是可追溯的，这样就可以避免挪用扶贫资金的情况，确保资金能够完全发放到贫困户手中。区块链还可以使捐赠的环节更加透明，其原因在于区块链上的交易可以点对点完成，捐赠机构可以直接将钱捐赠给指定的人或机构，无须转手多家银行和机构，且每次捐赠都会直接记录在分布式账本数据库中，记录公开透明，可查询且不可篡改，相关机构也可以通过账本追溯捐款去向。

4. 区块链的去中心化使扶贫更有效

判断一项惠民工程是否有效，大多是基于下级向上级汇报的一纸文件，容易出现“浮夸风”的局面。而区块链的去中心化，可以把基层的声音融入进来，也就是说，扶贫是否到位、是否把钱用在了刀刃上，这些都能够从基层的声音中听到，且人人皆可发声。

案例：贵阳“区块链+精准扶贫”，区块链在扶贫开发场景中应用创新

近年来，大扶贫成为贵州的头等大事和第一民生工程，是贵州持续推进的首要战略行动。2018年，在强大的扶贫攻势下，贵州用两年的时间使250.8万人成功脱贫。之所以取得如此巨大的成就，一方面与政府的大力推动、广泛的社会参与及经济的持续增长不无关系，另一方面也与扶贫手段的多样化密切相关。

其中，贵阳翼帆金融科技有限公司（以下简称翼帆金融）打造了“区块链+精准扶贫”的扶贫模式，创造性地将区块链技术与大扶贫战略相结合，为贵州3000亿元扶贫资金高效、精准地应用到扶贫开发工作中提供了有效保障，为贵州扶贫取得良好成效提供了重要支撑。

1. 大扶贫战略下，贵州面临严峻的形势

改革开放以来，我国社会经济发展进入高速发展期，在经济高速发展的带动下，全国贫困人口大量减少，贫困地区面貌发生明显变化。然而，要彻底消除贫困，依然面临十分艰巨而繁重的任务。在中央的统一部署下，全国各地都在推动扶贫行动。而处于西部边远地区、相对贫困的贵州，却面临着最繁重的扶贫任务。

据统计，2015 年贵州贫困人口多达 493 万人，占全国贫困人口总数的

8.77%，是全国贫困人口最多、占比最高的省份。受经济欠发达、产业基础薄弱等众多因素的制约，贵州的扶贫任务面临严峻的形势。

随着扶贫力度不断加大，财政对贵州扶贫投入的专项资金也在不断增加。但是，由于扶贫资金涉及面广、项目多、布局分散、监管难度大等多方面因素的制约，客观上加大了扶贫资金使用和管理难度，使资金在扶贫应用中出现了使用效率低、使用不严、消耗过多、管理缺失、潜力未得到有效释放等痛点。

然而，在扶贫行动中，从基础设施建设到产业扶持，几乎所有扶贫行动都离不开资金的支持，解决扶贫资金使用过程中的痛点，对于扶贫工作的成效有着至关重要的影响。针对扶贫资金使用过程中存在的问题，翼帆金融利用区块链的优势，将区块链应用到扶贫开发领域，打造出基于区块链的投资基金管理平台，为解决扶贫资金使用过程中的痛点提供了解决思路。

2. “区块链+精准扶贫”，让贵州 3000 亿元扶贫资金有的放矢

2015 年，国内区块链产业发展尚处于萌芽时期，夏平笃信区块链在未来将会产生巨大价值，他开始投入对区块链的研究中，并进一步挖掘区块链在各个领域中的商用。2016 年，时任贵阳市委书记的陈刚在美国硅谷调研的过程中，肯定了区块链的发展价值，有意将区块链这一“新事物”移植于贵阳。夏平从中看见了发展的机遇，他向贵阳市提交了自己的区块链解决方案，详细阐述了如何利用区块链解决扶贫资金使用过程中存在的问题。

夏平的方案得到贵阳市委、市政府的肯定与支持。2016 年，翼帆金融在贵阳注册成立，通过与贵民集团通力合作，按照“快速开发、快速迭代”的发展要求，于 2017 年 3 月共同打造出贵州脱贫攻坚投资基金区块链管理平台并迅速上线运行。“陈刚书记的支持，给了我们很大的帮助，区块链能在精准扶贫中发挥巨大作用，他的功劳应该算在第一位。”夏平认为项目的成功离不开以陈刚为代表的贵阳市委、市政府的支持。

区块链管理平台利用区块链全程记录、顺序时间戳、不可篡改、可追溯等特性，将扶贫场景中的贫困人口识别、资金、管理、监督、政策等各个环节纳入区块链管理系统。通过将传统的人员管理方式与区块链应用有机结合，让扶贫资金沿着规定的用途、使用条件、时间限制等使用规范安全、透明、精准地投放使用。

区块链管理平台的投入使用，既保证了扶贫资金使用过程中的规范性、合理性，又简化了扶贫资金的使用流程，使扶贫资金的使用不走样、不截留、不挪用，遏制了人为造假、不公平等现象，有效避免了因人为因素让政府的扶贫资金过多消耗在路上，从而提高扶贫资金的使用效率。同时，每笔扶贫资金的

使用都会在链上留下痕迹，无法篡改，使扶贫资金透明运作，为扶贫资金的监督管理创造了条件，从而使贵州3000亿元扶贫资金有的放矢，在扶贫中的关键性作用得到充分发挥。

3. 区块链在贵阳的机遇，区块链的场景应用创新

作为一种新兴技术，区块链的技术优势在于它能将一段时间内发生的事务以区块为单位进行存储，并以密码学算法将区块按时间顺序连接成链条，具有防篡改、透明可视等特点。

随着区块链的不断推广、应用和发展，它受到越来越多的广泛认可，已跨出了早先的金融领域进入政府管理服务、社会治理及诚信体系等众多方面。而将区块链应用到扶贫开发领域，翼帆金融是全国首创。

区块链是贵阳自发展大数据产业以来，又一全局谋划、重点推动的科技产业领域。贵阳在区块链领域表现出的探索热情，为聚集区块链企业、推动贵阳区块链发展和应用发挥了积极作用。

“对于贵阳而言，区块链是贵阳推进大数据战略，做实‘中国数谷’的创新机遇。但对于区块链而言，我们要把贵阳建设成为它的‘机遇之城’，让区块链要素在这里聚集。”贵阳区块链发展和应用推进工作指挥部指挥长刘小龙信心十足地表示。

在过去的几年里，贵阳为发展区块链进行了大量探索，从区块链发展顶层设计到统筹规划再到产业发展实践，体现出贵阳对区块链产业发展志在必得的决心。

经过几年的发展，贵阳区块链已经取得了阶段性的发展成果：在规划、产业基金设立等多个方面创造了全国之最；研发出一批优秀的区块链技术产品，部分产品技术水平领先全国；聚集的区块链企业超过30家，推动着贵阳区块链产业发展，成为国内主要的产业聚集区之一；区块链在电子存证、产品溯源、数字货币、医疗、电子商务、保险、版权、信用认证、物联网、交通等众多领域中建立应用场景，区块链价值在贵阳逐渐得到发挥。

“为促进区块链产业发展，贵阳制定了区块链专项政策，为区块链产业聚集提供了有利条件。然而，真正促使企业在贵阳落地生根的关键因素却不都是政策因素。”夏平认为，“前瞻性的布局、多场景的应用需求、高效便捷的沟通渠道等因素共同作用，打造出一个具有明确发展方向与坚定发展信心的，具有广阔应用市场的，以及便于企业合作共赢、政企交流的区块链产业发展环境是贵阳发展区块链特有的优势和机遇。在这样的环境下，贵阳对多家区块链企业产生了巨大吸引力。从这个角度而言，贵阳也许是全国最适合区块链成长的土

地，像翼帆金融这样的区块链应用创新在贵阳诞生，这绝不是偶然，当然也不会是个案。”

第六节　“区块链+智慧城市建设”让城市更智慧

一、智慧城市

“智慧城市”在广义上讲是城市信息化。它以信息技术为核心，以物联网为基础，利用和融合智能识别、移动互联网和云计算等高新技术，集数字化、网络化、智能化于一体，依托信息产业发展和技术创新应用，通过整合信息资源，全面提升城市居民的生活质量和幸福指数，推动城市经济社会发展模式的转型和城市治理的现代化。

随着我国城市化进程的加速，城市压力增大，智慧城市作为城市发展的内在现实需求，成为催生城市信息化的新浪潮。从 2008 年 11 月 IBM 提出“智慧地球”概念开始，到 2013 年 1 月我国推出第一批智慧城市试点，智慧城市真正由概念阶段到了实施阶段。在国家相关政策和智慧城市试点工作的推动下，截至 2017 年 3 月，我国 95%的副省级城市、83%的地级城市，总计超过 500 个城市，均在政府工作报告或“十三五”规划中明确提出或正在建设智慧城市。

智慧城市概念提出至今已经超过 10 年，城市发展对信息通信技术（ICT）等新兴技术的响应已经渗透到规划、建设、运营、管理的每个环节，正在全面改变城市运行的模式和理念。尤其是 2015 年以后，随着物联网、人工智能、5G、区块链等技术的日益成熟，越来越多的建设主体参与，智慧城市在密集的中央和地方政策指引下迎来了新的发展。

二、智慧城市迎来重要机会

智慧城市是一个全新的理念，其核心特征是将信息资源作为重要的生产要素，推动经济转型升级，再创发展新优势。智慧城市理念的提出为城市转型升级及未来发展提供了一种全新的模式和路径，很多国家与城市不约而同地将智慧城市作为未来的发展模式。

智慧城市的建设正成为全球城市间竞争的基础要件之一，是证明一个城市信息化水平的“名片”，是保持城市竞争力的重要手段。发展智慧城市是提高城镇化质量、推进内涵型城镇化建设的重要举措；发展智慧城市有利于培育和发展战略性新兴产业，创造新的经济增长点；发展智慧城市有利于推动经济发展方式的转型和生活方式的变革；发展智慧城市有利于抢占未来科技制高点，提升城市核心竞争力。

三、区块链促进智慧城市建设

1. 区块链助力智慧城市建设

智慧城市是人们应对城市化高速发展的必然选择。随着大量人口涌入城市，城市规模不断扩张，社会结构日趋复杂，导致城市治理难度大幅提升，城市居民追求更高生活品质的愿望越来越难以满足。随着物联网感知设备的出现与信息技术的发展，人们得以在物理城市空间之上开辟虚拟信息空间，并通过对虚拟信息空间中的城市数据进行汇总、处理、分析，指导城市高效、精准决策，由此催生了智慧城市发展理念。

智慧城市是城市智慧化发展的高级阶段。传统智慧城市建设聚焦信息技术在各业务领域的应用，顶层设计与统筹协调不足，产生大量“信息烟囱”与“数据孤岛”，制约了信息手段效能的最大化发挥，由此，智慧城市发展理念应运而生。在智慧城市建设中，信息技术从业务应用向发展理念转变，从单点布局向全局规划拓展，从垂直打通向横向整合延伸，力求打造无处不在的惠民服务、透明高效的在线政府、精细精准的城市治理、融合创新的信息经济、自主可控的安全体系。然而，当前主要依靠第三方背书的信任机制导致城市数据跨层级、跨地域、跨系统、跨部门、跨业务的高效、有序、低成本流动难以实现，正逐步成为智慧城市建设的掣肘。

区块链技术为城市数据的可信流转提供了低成本的解决方案。融合了点对点网络、数据加密、共识机制、智能合约等技术的区块链创造性地建立起以技术本身而非第三方主体为背书的信任机制，为在不可信网络中进行信息与价值传递交换提供了一种低成本的解决方案。由于区块链处于信息技术体系基础层面，具备较强的普适性与泛化能力，因而迅速从早期金融领域向实体经济渗透融合，为智慧城市建设打开了全新的视野。

2. 区块链在智慧城市建设中的应用

尽管区块链技术仍在快速演进之中，但基于区块链打造的智慧城市应用试点已开始在世界范围内落地。

（1）国外方面，迪拜将区块链技术视为打造迪拜未来的重要工具，并制定了明确的区块链战略，致力于打造全球第一个由区块链驱动的政府。2016 年

10 月，迪拜官方宣布，到 2020 年，全部的政府文件处理都将放到区块链上。迪拜的区块链战略主要分为三个方面：为城市所有交易建立一个新的无纸化数字层，提高政府运营效率；建立一个新的业务系统，为私营部门带来更多机会；向全球伙伴开放其区块链平台。2016 年年初，迪拜未来基金会还组建了全球区块链委员会（GBC），成员机构约 50 个，包括政府机构、跨国企业，以及区块链创业企业。该委员会旨在探索和推进区块链技术在金融和非金融领域的应用。2018 年年初，奥地利最大的能源供应商维也纳能源集团（Wien Energie）开始测试一系列区块链应用案例，包括电动汽车站、土地登记和电力供应等服务，以期建立完善的服务体系。通过 DigitalCity.Wien 计划，维也纳得以使用区块链来简化和自动化管理过程。2018 年 8 月初，安永公司与维也纳市就公共区块链开展合作，以验证该市的开放政府数据（OGD），包括公共交通线路、火车时刻表和周边社区的投票结果等，并确保其安全。美国佛蒙特州南伯灵顿市正在试点以区块链为基础的房产交易，以期降低土地数据管理成本。印度政府使用区块链实现个人身份识别与信息验证，在数据安全可控的前提下实现数据可共享。此外，瑞典、俄罗斯、英国、瑞士、韩国、日本、泰国、乌克兰等国家都在积极探索区块链的应用。

（2）国内方面，南京上线全国首个基于区块链的电子证照共享平台，提升数据防篡改能力，助力行政事项全程网办；深圳打造中国区块链电子发票首个试点城市，借助区块链全流程完整追溯、信息不可篡改等特性提升税务部门、开票企业和报销企业运营管理效率，大幅简化发票报销流程；江苏常州设立医联体区块链试点，以期用低成本、高安全的方式解决医疗数据安全保护及医疗机构间的数据共享问题；雄安新区已上线区块链租房平台，尝试解决房屋租赁场景中的租户数据隐私保护及“真人、真房、真住”等问题。此外，区块链技术在精准扶贫、智慧电网、智能制造等领域均有落地尝试。

（3）总体来看，当前区块链技术在智慧城市建设中的应用场景可归纳为四类：一是数据安全与隐私保护，如个人健康及医疗数据保护、租户数据隐私保护等，这主要依托区块链的数据加密存储与防篡改特性；二是数据追溯，如电子发票、房产交易数据管理等，这主要依托区块链中天然的链式数据存储结构；三是数据存证与认证，如个人身份认证、电子证照存证等，这主要依托区块链的数据防篡改特性；四是数据低成本可靠交易，如个人、企业、政府数据开放共享等，这主要依托区块链智能合约对数据使用权、收益权等的精准管控。

3．区块链推动智慧城市高质量发展

未来，随着区块链及其配套技术逐步走向成熟，其在数据生产、采集、处理、传输、存储、挖掘利用、收益分配等各环节的助推与保障作用将得到更加

充分的展现：既能有效推进城市数据的共采共享与可信流转，又能充分保护数据的安全与收益权。区块链技术的普及和应用将强有力地推动智慧城市向更深层次、更高水平发展。

在城市管理中，需要涉及大量数据的收集与分析工作。同时，城市所拥有的联网设备越多，受网络攻击的风险就越大，而区块链独特的安全性则可以满足城市对网络安全的需求。

此外，通过区块链简化居民身份注册与识别流程；让居民安全地支付公用事业和税收等市政账单；基于区块链的废物回收服务激励居民参与并提高回收率。这些正是采用了区块链最常用的技术特性——智能合约。

总体来看，区块链将在提升运营效率、加强安全性等方面促进智慧城市的高质量发展，因此许多国家和地区都在探索区块链的应用。我国要推动区块链底层技术服务和新型智慧城市建设相结合，探索在信息基础设施、智慧交通、能源电力等领域的推广应用，提升城市管理的智能化、精准化水平。

第九章

政府推动区块链发展的建议

第一节 实施区块链与政府治理应用工程

一、组建政府区块链指导委员会

坚强有力的组织领导，是各项工作落到实处、取得实效的关键和保证。以上率下，是长期以来形成的基本工作方法；示范带动，是被实践证明有效的工作方式。做好区块链发展这篇大文章，各级政府要加强领导，示范带动，深入学习领会和贯彻落实习近平总书记关于区块链的重要论述，建立完善统筹协调机制，组建政府区块链指导委员会，将区块链发展作为一把手工程予以推进；各级政府主要领导应定期调度本地区块链发展应用，提高各级领导干部运用和管理区块链技术的能力，整合调动各方面资源，形成各级各部门共同推动区块链发展的良好氛围。

二、加大政策资金支持力度

我国在财政科技投入方面主要面向世界科技前沿、国家战略需求及国民经济主战场，同时结合各省、自治区、直辖市重点布局的领域。其中，加强基础研究是科技创新和提升创新策源能力的总源头，也是财政科技投入的重点之一。因此，建议各级政府完善区块链政策环境，制定政府采购区块链服务的配套政策，将购买区块链服务纳入政府购买服务指导目录；发挥财政资金引导作用，各省级各类专项资金及相关基金集中力量支持区块链关键技术攻关、产业链构建、重大应用示范、标准规范制定和公共服务平台建设等。在支持区块链技术基础研究方面，各级政府应在优化其创新环境上下功夫，创新对区块链技术基础研究的支持方式，建立完善的以信任为前提的资金管理方式，赋予区块链科技人员更大的自主权；对于从事区块链关键技术的分布式存储、密码学、计算机科学等相关研发的机构将通过择优委托方式予以支持，引导更多企业或社会组织等主体重视、参与，创造鼓励区块链技术基础研究的良好政策环境；引导以市场化基金、政府和社会资本合作等模式推动区块链发展；探索建立金融支持科技创新的机制，加大金融部门对区块链技术成果产业化和技术改造项目的扶持力度，并予以贴息贷款，创新担保方式，提高运转效率。

三、推进“区块链+政务服务”

区块链技术为跨地区、跨部门和跨层级的数据交换和共享提供了可能，其技术特征有利于建立政府部门之间的信任和共识，在确保数据安全的同时，促进政务数据跨界共享，推动审批效率不断提升。不仅效率提升了，在“区块链+政务服务”可信服务平台上，每个办事群众、企业提交的材料会智能地存储到区块链上，形成“数字资产”。这种分布式数据结构，可以让所有部门都参与记账，且数据公开透明，所有的数据交换都有迹可循，数据交换的容错率也较高，这就为建立和维系政府部门之间的信任和共识提供了技术条件。即便层级和规模都很小的政府部门，也可以通过区块链技术参与数据共享，这就大大提升了政务服务的整合力度，真正实现“数据跑路”取代“人跑腿”，提升群众的获得感和满意度。因此，建议各地加快推进“区块链+政务服务”建设，积极搭建基于区块链的业务共享系统，彻底打通审批服务“办不成、办不快、办不好”的“中梗阻”；依托各省市互联网、云数据平台，建立政府主导的联盟链，实现数据变化实时探知、访问全程留痕、共享有序关联，持续优化营商环境，最终实现服务“一网通办”。

四、促进“区块链+综合监管”

在政府主导的联盟链上，可以通过分布式存储技术，推动政府各监管部门之间的数据共享，开展“数据铁笼”、综合执法、联合惩戒、应急管理、版权保护等综合应用，通过智能合约推动监管透明高效。例如，内蒙古土左旗纪委监委积极探索“区块链+智慧监督”模式，把区块链技术作为执纪监督、审查调查的重要抓手之一。借助区块链点对点传输、去中心化等优势，对全旗各类数据进行了采集汇总、录入整合，先后整合公安、不动产、通信、银行、医院、纪检监察内网、政务网、局域网等 13 类专线专网、12 类平台系统，建立包括人大代表、政协委员、房产、廉租房、公务用车、案件判决等 40 项数据库在内的，涉及 79 家部门单位的十大类近 200 项数据，构建了一个完整的“政企数据库”，真正实现了从“跋山涉水”查信息到“足不出户”用数据的转变。在实际工作中，土左旗纪委监委一体推进建设以“内网+外网+政务网+局域网”为基础，整合公务用车管理系统、“企查查”查询系统、“阳光三务”服务系统、国家“互联网+监管”等七大系统，接入以数据分析云平台、视频数据管理平台、政务服务云平台、“一卡通”民生服务信息平台等五大查询分析平台为核心的大数据综合查询研判新平台，初步实现“智慧监督、数据反腐”的大数据新技术应用。

五、建设“区块链+智慧法院”

最高人民法院网络安全和信息化领导小组 2019 年第二次全体会议明确，要加强区块链、人工智能在司法领域应用，突出工作重点，狠抓任务落实，全面提升智慧法院建设水平，促进审判体系和审判能力现代化。最高人民法院信息系统总体设计方案初步完成，全国 91%的法院建成电子卷宗随案同步生成系统，全国范围内跨域立案基本实现，移动微法院试点推广有序开展，现代科技与执行工作深度融合迈出重要步伐。因此，建议各地加快法院司法区块链平台建设，建立全链路可信、全节点见证、全流程留痕的互信协作体系；推进电子存证技术应用，以电子卷宗为基础，利用区块链技术推进智能化辅助办案，推进跨域立案改革，探索开展在线诉讼。国内应用区块链技术的互联网法院如表 9.1 所示。

表 9.1　国内应用区块链技术的互联网法院

开始应用时间	法 院 名 称	区块链技术应用模式
2017 年 8 月	杭州互联网法院	蚂蚁金服区块链开发的联盟链
2018 年 9 月	广州互联网法院	全节点为司法机构的网通法链
2018 年 9 月	北京互联网法院	自主控制部分中心化的天平链

六、推广“区块链+数字身份”

数字身份是网络中的标识，其核心是通过提供和验证身份信息来证明“我是我”。当前区块链数字身份发展和使用的最强驱动力主要来自数字金融行业的发展。区块链数字身份可以有效解决重复认证、中心失效的问题，可以结合生物识别技术为无法获得官方身份签发的人形成可信数字身份，还可以结合零知识证明等隐私保护技术，实现由用户自己掌控的自我主权身份。总之，区块链可以实现自我主权身份与数据管理，未来，区块链数字身份将成为每个人的可信基础设施，从而最大化地创造个人价值。因此，建议各地加快建设身份链和诚信链，基于区块链技术加强数字身份登记认证，推进公民和法人的诚信档案上链共享认证，加快建设“信用中国”。

七、建立“区块链+生态治理”

排污取证难，是世界十大未解难题之一。其难点除取证时机外，还有一点，就是谁能取证。能取证的人取不到证据，而不能取证的人取到了，可是因为缺乏信任，相关部门不予认可。因此，唯有依靠科技的力量，才能与非法排污企业打持久战。区块链可以实现数据不被篡改，配合 5G，可以把拍摄到的画面实时上链。这样，即便取证设备被损毁，证据也永远在链上，从而解决取证难的问题。最后，通过区块链治理环境污染，环境会越来越好。毕竟区块链是不可篡改的，那些非法排污企业，则永远被区块链“钉在耻辱柱”上。因此，建议各地建立环保部门、排污企业、设备厂商等的联盟链，实现数据采集、排污企业监管、环保设备维护的数据共享和业务协同；开展各省市层面的区块链监测系统等应用试点，最终实现全国层面的区块链共享。

第二节　推动区块链创新发展

一、加强技术研发

各地应意识到，要强化基础研究，提升原始创新能力，努力让我国在区块链这个新兴领域走在理论最前沿、占据创新制高点、取得产业新优势；要推动协同攻关，加快推进核心技术突破，为区块链应用发展提供安全可控的技术支撑；要加强区块链标准化研究，提升国际话语权和规则制定权。

从技术发展的角度看，区块链技术从诞生到现在不过 10 来年，与互联网 50 多年的历史相比有很大的发展空间。从 2009 年 1 月，中本聪提出区块链到目前，区块链的发展大致经历了三个阶段：虚拟货币阶段、金融应用阶段、拓展应用阶段。当前，各国都在积极布局区块链，我国应加大对区块链技术的研究和应用，把区块链作为核心技术自主创新的重要突破口；同时，要加强区块链技术应用的顶层规划和制度安排，加速底层平台、业务应用等相关标准体系建设，开展区块链基础理论研究，推进区块链学科建设，促进学科交叉融合，为区块链持续发展与深度应用提供技术基础支撑。因此，建议各地加强区块链技术跟踪研究，针对区块链技术应用面临的问题和瓶颈加大区块链产学研用的协作研究，打造面向行业的区块链应用技术体系；依托各地科教企资源，推动建设省市区块链技术研究中心、区块链技术应用实验室，推动区块链和新一代信息技术的协同与融合发展。

二、提升创新能力

区块链本身就是多学科交叉形成的组合型技术科学，区块链的交叉学科同样也可以与大数据、人工智能和物联网相结合，实现更高层次和更广维度的创新。作为未来社会的重要基础设施之一，区块链与大数据、人工智能及物联网等技术的融合将成为全球发展趋势。因此，建议各地积极探索建立区块链技术应用创新机制，联合国内外专家和学者、国内外知名区块链企业共建区块链产业技术创新联盟，开展区块链技术创新中心建设；实施一批区块链重大科技专项，加快区块链和人工智能、大数据、物联网等前沿信息技术的深度融合，不断增强自主创新能力；建设区块链众创空间、孵化器，为区块链创业团队提供一个开放、共生、创新、发展的物理环境，孵化区块链团队，培育区块链创新创业精英。

三、建立标准体系

在政策、技术、市场等多重力量的推动下，我国区块链创新步伐不断加快，探索应用的范畴也由数字资产向供应链管理、智能制造、工业互联网、版权保护等更多领域延伸。虽然区块链应用前景被各方看好，但需注意的是，处于发展初期的区块链并不完美，其安全问题存在诸多挑战。作为一项新兴技术，区块链发展总体尚处于探索和研究阶段，需要产学研用各方共同推动区块链基础核心技术研究和行业应用落地，促进区块链与实体经济深度融合。因此，建议各地加强区块链标准化研究，结合区块链技术的特点与应用领域的实际需求，开展区块链技术应用的标准体系建设，同时成立区块链标准化技术委员会，推广国家标准、行业标准在各省市的应用；开展区块链在相关领域的应用标准制定，统筹推动区块链在技术架构、跨链通信、信息安全、隐私保护、性能评价等方面的标准规范建设应用，以标准促发展，以安全保发展。

四、加强人才队伍建设

各地应意识到，要加强人才队伍建设，建立完善人才培养体系，打造多种形式的高层次人才培养平台，培育一批领军人物和高水平创新团队。目前，我国区块链行业在区块链专利、区块链落地方面处于全球领先地位，但是在区块链核心技术、人才培养、基础设施上仍然相对落后。我国要全面发展区块链技术，这些短板不得不引起充分重视。因此，在区块链人才培养方面，各地应坚持做到如下几点。

1. 加速专业人才体系化培养

各地应坚持把人才资源开发放在推动区块链技术和产业创新发展最优先的位置：构建多种形式的高层次人才培养平台，依托本地有关高校、科研院所自主培养区块链学术型人才和复合型人才；编写区块链技术与应用系列教材，加强交叉学科的融合，建立区块链课程体系，结合《教育部关于公布2019年度普通高等学校本科专业备案和审批结果的通知》，鼓励具备条件的高校增设区块链工程专业（或在现有相关专业中增加区块链方向），进行规模化和体系化的培养；支持本地高校与国内外校企开展合作，开设区块链相关专业；组织开展多层次、多形式的人才培训、交流活动。

2. 建立应用人才培养机制

面对当前区块链人才紧急缺失状况，各地应建立专门的培训培养机制，面向青年技术人员、中层管理人员及高端的企业家等开展培训工作；支持本地高校与国内外校企进行全球化交流和合作，打造区块链技术和产业创新发展人才高地；创新区块链等信息技术人才培养机制和激励机制，引进高层次人才，培育层次多样、良性流动、激励有效的专业化、融合型区块链人才队伍。

3. 大力开展全社会培训

区块链将成为未来经济社会发展的基础设施，也是我国换道超车的重要机遇。各地应积极组织开展区块链学习和培训工作，党政机关、金融机构及各类企业等都应该了解区块链正在成为全球技术发展的前沿阵地，了解区块链技术和产业创新发展的国际竞争态势、各地面临的发展机遇和挑战，知晓区块链的主要特点和应用范围。在此基础上，围绕区块链技术和产业创新发展开展专题培训，重点培训区块链在促进数据共享、优化业务流程、降低运营成本、提升协同效率、建设可信体系等方面的重要价值与应用。

4．组建区块链专家智库

建议各地依托国家人才引进政策，结合各地人才计划，引入国际、国内区块链或相关领域的院士、专家等高端人才，支持设立区块链专家咨询委员会，并设立区块链与政府治理、区块链与实体经济、区块链与金融创新、区块链与各个相关行业（如区块链与农业、区块链与工业、区块链与餐饮、区块链与服装、区块链与教育等）分领域指导小组，发挥专家智库作用，为各地区块链发展应用提供咨询服务。

第三节　推动区块链和数字经济融合

一、培育领军企业

领军企业是行业的优秀代表，对行业内其他企业具有良好的示范和带动作用。拥有一定数量的区块链领军企业是推动数字经济高质量发展的重要载体。建议各地方政府及相关部门增强紧迫感、责任感，积极支持区块链企业发展壮大，加快培育一批掌握区块链核心技术、拥有自主知识产权、具有国际竞争力的创新型区块链领军企业。一方面，遴选本地优势区块链企业，集中各种政策要素重点支持，扶持其快速发展壮大；另一方面，积极创造条件，加快招商引资，引入国内外知名企业，成为本省市区块链产业发展新的生力军。各省级层面重点培育一批区块链核心技术能力突出、集成创新能力强的创新型领军企业；各市也应该着力培育打造1～2家有规模、有影响力、创新应用能力强的区块链领军企业。

二、建设产业园区

各地应以习近平新时代中国特色社会主义思想为指导，深入贯彻落实习近平网络强国战略思想，让区块链技术赋能数字经济发展，围绕“集成创新、构建生态、融合应用、强化监管、安全有序”，加强区块链技术研发，加速区块链产业生态建设，推进区块链与实体经济深度融合，提高区块链运用和管理能力，推动各地区块链产业快速、健康、有序发展，为构建中国现代化经济体系提供有力支撑。因此，各地可以在现有各种信息技术类园区建设中增添区块链因素，把支持服务区块链企业发展纳入园区建设的重要内容，发展“园中园”；在本地范围内选择符合条件或有发展潜力的重点园区，集中力量打造区块链产业聚集和区块链技术创新应用试验区；制定有利政策措施，吸引区块链相关企业入园区集聚发展；结合本地产业优势，以“区块链+”模式建设基于区块链的新型产业园区，推动区块链的产业化应用。

三、赋能数字经济

随着信息技术的广泛使用并由此带来了整个经济环境和经济活动的根本改变，数字经济正扑面而来。数字经济是一个信息和商务活动都数字化的全新的社会政治和经济系统。企业、个人消费者和政府之间通过网络进行的交易迅速增长。各地应利用区块链技术探索数字经济模式创新，使区块链技术更好地发挥对产业的支撑和赋能作用，为加快新旧动能接续转换、推动经济高质量发展提供支撑；将区块链与各行业传统模式相融合，为实体经济降成本，提高产业链协同效率。可以预见，从交易信息到去中心化应用，区块链承载的内容会越来越丰富，将为各式各样的数字化信息，提供一个可确权、无障碍流通的价值网络，在实现对所有权、隐私权保护的前提下，让更多的价值流动起来。区块链将成为未来社会的基础设施之一，与云计算、大数据、物联网等信息技术融合创新，以构建有序的数字经济体系。

各地应把握发展机遇，围绕各地产业重点领域，推进区块链技术与实体经济产业融合发展，实施一批“产业区块链”项目；将区块链技术深度融入传统产业中，通过融合产业升级过程中遇到的信任和自动化等问题，利用共享和重构等方式助力传统产业升级，取得产业新优势，提高产业效率。

1．加快培育区块链技术服务业

从区块链技术角度看，一方面，在区块链发明专利上，目前我国处于全球第一梯队。2019 年，全球区块链发明专利申请数量，我国占比达 67%，而美国仅占 16%。另一方面，在区块链底层基础技术上，我国则处于相对落后位置，如目前区块链的主流共识算法，基本上都是国外开发，在区块链的扩展性层面，如跨链、分片等技术的开发也都由国外团队或机构主导等。因此，政府要鼓励区块链企业围绕基础算法、系统平台、安全监管、行业应用等开展技术创新，提供共识算法、智能合约、隐私保护等区块链底层技术服务。2019 年全球区块链发明专利排行榜如表 9.2 所示。

表 9.2 2019 年全球区块链发明专利排行榜

排名	企业简称	国别	2019 年区块链发明专利数量/件	累计区块链发明专利数量/件
1	阿里巴巴	中国	1505	2344
2	腾讯	中国	724	1296
3	中国平安	中国	561	765
4	Nchain	安提瓜和巴布达	402	875
5	微众银行	中国	282	396
6	瑞策科技	中国	279	311
7	IBM	美国	240	558
8	Bizmodeline	韩国	236	241
9	元征科技	中国	209	326
10	复杂美	中国	205	343
11	同心科技	中国	170	251
12	百度	中国	154	236
13	Walmart	美国	143	229
14	中国联通	中国	137	281
15	MasterCard	美国	133	345

2. 加快培育区块链云服务业

云服务被认为是企业降低成本、提高效率的重要技术，成为各大科技企业抢占的战略高地。中国的 BAT 及华为、国外的微软、亚马逊、谷歌和 IBM 纷纷布局。但几乎所有的中心化云服务商，都出现过故障，甚至数据丢失。分布式云计算被认为是解决中心化云计算弊病的技术。尤其当区块链技术出现后，分布式云计算已经被迅雷等一些企业成功实践。建议有条件的省市或地区可以提供区块链数据存储、清洗加工、计算交易等业务，建设区块链 BaaS 开放平台，推动区块链与云计算、云存储、云安全相结合，探索云计算区块链模式，降低用户使用门槛。

3. 加快培育区块链硬件制造业

区块链技术的应用有一个重要的前提，就是上链数据的真实性。人为因素干预过多难免形成各种操作风险，如错误数据上链或有意上传错误数据等。因此，要想促进区块链技术的广泛应用，只有将硬件计算和软件智能合约执行结合，才能形成一个可信执行的硬件设备的解决方案。例如，将一个可信执行的芯片与主板集成出一个操作系统，操作系统封闭为执行智能合约业务功能，然后封装成一个硬件形态，可以装载在计算机上，实现可信计算的数据保护。又如，在英特尔生产的芯片中已经使用可信计算的技术，英特尔称之为可信执行技术（Trusted Execute Technology，TXT）。它主要通过改造芯片组和 CPU，增加安全特性，在一些特定型号的芯片中，会有可信计算的模块。这样，相关硬件产品也会有相当规模的市场需要。因此，建议各地围绕系统平台、应用软件、硬件设备等环节，推进区块链专用芯片、服务器、存储设备、安全设备、硬件钱包等端产品研发、设计与制造，打造本地区块链终端产业集聚区。

4. 加快培育区块链产业链

目前，我国区块链产业处于高速发展阶段，创业者和资本不断涌入，企业数量快速增加，互联网巨头企业也在区块链领域积极布局，推动区块链产业的发展。调查发现，我国区块链产业链条已经形成，从上游的硬件制造、平台服务、安全服务，到下游的产业技术应用服务，再到保障产业发展的行业投融资、媒体、人才服务，各领域的企业已经基本完备，协同有序，共同推动产业不断发展。因此，建议各地在有条件的地区构建区块链开源社区，推动满足交易性能、容量规模、隐私保护和监管合规要求的商业化区块链研发和应用；引进培育区块链标准研究、测试培训、咨询评估、投资机构、媒体社区、安全服务等关联企业，完善区块链产业链。

第四节　促进区块链广泛运用

一、开展“区块链+”应用试点

各地应意识到，要探索“区块链+”在民生领域的运用，积极推动区块链技术在教育、就业、养老、精准脱贫、医疗健康、商品防伪、食品安全、公益、社会救助等领域的应用，为人民群众提供更加智能、更加便捷、更加优质的公共服务。各地应以解决各地经济社会发展难题为导向，开展“区块链+”应用试点，打造标杆应用，带动区块链技术的广泛应用。一是开展城市级试点，选择试点城市，规划城市级“区块链+”应用试点，建设城市级“区块链+”应用；二是推进重点领域“区块链+”应用试点，跟踪国内不同领域“区块链+”应用发展情况，根据行业需求和现有基础，选择行业领域实施示范工程，力争有所突破。

二、推进“区块链+”应用

1. 区块链+智慧农业

区块链技术的透明、不可篡改特性，可以对农产品进行溯源，使消费者能够放心食用食品；区块链的去中心化、共识机制，能够解决农业上下游信息不对称问题，让生产者和消费者全方位掌控信息，为农业产业资产提供前所未有的灵活性及最优成本效益；区块链有效的信任机制可以解决农业金融问题；智能合约能够保证经济主体在生产、流通、销售过程中避免违约、欺诈风险，建立全方位、具有高公信力的农业流通体系。因此，建议各地围绕本地的特色农产品，如蔬菜、水果、牛羊、生猪、茶叶等区块链应用，助推农业生产管理精准化、质量追溯全程化、市场销售网络化。

2. 区块链+智能制造

区块链可以搭建渠道销售数据共享平台，解决实际业务中的痛点。各级渠道商、经销商使用统一的智能制造系统，在发生实际销售行为时，通过扫描商品的唯一序列号并填入对应的交易数据，再通过智能制造系统将数据上传至区块链平台。业务参与方均可以通过区块链平台共享数据，查看商品流转信息。因此，建议各地依托国家工业互联网标识解析二级节点建设，推动区块链与5G、工业互联网等融合应用，优化“中国工业云”平台，推进标识解析、协同制造等融合发展。

3. 区块链+供应链

目前，国内供应链管理和物流成本高达20%，远远高于欧美国家供应链管理和物流成本。基于区块链的供应链协同应用将供应链上各参与方、各环节的数据上链，做到实时上链，数据自产生起就记录到区块链中。区块链中不可篡改的共享数据及全流程交易记录，可为消费者及监管部门提供查询及验证服务；同时，区块链可对不同数据进行隔离共享，保证企业数据的商业隐私。基于区块链的特性，当将这项技术用在供应链中时，整个交易过程中的各环节将变得清晰可见。因为当交易都在区块链上显现时，在途货物的利益相关者，如制造商、零售商和服务提供商等参与主体可以全面了解货物在诸如海运、铁路和卡车运输商的运输环节的实时状况，以便跟踪和管理各环节，并积极主动地与各方和最终消费者进行沟通。在这个过程中，供应链中的每个环节都代表着一个

“区块”信息，这些信息可以实时更新，并作为链中所有人都可见的永久记录的一部分。因此，建议各地加快基于区块链的身份认证、电子合约等在工业产业等领域的应用，推动物流、销售、金融、征信协同发展，打造安全、共享的供应链新生态。

4．区块链+智慧旅游

智慧旅游主要利用区块链、大数据、互联网等新技术，以激励产业创新、促进产业结构升级为特色，以游客互动体验为中心。智慧旅游的落实最终体现在旅游体验、旅游服务等层面上。而区块链技术具有积极的社会潜力，其与大数据、人工智能等其他技术紧密联系，用智能合约、分布式记账技术解决智慧旅游的信任问题，提升了旅游体验和旅游服务，真正落实了智慧旅游建设。因此，建议各地旅游管理部门利用区块链优化智慧旅游“一站式”服务平台，推动数据采集挖掘与融合应用，构建公平便捷、诚信透明的全域旅游体系。

5．区块链+商品防伪

传统的防伪溯源系统一般使用中心化账本模式，由各个市场参与者分散孤立地记录和保存数据，造成了数据不能互通的“信息孤岛”局面。在这一局面下，市场参与者为了维护各自的利益，随时有可能篡改账本数据，使商品溯源信息的真实性大打折扣，导致政府监管和追责困难重重。

因此，可以将区块链技术引入防伪溯源系统，利用区块链去中心化的特点，解决商品溯源和流通方面的痛点。也就是说，由供应链中各企业主体共同运营，链上资源共治共享，信息互联互通，各主体都可以参与补充和维护商品数据。因此，建议各地加快推进商品防伪溯源的区块链应用，打通交易、运输、溯源等关键环节，推动商品需求预测化、采购简单化、库存合理化、物流高效化、信息透明化。

6．区块链+资产数字化

资产数字化指的是利用区块链技术为身边有价值的实体资产提供数字化证明。相比传统的实体资产，数字化资产更加联网化，且其流动性远远超过传统的实体资产，从而降低交易成本。在以往的交易中，我们不仅要确认对方是否拥有这个资产，还要评估这个资产是否符合对方的描述，资产的确认、评估，都需要时间与成本。而如今，我们交易的不再是这个资产，而是数字化证明，因为数字化证明就能够代表它。资产的确认、评估都在互联网上进行，大大缩短了交易时间，降低了交易成本。此外，数字化证明作为强证明，极大地方便了资金的募集，更好地向投资人证明资产的价值。资产数字化是数字化资产的真实映射。利用区块链可以实现房屋、汽车、土地、金融、银行票据、知识产权等资产数字化，探索去除第三方信任工具，推进各类资产在区块链上登记、存证、确权、交易、溯源。

7. 区块链+数据交易

2020 年 4 月 9 日，中央第一份关于要素市场化配置的文件《中共中央 国务院关于构建更加完善的要素市场化配置体制机制的意见》正式发布。该文件指出了土地、劳动力、资本、技术、数据 5 个要素领域改革的方向，明确了完善要素市场化配置的具体措施。其中，增加了数据这一新的生产要素，强调了数据要素的市场化配置，与土地、劳动力、资本、技术等传统要素并列为要素之一。作为新型生产要素，数据在未来必将成为国家、企业取得竞争优势的重要资源。但数据如何可信？如何确权？如何安全地流转？如何合理地交易？如何实现智能化自运行？这一切在以中心化的互联网架构中，都是难题。但新技术总是层出不穷，人类社会在面对问题时总能用新技术来解决。而区块链恰恰是解决数据要素发展过程中的难题的最重要的底层技术之一。各地可积极将数据作为新型生产要素，探索按数据贡献分配价值的数据共享方式，提升数据共享交易效率；建设基于区块链的数字资产交易所，探索数据确权新模式。

8. 区块链+金融服务

各地应意识到，要推动区块链和实体经济深度融合，解决中小企业贷款融资难、银行风控难、部门监管难等问题。区块链的技术框架可以在链上记录几乎任何值，这将挑战和改革当前集中式的业务模式及金融服务业。目前的金融系统基本都是非常复杂的中心化系统，而这背后往往意味着风险。区块链分布式金融系统则更简单，再加上中国人民银行法定数字货币的辅助帮助银行间加强合作，并确保将信任和诚信作为新的区块链分布式金融系统的核心。此外，通过采用防篡改的分散公共/私有分类账，区块链可以显著降低金融风险和成本，改善客户体验。随着区块链的发展和成熟，它将使行业发生巨大的变化，而不仅是改善现有流程。在资产的整个生命周期中，区块链可以提高银行和客户之间流转的整体可见性，这代表着长期的“供应链金融”从不透明、孤立到透明和无争议的全面转变。随着彻底透明和提高效率的新时代到来，可以用金融机构与其客户之间的直接信任关系代替中介。总之，区块链在贸易、信贷、资产管理、金融监管等领域将会有广阔天地，建议金融机构基于区块链积极开展业务创新，打造票据区块链平台，整合公安、市场监管、税务等资源，探索建立区块链信用融资云平台。

三、拓展“区块链+”的应用场景

各地应基于区块链在存证、溯源等领域的优势，发挥区块链的底层支撑作用，不断拓展区块链技术在各种场景下的实际应用。例如，基于区块链的存证技术应用，在司法证据存储、医药数据存储等领域发挥积极作用；基于区块链的溯源技术应用，在白酒溯源、农产品溯源领域拓展新的应用。针对“精准扶贫”“乡村振兴”等政府密切关注的民生问题，区块链在扶贫对象确定、扶贫项目监督、扶贫资源分配等方面也可发挥公证可信的记录监督作用。

“区块链+”的应用场景可拓展至以下几个方面。

1. 区块链+精准扶贫

精准扶贫是国家的第一民生工程，是普惠千万贫困农民的善举，也是政府与老百姓之间的诚信体系。中共中央、国务院，以及各级党委和政府高度重视，举全社会之力精准扶贫，重在精准识别、精准帮扶、精准退出。目前，国家已经颁布了一系列的扶贫政策，各级政府也下大力强推狠抓，切实有效帮助贫困群体脱贫致富，实现共享福祉。而区块链为政府管理和服务、社会治理提供了全新的思路和技术选择。各地可利用区块链全程记录、顺序时间戳、不可篡改、可追溯、防伪造等特性，在精准扶贫的全链上从前端到末端对每个贫困人口精准识别、科学帮扶、有效退出，使政府政策、资金、管理、监督进入区块链的各个环节，将传统的人员管理方式与区块链技术应用结合；基于区块链优化扶贫资金管理、扶贫对象管理等系统，实现扶贫资金全流程穿透式管理，促进扶贫对象精准识别和退出、帮扶成效精准记录。

2. 区块链+医疗健康

医疗健康行业以保障人民群众的身心健康为目标，提供医疗服务、健康管理服务、医疗保险服务及其他相关服务，涉及的产业面广、产业链长，包括制药制剂、医疗器械、保健用品、保健食品及健身用品等。居民养老、健康管理需求的日益增加，不仅推动了医学领域的持续发展，使其获得重大突破，也推动了商业模式创新和产业融合不断加速。未来，居民在养老、医疗方面的支出将日益增多，医疗健康行业将成为我国最大且增长最快的行业之一。目前，随着互联网科技的发展，传统医疗产业的信息化、数字化改造已大部分完成，“互联网+医疗健康”的各种商业模式也趋于成熟，进入稳健发展阶段。寻医问诊、报销支付等流程变得更加便捷、更加扁平化，互联网技术的嵌入也解决了部分信息不对称的问题，但行业内仍存在许多问题尚未解决。区块链的分布式、不可篡改、可追溯等特点，使其在保障患者数据隐私的前提下，可以打通医疗数据的信息流通，改善机构之间互为数据孤岛的现状，重建医患之间的信任，提高行业效率。因此，各地有关部门应积极推进电子病历、电子处方、医疗支付与理赔、药品药物溯源管理、健康管理等区块链应用，在保证隐私和信息安全的基础上，推进医疗健康数据共享协同，鼓励建设基于区块链的互联网医院。

3．区块链+智慧广电

区块链是事关国家大计的基础技术，是提升我国原始创新能力的核心技术，是推动我国在新兴领域走在理论最前沿、占据创新制高点、取得产业新优势的关键技术。其特有的技术优势，将赋能广播电视和网络视听，更好地满足人民群众美好视听生活的新需求，更好地提升行业管理智能化、精准化水平，更高质量地打造智慧广电媒体，为发展智慧广电网络提供坚实的技术支撑和保障。因此，广电系统要抓住区块链技术融合、功能拓展、产业细分的契机，发挥区块链在促进数据共享、优化业务流程、降低运营成本、提升协同效率、建设可信体系等方面的作用；要继续加强学习，不断提高运用和管理区块链技术的能力，推动区块链在智慧广电内容生产、智能监管等方面的应用。

4．区块链+教育就业

关于教育部门采取集中认证的方式，早在 2004 年，教育部就发布了《教育部关于重申中国高等教育学生信息网是学历证书查询唯一网站的公告》，强调学信网提供学历证书网上查询认证功能。但是，由于互联网中心化技术不足、不能齐全地收集学历资料、社会公众认同度不高等原因，网络查询认证仍然存在一些问题。区块链技术具有独特的加密方式，作为学历认证的技术手段是再合适不过的了。基于区块链的证书认证方式让学校在发放有效证书前，把证书的核心信息，如发布者、发布对象、发布时间、发布内容等通过计算生成一串加密字符串，并印制到相应的证书上。学生在进行证书真假验证时，只要把该字符序列输入任何能解释区块链算法的网站中，就可以获取加密字符串的真实内容。因此，建议各地加快推动区块链在招生招考、学历认证、教学征信、教研培训、求职就业等的应用，推动教育背景、人才简历、劳务合同等共享印证，探索基于区块链的教育就业新模式。

5. 区块链+公共服务

在公共服务方面，各地可依托区块链数据追踪和防伪的技术优势，破解现行政府采购资格审查评审双方信息不对称、盖章文书印证难等问题。通过区块链，评审人员可实时获取企业注册信息鉴证材料，从“肉眼看章”到“火眼鉴真”，大幅降低信任成本，提高评审准确度。在政府采购全流程电子化系统中，打通与国家公共信用信息中心信用数据共享渠道，系统自动比对有无失信惩戒等重点信息，实现智慧评审。例如，珠海市政务服务数据管理局与北京、广州在国内首次发起公共资源交易区块链平台共享应用合作，建立粤港澳大湾区交易数据联盟，推动大湾区公共资源交易服务朝数字化、一体化发展方向迈进。2020 年 7 月，珠海首次运用区块链技术完成两个项目招标，这标志着珠海公共资源交易服务进入区块链时代。下一步，珠海将与广州、东莞等大湾区城市通过区块链平台开展“链资信”应用合作，实现交易主体一处注册，全链共享，无须重复提交任何资质、业绩、奖项等原件材料，让数据“跑”起来，更好地实现交易主体跨区域的“不见面交易”。因此，建议各地逐步建立电子证照、电子票据等区块链公证系统，提供电子认证等服务；推动公益、社会救助等项目、资金上链，实现公共服务透明化、平等化、精准化；推动区块链在公共资源交易中的应用，构建安全可信的交易体系。

“区块链+公共服务”运行原理如图 9.1 所示。

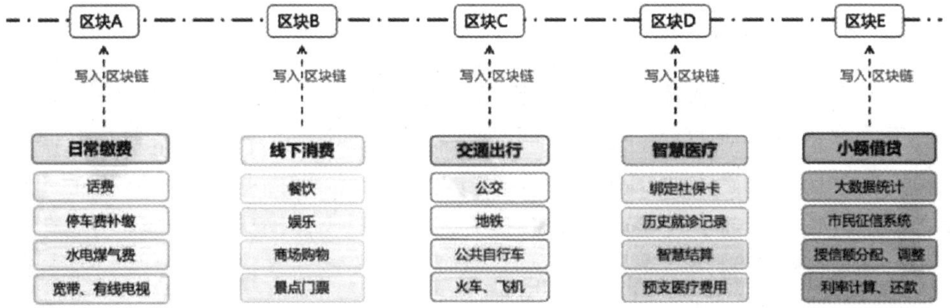

图 9.1 “区块链+公共服务”运行原理

第五节 构建区块链健康发展生态环境

一、学习和宣传区块链

相关部门及其负责领导同志要注意区块链技术发展现状和趋势，提高运用和管理区块链技术的能力，使区块链技术在建设网络强国、发展数字经济、助力经济社会发展等方面发挥更大的作用。在全球新一轮科技革命和产业变革中，信息技术的研发投入最集中、创新最活跃、应用最广泛、辐射带动作用最大，是引领变革的主导力量。其中，区块链是技术的革命、未来的方向，更是治理理念的革新、竞相发展的蓝海。

未来已来，我们要把区块链产业发展摆上重要位置，主动适应、趋利避害、更好服务，推动经济社会发展；要紧跟技术发展趋势，挖掘自身优势，既重视场景应用，也超前谋篇落子，找准切入点，培育增长点，为区块链合理利用、产业发展打下坚实基础。各地各部门和各级领导干部要加强对区块链知识的学习，深入了解区块链技术发展现状和趋势，认清其对经济社会发展的影响；要从实际出发，深入研究推动区块链技术和产业创新发展重点做什么、如何做，支持有条件的高校、科研院所、企业进行区块链技术攻关和人才培养引进；要积极推进区块链和经济社会融合发展，从最可行、最急需的领域做起，加快区块链技术应用，让区块链技术更好地为经济社会发展和提升人民群众生活质量服务。

各地要把习近平总书记有关区块链的重要讲话学深悟透、学以致用，组织各部门努力深入学习区块链、积极运用区块链、有效管理区块链；要加强区块链的科普宣传，组织力量策划推出一系列权威准确、深入浅出的网上宣传解读文章，不断增强全社会对区块链的认识和理解；要开展调查研究，及时分析研判区块链技术发展现状、存在问题、面临挑战，提出促进区块链技术发展的新举措。

二、搭建区块链服务平台

1. 建设区块链基础设施平台

基础设施通常具有公共服务的属性，建设人更关注它带来的长期的、综合的经济效益而非短期的、单方面的效益。如此，才能看到电网、自来水网、4G 网络铺盖到偏远山区，看到高铁大多数线路亏损但依然运行。当区块链纳入“新基建”后，也将承担这一使命。工业和信息化部带了个头，在自己的管辖范围内率先建设服务于工业的区块链基础设施。例如，过去工业品的溯源，是各建各的区块链系统，建设成本自己负担，还需要运营推广。而工业和信息化部牵头建设一个公共的、大家都可以用的工业产品防伪溯源系统，大幅降低企业上链成本。因此，建议各地加快推动区块链基础设施部署，支持建设城市级区块链基础设施平台，面向全国提供服务，推动在“云上中国”平台部署标准化、模块化的区块链底层基础服务。

2. 加强区块链标准法规及测评体系建设

美国市场研究公司国际数据公司（IDC）预测，到 2023 年，全球在区块链解决方案上的支出预计达到 159 亿美元。据 IBM 称，建立强化的行业标准将是区块链广泛运用的关键阶段。因此，建议各地积极探索区块链行业性、地方性标准法规；支持建设体系完备的区块链测试中心，提供区块链测评服务；加快建立涵盖技术、平台、功能、安全、测试等全流程的区块链标准体系，推动区块链规范化发展。

3. 建设区块链开放创新平台

企业部署区块链，往往面临成链成本高昂、底层平台异构、数据无法交互等困境。由于公有链具有可编辑、不可篡改的特点，因此不适合企业使用。而私有链仅适合单个企业使用，无法形成企业之间的数据流动与协同。这种独立的使用，不太符合产业互联网的发展趋势。联盟链由多个私有链组成，可允许联盟里的多个企业共同参与管理，每个企业管理一个或多个节点，其数据只允许系统内其他企业进行读写和发送，各企业组成利益相关的联盟，共同维护区块链的健康运转。因此，建议政府支持设立区块链创新基地、公共服务平台、区块链重点（工程）实验室、工程（技术）研究中心等开放创新平台，开展产学研用协同创新，在基础研究、产业发展、国际合作等方面积极探索。

三、构建区块链产业生态

各地应意识到，要加快产业发展，发挥好市场优势，进一步打通创新链、应用链、价值链；要构建区块链产业生态，加快区块链和人工智能、大数据、物联网等前沿信息技术的深度融合，推动集成创新和融合应用。另外，各地应推动区块链核心业态、关联业态和衍生业态全方位发展，逐步形成区块链创新应用的全产业链、全治理链和全服务链，构建产学研用协同发展的产业体系，加强区块链产业安全生态体系建设。随着区块链技术的不断深入发展，区块链产业基础越来越好，理论技术研究和区块链底层平台水平处于较高层次，众多的应用场景为区块链技术的应用提供了良好的基础。在政府的引导和支持下，区块链产业生态发展迅速。从产业链分布来看，涵盖了理论技术研究、区块链底层基础设施、技术服务、区块链应用及产业周边等整条产业链环节。极其丰富的应用场景为区块链快速落地提供了良好的基础。各地可以通过举办区块链创新创业大赛、区块链技术应用高峰论坛或产业发展专题峰会，利用编辑区块链应用案例或发展白皮书等方式促进行业交流；帮助企业实现区块链技术的应用，通过不同层次的上链行动，如身份上链、行为上链、关系上链、资产上链及交易上链等，提升企业的品牌公信力，借助上链后的数字信用，结合资本，提高企业经营效益，进而构建和完善企业从技术到经济的区块链产业生态。

四、推动区块链智慧城市建设

各地要推动区块链底层技术服务和新型智慧城市建设相结合，探索区块链在信息基础设施、城市管理、智慧交通、能源电力、区域协同等领域的推广和应用，提升城市管理的智能化、精准化水平。

1. 区块链+信息基础设施

中国工程院院士陈纯指出，区块链具有可信协作、隐私保护等技术优势，可与工业互联网实现深度融合，尤其在工业互联网数据的确权、确责和交易等领域有着广阔的应用前景，为构建国家工业互联网数据资源管理和服务体系提供了坚实的技术基础。开展“工业互联网+区块链”的深度应用和创新发展相关研究，对促进我国工业生产数字化、网络化和智能化转型，推动实体经济高质量发展具有非常重要的意义。利用分布式共识算法保证数据主权，区块链技术正在构建一个全新的分布式技术架构，将成为新一代的信息基础设施，有望成为新型的价值交换方式、分布式协同生产机制及新型的算法经济模式的基础。在“新基建”大潮中，各地应进一步加强 5G 基站、光缆等设施管理，促进信息基础设施共享互通，降低建设运营成本，利用区块链、物联网等技术，保障信息基础设施安全。

2. 区块链+城市管理

区块链技术可以大力提高政务数据开放度、透明度，促进跨部门的数据交换和共享，推动大数据在政府治理、公共服务、社会治理、宏观调控、市场监管和城市管理等领域的应用，实现公共服务多元化、政府治理透明化、城市管理精细化。在我国，多个省市正在积极通过将区块链写进政策规划来进行项目探索。例如，依托腾讯区块链，上海第一人民医院和安徽省立医院率先上线区块链电子病历，完成联盟电子卡的调通和开卡，制定了统一的电子病历展现标准。建议各地研究构建覆盖公安、消防、社区、家庭的安防链，提升公共监管能力；推动块数据与区块链集成创新，建设区块链可信数字空间。

3. 区块链+智慧交通

目前，交通拥堵已经成为全球城市化的共同问题，专家认为区块链技术的出现可以改善交通拥堵等城市交通状况。据哈佛大学公共卫生学院研究，交通堵塞中的通行者大多暴露在有毒的烟雾中，美国前 83 个城市和地区每年有超过 2200 个通行者过早死亡。另外，交通拥堵还会带来巨大的经济负担，据世界网联汽车服务和交通分析领域的领导者 INRIX 预测，2013—2030 年，法国、德国、美国和英国因交通拥堵导致的累计成本金额将达到 4.4 亿美元，因此改善现有交通问题不容忽视。

区块链技术作为前沿领域科技，可以从交通资讯、通信、控制、车辆及机械等方面对各种运输系统进行升级，从而改善交通运输现状，使既有及未来可能增加的有限运输资源得以发挥最大的效用与效率。智慧交通与区块链技术等尖端科技相结合可加强道路安全、缓解交通拥挤、降低能源消耗、减少环境污染，还能提升运输系统的能效、加强交通资讯的整合，以及更好地配合交通管理与监控。各地可以通过构建涵盖车联网、引导链、停车链、充电链等开源区块链，打造基于区块链的智慧出行平台，推进道路交通路况实时数据共享和分布式处理，提升交通运行效率。

4. 区块链+能源电力

电力是人们生产生活的基本动力，是产业发展的必要条件。目前，国内电力行业大多采用中心化管理方法，此方法不仅耗资巨大，而且不同地域的省网在试点和具体实施过程中的市场机制也存在差异，为统一规则的制定和监管带来巨大的困难。而区块链采用分布式记账方式，电表直接与区块链相连，起到通用的“公共账本”作用，取消了一系列不同表格中填写数据及在不同参与者之间人工传递的过程，所有利益相关方都根据这些共享数据履行各自的职责。区块链不仅可以解决电力辅助服务市场中的记假账、记错账问题，还可以建立一套完整的可追溯交易体系，对每笔参与交易的资金的结算进行监管。区块链能够给电力物联网，尤其是可再生能源领域带来新的突破，甚至是颠覆性的变革，最终重新定义能源互联网的连接模式。在供电上，电力公司起到关键性作用。经过几十年的发展，买电、售电越来越方便，电表也从机械化走向智能化，过去需要去窗口排队买电，需要自己插卡，而如今可以通过智能设备随时随地方便购电。这是技术升级的结果，也是时代发展的必然。因此，建议各地积极探索构建基于区块链的电力调度服务平台，推进电力控制系统全网可信验证、监管；发展分布式微电网，优化配售电服务。能源互联网的运行原理如图 9.2 所示。

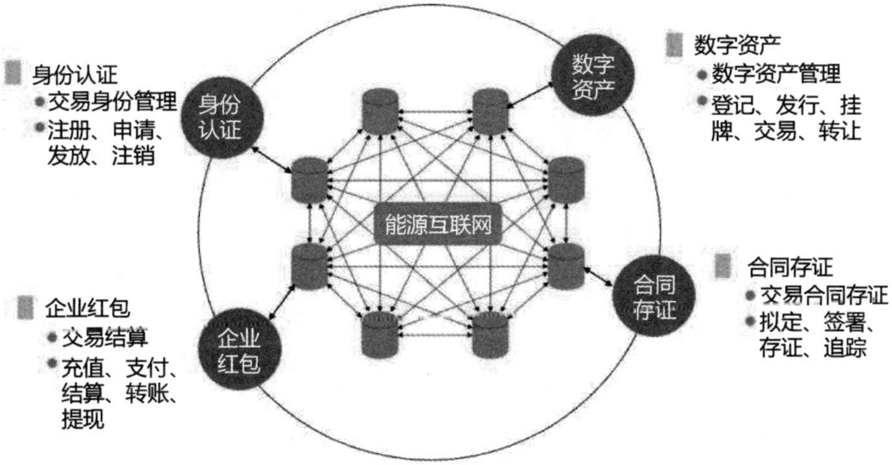

图 9.2 能源互联网的运行原理

5. 区块链+区域协同

在区块链出现之前，商业领域的信任关系通常依赖正直、诚信的个人、中介机构或其他组织才能建立。在区块链这个新兴的领域中，信任关系的建立主要基于网络，甚至是网络上的某个对象。由区块链驱动的智能合约将要求双方遵守他们的承诺。智能合约可以解决日常生活中常见的违约问题，如果将其应用到各行业中，则可以避免违约的信任问题。同时，利用区块链的智能合约技术，可以建立更好的数据交换利益规则，实现合约脚本化、智能化，减少人为操作，优化商业信用环境。在社会化协同的趋势下，针对用户，区块链可把用户数据产生的收益和用户共享，用于吸引和激励用户；针对合作组织，区块链可通过预先设定透明的价值交换或合作规则，使得分工及集群后的新商业模式产生强大的力量。通过集成区块链、物联网、数字孪生等技术，还可以促进不同城市间信息、资金、人才等互联互通。

第六节 加强区块链应用监管

一、加强区块链引导规范

各地应意识到，要加强对区块链技术的引导和规范，加强对区块链安全风险的研究和分析，密切跟踪发展动态，积极探索发展规律；要探索建立适应区块链技术机制的安全保障体系，引导和推动区块链开发者、平台运营者加强行业自律、落实安全责任；要把依法治网落实到区块链管理中，推动区块链安全有序发展。因此，各地应积极探索区块链发展规律，引导和督促区块链开发者、平台运营者、信息服务提供者等行业企业依法依规开展服务、落实安全责任，指导区块链行业建立健全服务规范，提高区块链信息服务从业人员的职业素养，接受社会监督。

虽然我国已经开始探索区块链在物联网、智能制造等领域的应用，但总体来看，由于涉及场景较为复杂、落地模式还不够清晰，区块链在实体经济领域的应用还处于起步阶段，尚需完善技术，找准应用场景，解决工程实施等现实难题。值得注意的是，在区块链的一些应用中，所有交易数据都是公开透明的。因此，信息隐私如何保障，是区块链发展需解决的课题。

二、完善区块链监管规则

区块链自进入我国以来，从虚拟货币到各类应用，不断发展。但虚拟货币不同于法定数字货币，风险极大，中国人民银行等有关部门自 2013 年以来陆续出台了相关文件，强化对以区块链为名实施的各种代币发行行为进行规范。

（1）2013 年 12 月 5 日，中国人民银行、工业和信息化部、原中国银监会、中国证监会、原中国保监会发布《关于防范比特币风险的通知》。该通知明确，从性质上看，比特币应当是一种特定的虚拟商品，不具有与货币等同的法律地位，不能且不应作为货币在市场上流通使用。

（2）2017 年 9 月 4 日，中国人民银行、中央网信办、工业和信息化部、原国家工商总局、原中国银监会、中国证监会、原中国保监会发布《关于防范代币发行融资风险的公告》。该公告提出，代币发行融资是指融资主体通过代币的违规发售、流通，向投资者筹集比特币、以太币等所谓“虚拟货币”，本质上是一种未经批准非法公开融资的行为，涉嫌非法发售代币票券、非法发行证券以及非法集资、金融诈骗、传销等违法犯罪活动。该公告要求各类代币发行融资活动应当立即停止；要求各金融机构和非银行支付机构不得直接或间接为代币发行融资和“虚拟货币”提供账户开立、登记、交易、清算、结算等产品或服务。

（3）2017 年 5 月 16 日，中国电子技术标准化研究院发布《区块链　参考架构》标准。2017 年 11 月，ISO 在东京召开了 ISO/TC 307 第二次全体会议，该组织的会员包括 164 个国家的标准化机构，其中中国、澳大利亚、美国、英国、德国、法国、俄罗斯和日本等 20 多个国家参与制定《ISO/TC 307 区块链国际标准》。2018 年 2 月，工业和信息化部发布《区块链　数据格式规范》标准，规定了 6 个数据对象：区块、事务、实体、合约、账户、配置，同时界定了数据元素包括 7 个主要属性和区块链数据格式规范等。

（4）2018 年 8 月 24 日，中国银保监会、中央网信办、公安部、中国人民银行、市场监管总局发布《关于防范以“虚拟货币”“区块链”名义进行非法集资的风险提示》。该文件指出，一些不法分子打着“金融创新”“区块链”的旗号，通过发行所谓“虚拟货币”“虚拟资产”“数字资产”等方式吸收资金，侵害公众合法权益。此类活动并非真正基于区块链技术，而是炒作区块链概念行非法集资、传销、诈骗之实。

（5）2019 年 1 月 10 日，国家网信办发布《区块链信息服务管理规定》。该规定对区块链信息服务提供者划出了一个较宽泛的范围，带有“信息技术服务”字样又与区块链相关的机构或组织，都有可能被纳入监管范围，包括涉及提供数字货币交易信息发布的、加密数字货币存储的、采用区块链技术进行媒体信息发布的、基于区块链技术开发的 App 等区块链项目、区块链技术提供方、区块链钱包、数字资产交易平台等主体。该规定从多个角度对区块链信息服务的安全责任做出要求。该规定对区块链信息服务实施备案管理。关于备案管理方面的规定主要集中在第十一条至第十四条，包括：要求区块链信息服务提供者应当在提供服务之日起 10 个工作日内通过国家网信办区块链信息服务备案管理系统填报备案信息；国家网信办对备案信息有审查职责；备案信息应及时变更和注销；备案编号应在网站和应用程序上进行标注；备案信息定期查验等相关事宜。

三、推动区块链行业自律

作为多种底层互联网技术的集成创新应用，区块链近年来受到各界的广泛关注，技术创新步伐不断加快，应用范围逐步扩展。与此同时，区块链在发展过程中也面临诸多问题和挑战，各类投机炒作乱象给行业发展带来了不利影响。为推动区块链行业加强行业自律，建立健全行业自律制度和行业准则，各地可成立本地区块链协会，搭建区块链发展的政企桥梁，发挥行业协会等自律组织的纽带和协调作用。各行业协会要严格遵守国家法律法规，坚持自我约束，加强行业自律，共同维护良好的市场秩序和行业环境，推动行业健康可持续发展；要积极履行企业主体责任，建立完备的内部管理制度，认真落实各项行业管理制度要求，积极配合各级主管部门做好行业发展和监管工作；要加强与产学研用各方协同合作，推动区块链核心技术研发，积极参与创新研究、标准制定、测试验证、开源社区建设等各项工作，加快推动行业应用落地；要坚决抵制利用区块链进行非法集资、网络传销、ICO 及各种变种、传播不良信息等各类违法违规活动；要积极普及区块链知识，不利用区块链进行投机、资本炒作、非法金融交易等活动；要自觉接受社会监督，履行社会责任；要尊重知识产权，保护用户隐私，重视信息服务的合法合规；要加强区块链技术应用、治理与行业协作，推动各方加强区块链技术与资源共享，实现优势互补，提升区块链技术应用的质量和水平。

四、强化区块链有效监管

各地应强化统筹协调，注重系统谋划，形成强大的工作合力；强化督促检查，做到管建同步、管建并举；贯彻落实《区块链信息服务管理规定》，依法依规开展区块链信息服务备案工作，促进行业健康有序发展。

1. 强化区块链行业管理

各地应落实中央、国家关于区块链有序发展的要求，探索区块链相关法律法规和管理政策，维护经济社会安全稳定；落实国家网信办《区块链信息服务管理规定》，加强区块链信息服务管理工作。需要明确的是，区块链与比特币等数字加密货币是不等同的，虽然区块链一开始是作为比特币的底层技术而为人所熟知的，但其更是一项变革性的技术，其应用也不仅仅局限于虚拟货币和ICO，而是扩大到金融、商业、政府效率提升和供应链管理等其他众多场景。各地应将依法治网落实到区块链管理，严厉打击借区块链进行虚假宣传炒作、非法集资诈骗、发行代币等违法行为。

2. 建立区块链安全保障体系

使用智能合约的区块链系统日益增多，其通过网站、App 为用户提供服务，因此网站和 App 的安全运行对整个区块链系统的安全体系建设至关重要。不管是公有链中节点的数字货币交易平台，还是联盟链中的区块链系统，网站都是企业提供在线服务（如交易所提供注册、登录、交易等服务）的重要渠道。网站每时每刻都在工作，随时面临网页篡改、DDoS 攻击、网站钓鱼等风险。不法分子通过入侵网站服务器，植入恶意程序，轻则造成网站可用性问题，重则连接境外数据节点，造成关键信息泄露。

智能合约作为区块链发展的产物，是数字化的纸质合约，是能被计算机自动执行的合约条款，不需要人去执行。基于区块链的智能合约包括构建、存储和执行过程，每个过程都不可避免地存在错误，一旦出现问题而被攻击，代价巨大。另外，智能合约与传统的软件不一样，当出现错误时，很难打上补丁。智能合约的这些特性决定了对其进行的安全防护应从设计阶段开始，并贯穿开发、发布前及上线运行的全生命周期的各个阶段。因此，各地一定要加强区块链安全风险研究分析，密切跟踪发展动态，推动应用区块链监管技术，强化以链治链；建立完善的区块链安全保障机制，规避数据泄露风险，提升区块链安全风险应对能力。

第十章 “区块链+政府治理现代化”应用案例

从现有已落地或正在落地的区块链政务应用来看，这些区块链政务应用涉及数字身份、电子存证、电子票据、产权登记、工商注册、数据共享、行政审批等诸多场景。总体来看，这些落地应用在传统政务信息化的大格局下尚属早期，扮演着先行先试的探路者角色，虽存在些许局限，但仍值得鼓励。随着顶层设计的出台、相关制度的完善、配套技术的成熟，区块链政务将深化政务信息化改革，推动智慧政府的最终实现。

第一节 区块链服务网络——BSN 政务专网

行业领域：政务信息化

项目介绍：

区块链服务网络（BSN）是由国家信息中心领导，由中国移动、中国银联、红枣科技主导建设的首个国家级联盟链，致力于打造跨公网、跨地域、跨机构的区块链服务基础设施。其推出了针对政务的专网产品——BSN 政务专网。它以联盟链为基础架构，通过公共城市节点建立连接，形成区块链全球性基础设施网络。BSN 公网类似于互联网，BSN 专网则类似于局域网，专网依托公网的技术架构，可以实现与公网的互联互通。

在技术架构设计上，BSN 政务专网的基础设施层支持专有网络、公有云、私有云等部署形态，也支持跨网混合部署；区块链平台层则支持 Hyperledger Fabirc、FISCO BCOS 等区块链引擎；节点网关层则提供封装的、通用的、稳定的、可靠的服务和接口。

在安全架构设计上，BSN 政务专网全方位考虑了包括身份鉴别、访问控制、安全审计、通信保密、资源控制、主机安全等 10 个方面的问题。

BSN 政务专网结构如图 10.1 所示。

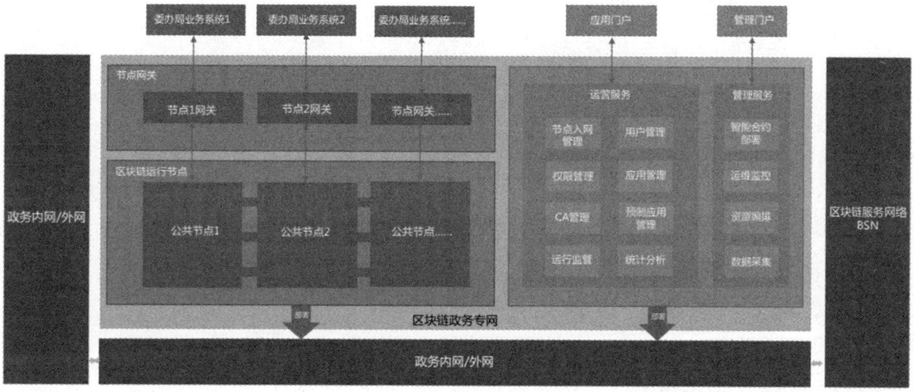

图 10.1 BSN 政务专网结构

目前，BSN 政务专网已经在杭州“城市大脑”平台成功部署，且在一周时间内，就完成了“城管道路信息及贡献管理”“酒店消毒管理”“内部最多跑一次”等多个应用的上链，产生了良好的效果。

分析点评：

BSN 政务专网能够在不改变现有政务内网/外网的情况下，将区块链系统与传统政务信息化系统进行融合，充分利用了已有的硬件资源，避免重复建设。此外，该专网能够与公网进行互联互通，为后期实现跨地区的数据共享与业务协同创造了可能。

第二节 佛山禅城——区块链政务应用“智信城市”

行业领域：政务信息化

项目介绍：

2017 年 6 月，广东省佛山市禅城区政府发布全国首个区块链政务应用“智信城市”，构建真实的信用体系。“智信城市”底层采用区块链技术，打通不同部门的数据孤岛，形成跨平台、跨部门、跨地区的城市数据，实现城市数据的协同互联。目前，禅城区块链政务应用项目包括“区块链+IMI 身份认证”“区块链+公证”“区块链+食品安全”“区块链+社区矫正”等。

1. 区块链+IMI 身份认证

“区块链+IMI 身份认证”平台以实名认证为基础，借助区块链技术，将身份控制权由中心服务器移交给个人，并利用区块链的安全、可溯源、不可篡改的特点，实现虚拟身份与现实身份的确认联系。

2. 区块链+公证

“区块链+公证”平台通过区块链技术，将出生医学证明、学历、学位、有无犯罪记录等 20 项公证业务上链，并通过“区块链+IMI 身份认证”平台轻松办理公证业务。各部门通过将数据上链，实现了各部门数据协同共享，极大地提高了政务服务的效率。

3. 区块链+食品安全

“区块链+食品安全”平台基于区块链技术，为每个食品配备链上 DNA，实现生产、运输、消费环节的信息上链，使消费者能够对食品信息进行全流程追踪和溯源。

4. 区块链+社区矫正

“区块链+社区矫正”平台通过将数据上链，实现对社区矫正人员、有关部门、部门工作人员等多环节实现监管全覆盖，通过平台建立社区矫正信息沟通机制，确保社区矫正工作的权威性。

分析点评：

佛山禅城以打造真实的信用体系为切入口，采用区块链技术打通各部门的数据孤岛，将身份控制权移交给个人，有效解决了人民群众的身份认证问题，进一步实现了个人数据的授权使用，为数据授权使用的法制健全提供了良好的实践基础。

第三节　泉州区块链电子证照

行业领域：政务信息化

项目介绍：

泉州市行政服务中心通过区块链技术，实现了区块链电子证照和实体证照的同时颁发。“泉州政务服务”App 采用了“区块链+电子证照”技术，整合了证照链、证件包，实现证照的链上授权，并且每次授权使用都会在链上留下完整的记录，依托于区块链不可篡改的特性，保证了证照使用信息的可溯源，消除了人民群众对使用电子证照的信息泄露的担忧。

解决痛点：

泉州区块链电子证照实现了电子证照授权使用的记录存证，极大地简化了政务服务的办事流程，提高了政务服务的效率；并且通过将政务服务集成在手机 App 中，在一定程度上实现了政务移动化，推进了“一站式”政务便捷服务落地。

分析点评：

泉州区块链电子证照应用赋予了电子证照一定的法律效力，为我国电子证照、电子资料等法制健全积累了实践经验，并且在一定程度上实现了移动化目标。目前，泉州区块链电子证照的法律效力仍有地域限制，针对跨行政区划的使用情况，其在法律效力上会遇到一定的阻碍。

第四节　南京区块链电子证照共享平台

行业领域：政务信息化

项目介绍：

2017 年，南京市信息中心牵头启动了区块链电子证照共享平台的项目建设，将房产交易、人才落户、政务服务一张网等多项民生事项纳入区块链政务数据共享平台，实现政务数据跨部门、跨区域共同维护和利用。目前，南京的政务数据和电子证照绝大多数通过区块链政务数据共享平台共享到各个业务系统，包括工商、税务、房产、婚姻、户籍等。

截至 2019 年 9 月，南京区块链电子证照共享平台已经对接公安、民政、房产、人社等政府部门，完成 1600 多个办件事项的连接与 600 多项电子证照的归集，涵盖全市 25 万家企业、830 万个自然人的信息。

分析点评：

南京区块链电子证照共享平台通过共享账本实现公民信息等基础信息的共享，通过智能合约实现不同的权限规则与隐私规则，具有良好的应用效果。由于该区块链政务系统自成一体，未来若要实现南京与其他城市的数据授权共享与业务协同，将出现“跨链”需求。

第五节　华发七弦琴——IPTM 时间标志一站式知识产权服务平台

行业领域：知识产权

项目介绍：

2019 年 4 月 26 日，华发七弦琴国家知识产权运营平台推出以区块链、人工智能和大数据等核心技术为依托的一站式知识产权服务平台——IPTM 时间标志。

IPTM 时间标志利用区块链技术，对版权、专利、商标等知识产权进行确权保护，并结合时间戳和国家授时中心定时模式，实现知识产权的历史存证，确保其唯一性和法律性。IPTM 时间标志采用定点溯源和全网溯源相结合的方式，以“区块链+大数据”为支撑，能够实现万张图片最快两小时生成检测结果，并保证识别准确率为 100%。IPTM 时间标志的整体架构如图 10.2 所示。

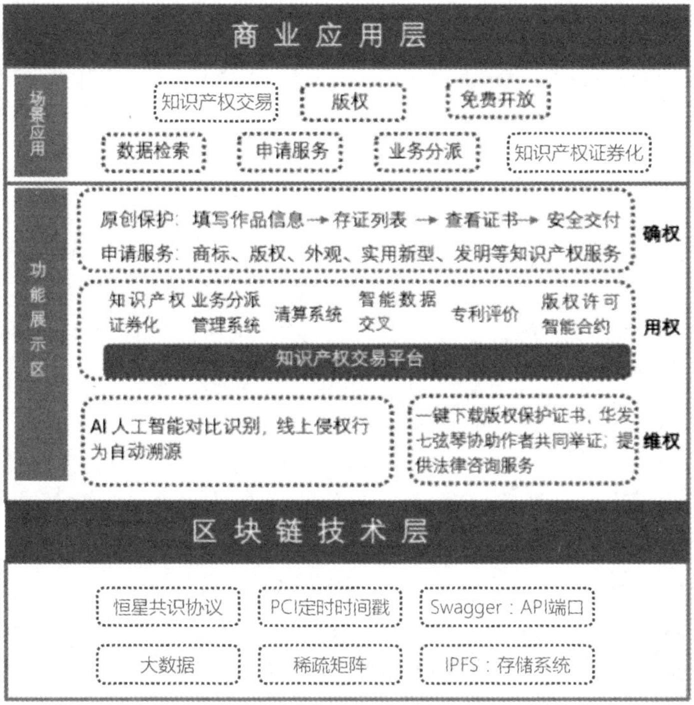

图 10.2　IPTM 时间标志的整体架构

技术架构：

在技术架构上，IPTM 时间标志整体架构的解决方案以恒星共识协议为共识机制，结合国家授时中心定时模式，实现知识产权的不可篡改；利用大数据技术，实现海量知识产权的快速检索；依托稀疏矩阵技术压缩文件，提高存储空间利用效率；利用星际文件系统（IPFS）为文件的安全性提供保障。

解决痛点：

IPTM 时间标志提升了知识产权行业的确权效率，提高了原创作者的确权积极性，降低了举证维权的难度，极大地提升了举证维权的效益，实现了知识产权的链上授权使用功能。

现有成效：

IPTM 时间标志上线至今，已经拥有超过 6 万份版权登记，涵盖图片、文字、音频和视频等不同形态。如今，IPTM 时间标志已经同中国联通、中国电信、华为等 10 多家科技创新公司建立合作关系，共同探索包括但不限于云计算、5G、区块链、人工智能、信息安全、AR/VR 等方面的创新应用合作；与众多知识产权机构签订了联盟链合作协议，共建知识产权健康生态平台，知识产权服务联盟也将为 IPTM 时间标志提供优质知识产权服务；与多位知名艺术家签订了合作协议，未来双方将开展全方位合作，共同推动作品版权原创保护、维权、许可、交易等合作事项。

分析点评：

IPTM 时间标志利用区块链技术实现了知识产权的确权，利用智能合约技术极大地简化了用权流程，结合大数据与人工智能技术实现了精准维权，是推动知识产权行业实现巨大进步的优秀典范。并且，上链的知识产权也为将来的知识产权证券化提供坚实的基础。但是割据的区块链知识产权服务平台缺乏产权全局性，即存在多条平行的知识产权链，不论是需求方的需求对接还是产权法律效力的界定，都较为复杂。

第六节 至信链

企业名称：腾讯、中国网安、北明软件

行业领域：知识产权

项目介绍：

至信链是由腾讯、中国网安及北明软件主导建立的基于数字文化内容场景的司法应用生态服务平台。

至信链通过连接企业、司法机构、司法辅助机构（公证处、司法鉴定中心等）多方主体，实现对原创作品的确权、用权和维权。

用户仅需将原创作品上链，即可存证并用于后续校验，也可通过向版权局申请证书并上链。至信链的侵权监测中心能够实现对侵权行为的监测，并且能够将侵权证据上链，同步至执法机构，实现快速校验、快速执法。至信链的业务流程如图 10.3 所示。

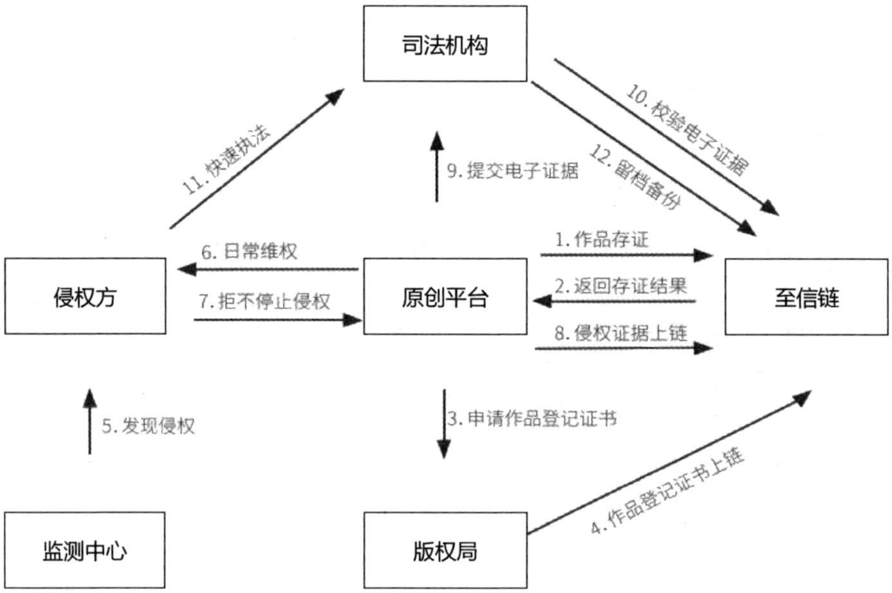

图 10.3　至信链的业务流程

解决痛点：

在知识产权行业，由于确权流程耗时长，因此极大地降低了原创作者的确权积极性，给后续的举证维权造成一定的困难；另外，数字时代下的产权溯源困难，维权手段复杂且效率低下，导致产权人的维权效益不高，助长了侵权行为。而至信链能够很好地解决上述痛点。

分析点评：

至信链打通产权方、司法机构等多方主体，为产权方的确权、用权、维权提供了极大的便利。但多条平行的知识产权链缺乏产权全局性，可能在维权时发生矛盾，进而上升至法律效力的判定。这类政务系统须由国家从顶层设计出发，建设唯一且全面的知识产权链，自上而下推行，只有这样才能建立良好的知识产权生态。

第七节　京东联合中国太保打造区块链增值税专票

2018 年 8 月 17 日，京东和中国太保共同宣布我国第一个区块链增值税专票项目启动。

该项目从后端和前端两个方面进行架构与设计。后端采用一系列领先的区块链技术，其中区块层采用的区块链架构是 Hyperledger Fabric，扩展性可达到数以千计的 TPS，性能远高于比特币、以太坊等绝大多数区块链应用；同时，发票服务商和大企业等无法串谋的机构也被专门纳入记账节点，以最大限度地维护区块链的扩展性和安全性。

而前端的应用界面对于用户而言相对友好。一般的小企业只作为租户便可接入由大企业提供的 BaaS 云服务，只要通过京东提供的界面注册身份，就可以申请加入联盟链。整个项目易于部署、接入快速，而且扩展方便，同时具备可视化操作。在使用体验上，与现有的互联网电子发票没有太大的不同。

这次京东在区块链电子发票上的试水有一个特点，就是由财务和报销环节向更上游延伸，首次彻底打通了采购、财务、报销三大系统，填补了传统电子化采购在对账环节的空白，使得财务审核、报销均可通过系统自动化流转，在真正意义上实现了金融采购的全流程电子化。

第八节 蚂蚁金服联合航天信息试水区块链医疗电子票据服务

2018 年 8 月，蚂蚁金服与航天信息合作测试区块链医疗电子票据服务。在两周内，已经有近 60 万张区块链医疗电子票据主动发送给患者或被患者扫出。

患者使用支付宝支付注册费、门诊费和住院费后，相关电子账单将立即发送到支付宝的“发票管家”处；通过现金、医院 App 或健康保险卡支付的患者，只需扫描清单上的二维码，就可以扫描出电子账单。患者可以直接依靠这些电子票据进行报销、请假。电子票据将为患者平均节省 1.5 小时。

区块链与票据的结合不仅方便了患者，也解决了普通纸质发票和电子发票的重复报销问题。区块链电子票据与普通电子票据的区别在于，区块链在电子票据的产生、传输、存储和使用的整个过程中都会对其加盖“戳”。如果电子账单已经被报销，就不可能再上报了，这些戳是可追溯的，不能篡改。

第一批区块链医疗电子票据仅适用于杭州、台州、金华三地的医院。对于医院来说，区块链医疗电子票据可以节省大量人力成本等；对于当地财政局、当地社保局来说，区块链医疗电子票据方便其实时在链上监控发票等。区块链医疗电子票据基于联盟链，医院、当地财政局、当地社保局、航天信息和支付宝都是链上的节点。

第九节　福建省生态环境厅排污权交易可信（区块链）平台

随着全球经济的发展，全球气候发生了一定变化，土壤和水体都遭受到了严重的污染，使整体的生态系统处于一种失衡状态，严重影响了自然环境的发展，威胁到人类的生存与健康。面对日益严重的环境问题，如何通过技术手段监测、管理和改善环境成为热点话题。现阶段的排污权交易从指标测算、许可证申请，到额度出让、交易确权等全业务流程，涉及诸多需要跨部门、逐级上报的内容，其中人工操作和线下纸质化传递是主要手段。业务环节可能存在基础设施重复建设、数据资源使用效率不高、信息产业发展水平不高等问题。

近年来，信息化建设的提速和升级带来了工作效率和监管治理双方面的提升，为政府和企业节约了人力、物力和时间成本；但传统的信息化建设存在系统功能单一、不同系统间数据无法或不愿共享，以及数据在传输过程中会丢失、泄露等安全隐患。在利用区块链分布式存储、信息加密上链等技术特点搭建的联盟链上，每个部门（每套系统）都能成为一个区块链节点，每个节点把各自的数据加密上链，解决了传统中心化系统间数据无法共享的难题，同时区块链的加密技术能很好地保护数据安全和防止数据被篡改。

在环保领域，从环境监测、环保执法、污水处理、垃圾处理、废气处理等工程建设，到废弃物分类回收、绿色金融等，在这些环保行为背后，都有或多或少的环保数据。若将这些环保数据接入区块链，传统的权威控制和情感信任将成为历史，利用这种全新的网络结构进行认证、确权、交易和追溯，环保数据公开透明、无法伪造，环保数据造假的问题或将被彻底根除。

“区块链+排污权”形成数字资产，可以简化和加快传统排污权交易中层层审批、逐级上报的诸多弊端；同时，数字化的排污权资产也更加灵活多变，可以匹配和融入更多的金融应用场景（如抵押、融资、保险等），排污权资产必将成为排污企业更加重视和依靠的企业资产之一。

为排污权资产赋予更多市场化的机制，也会改变监管部门与企业之间长期存在的监管与被动监管的关系，企业将会更加积极主动地参与排污减排。通过市场机制而非行政手段来引导和促进排污权在企业间的流转，进而推动产业结构布局和调整，达到生态平衡。

福建省生态环境厅是监督管理全省减排目标落实，监督实施陆地和海洋各类污染物排放总量控制和排污许可证制度，监督检查各地污染物减排任务完成情况的行政部门。它推出的基于区块链的排污权交易可信（区块链）平台，依托区块链去中心化、不可篡改、保护隐私等特性，搭建了一条基于排污权全业务流程的联盟链，各个地方职能部门及监管部门均为联盟链节点。每个节点搭建线下私有数据库，并将数据库的内容统一加密上链，各个地方职能部门通过可控分布式数据交换网络，可以确保在不泄露各部门数据的前提下实现多部门、多机构之间数据的安全、高效共享。

在当前的数字经济建设发展大潮中，福建省生态环境厅于2020年年初推出排污权交易可信（区块链）平台具有重要的现实示范意义和发展要求。福建省生态环境厅运用新技术推动排污权交易流程和管理工作的优化，在全国率先试点“区块链+”应用，进一步促进福建省环境质量改善、产业布局优化，激发市场活力，起到区块链技术落地排污权交易和管理的全国标杆作用。

案例：区块链解决排污权问题

1. 排污权交易业务现状

1.1 排污权申请流程（见图10.4）

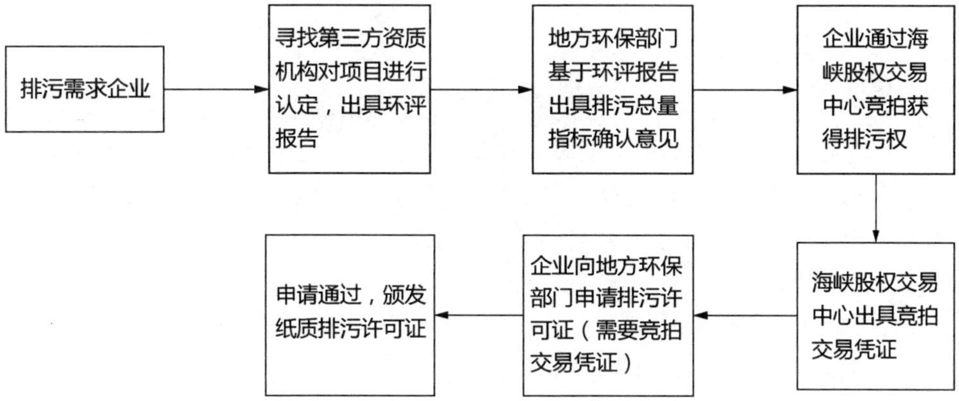

图10.4 排污权申请流程

地方环保部门根据企业环评文件对企业项目排污量进行测算，其中化学需氧量、氨氮、二氧化硫、氮氧化物四项指标，应通过排污权交易获得。企业在申领排污许可证后方可依法排污。

（1）地方环保部门根据环评报告等材料，核定企业项目排污量，出具排污总量指标确认意见。

（2）海峡股权交易中心根据企业上传的排污总量指标确认意见等材料核定企业可购买的排污许可额度。企业通过海峡股权交易中心竞拍获得排污权后，海峡股权交易中心出具竞拍交易凭证。之后，地方环保部门颁发排污许可证。

该许可证的有效期最长 5 年，自试生产之日算起。

（3）排污许可证上的排放量是每年的排放总量，在 5 年有效期内，每年的排污许可额度相同，有减排的可经地方环保部门核定后将减排额度出让。

1.2　排污权交易流程（见图 10.5）

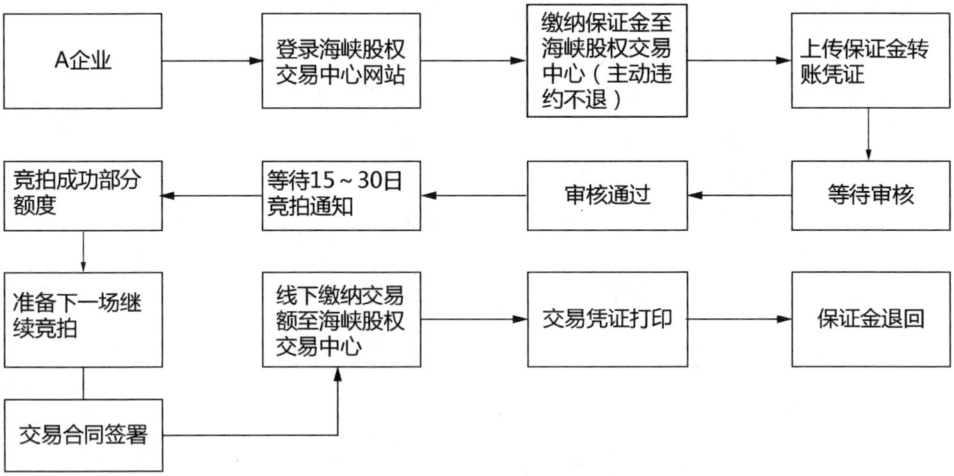

图 10.5　排污权交易流程

排污权交易包括协议出让和竞价交易，其中根据福建省九市一区优先、集中竞价的原则，海峡股权交易中心根据排污权出让企业申请情况进行竞价安排。

排污权交易可信（区块链）平台既能提高排污权从申请认证到交易确权全流程的运转效率和穿透资产底层的业务透明度，又能形成涵盖排污治理、交易、投资、监管的一体化平台，为市场化、金融化建立科学、先进的支撑平台，从而实现数字化、智能化治理与监管，进一步完善和优化排污治理体系。

2. 排污权交易可信（区块链）平台的架构

2.1　排污权交易可信（区块链）平台的总体架构（见图 10.6）

福建省生态环境厅基于区块链排污治理 BaaS 平台构建排污治理、交易、投资、监管四位一体的排污权交易可信（区块链）平台。

（1）企业节点构建全省统一排污权交易层，以排污权通证化为数字资产形态，实现排污权去中心化交易，促进排污权交易更加市场化，从而使企业提高排污技术，降低排污量。

（2）区块链排污治理 BaaS 平台为基础设施层，依托区块链分布式账本、去中心化、不可篡改、可追溯、智能合约等技术，为排污权交易与监管建设一个公平、公正、透明、可信的平台，支撑并最终实现环境质量随经济增长而不断改善的目标。

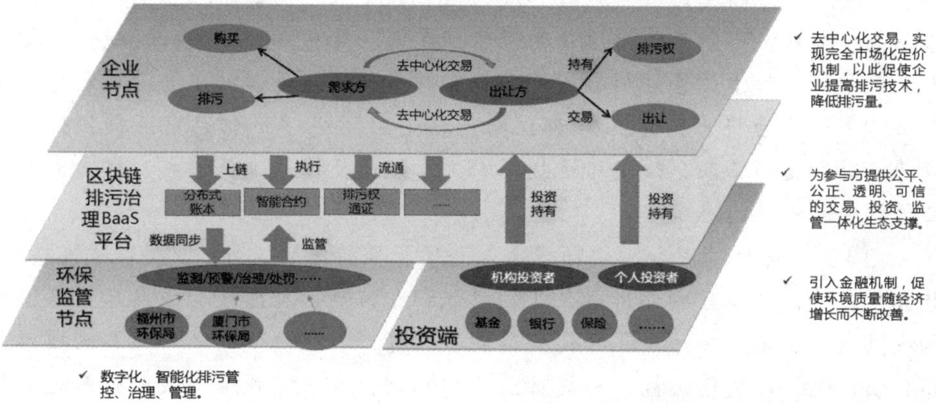

图 10.6　排污权交易可信（区块链）平台的总体架构

（3）环保监管节点以排污交易为基础，打造排污权的全流程追溯能力和全生命周期监控能力，实现对排污权的穿透式监管，穿透到排污最原始的产生形态进行监管，使环境监管前置、风险预警前置，对各企业的排污量进行实时监控与预测。

（4）投资端引入金融机制，将排污权打造成金融衍生品或可质押物，并结合市场化对排污治理、交易、投资、监管等进行双机制管理，将企业提高排污技术转变为一种可收益金融投资，促使企业更加积极地对排污技术进行完善。

基于此，排污权交易可信（区块链）平台最终构建成一个从点到线、从线到面、从面到体的环境监管生态圈，并形成排污治理、交易、投资、监管一体化的排污监管体系，利用市场机制、金融机制对排污进行控制、管理，最终促使环境质量随经济增长而不断改善。

2.2　排污权交易可信（区块链）平台的业务架构

排污权交易可信（区块链）平台以区块链排污治理 BaaS 平台为基础支撑，总业务架构分为三横五纵：三横为节点（监管节点、企业节点、投资节点）、联盟链、分布式账本；五纵为交易层、监管层、数据引擎层、区块链层、网络层。

3. 经济效益和社会效益分析

排污权交易可信（区块链）平台采用区块链技术，改变数据信息化系统的格局，将一套套形成信息孤岛的系统有效串联和兼容进来，并且可为后期排污权市场化、排污权金融产品化、排污污染追踪、生态环境建设等业态提供良好的建设地基和数据支撑，有助于提高企业参与治污的积极性，提高政府的行政管理效率，激发市场活力。

（1）该平台的建设对于现有业务流程和监管体系具有互补性和配套性作

用，从企业排污的原始数据到各部门的监管、审批、确权等环节全部上链，确保源头数据真实有效，对排污权的产生、界定、交易全流程进行可视化监管，便于监管部门对于业务细则和企业数据实时采集进行更精细化的管理和分析。

（2）该平台将为监管机构/部门与下辖企业/企业主的信息交互提供快速便捷的通道和反馈体系，改变传统线下人工、纸质反馈等工作方式，极大地提高工作效率和传递的准确率。

（3）区域环境治理和污染物减排是一项长期持续的工作，除政府政策指引、监管到位外，更多应调动排污企业的意识和积极性。在该平台成熟后，可通过区块链技术将企业排污权积分化，形成数字资产。区块链的非对称加密技术和公私钥机制，可使排污权交易更加透明、高效，在一定程度上成为排污企业创收和获得资产（现金流）的手段，使企业自主自觉提升排污治理能力。

（4）该平台借助区块链技术帮助企业解决信息不对称（如瞒报、漏报、重复）问题，提升企业风险发现与控制能力，为环保部门了解区域环境治理、发现周期性污染问题提供一个有效分析、实时预警的渠道。该平台通过业务生产数据、数据反哺业务，使环保部门能够运用数据服务于监管，提高监管效率与精准性，为实现“生态福建绿色发展”的建设战略，提升区域排污治理和生态环境保护能力，提供完备的数据基础和支撑。

第十节　厦门市邮政管理局智慧邮政管理（联盟链）平台

福建省作为“数字中国”国家战略的孕育地、发源地，同时也被国家发展改革委、中央网信办列为国家数字经济发展试验区之一，在数字化建设上有带头和先行先试的示范作用。目前，福建省正在着力打造数字经济综合试验区，各地政府不断加强信息化和数字化建设，提高政府的服务效率，使政务数据服务于百姓、服务于企业，让“数据多跑路，企业少跑腿”，同时优化政务管理环节，提升政府治理能力，加强风险防范机制。

1. 现有国家邮政局系统的监管功能不足

现有国家邮政局系统的监管功能主要覆盖到地市级快递企业和分拨中心，市域内的末端网点和从业人员管理、区域精细化监管和风险预警方案尚处于空白或缺失的状态。厦门市邮政管理局作为贯彻执行国家邮政法律法规、方针政策和邮政服务标准，研究拟订本地区邮政发展规划，监督管理本地区邮政市场及邮政普遍服务和机要通信等特殊服务的职能单位，在保障厦门邮政行业的安全生产监管和统计、邮政通信与信息安全方面起到不可或缺的重要作用。

厦门的邮政行业发展迅猛：2019 年 1 月至 11 月，厦门邮政行业累计实现业务总量 91.35 亿元，同比增长 43.85%，增速比去年同期上升 18.04 个百分点。增幅位居全省第一。其中，快递企业累计完成 38 019.25 万件，同比增长 39.86%，增速比去年同期上升 14.3 个百分点，增幅位居全省第一。随着邮政行业的迅速发展，在邮件/快递井喷式爆发的同时，出现进入市场壁垒不清晰（或过低）导致服务质量不高、从业人员杂乱等问题。智慧邮政管理（联盟链）平台，在政府层面、厦门的邮政行业/服务及监管层面，都具有重要的建设必要性，它的建设势必为厦门打造“中国快递示范城市”提供非常重要的技术支持。

2. 智慧邮政管理（联盟链）平台的推出

2020 年年初，厦门市邮政管理局推出智慧邮政管理（联盟链）平台，极大地提升了邮政管理局与下辖各企业间的信息交互，提升了工作效率和精确度。智慧邮政管理（联盟链）平台包含企业管理、人员管理、信息管理、监控管理、市民评价、应急管理六大功能模块，对于全国通用的邮政管理系统是一个有效、全面的补充，是一个更适合厦门本地实际需求和发展规划的建设性平台。同时，该平台发挥了数据（信息）采集与分析能力，是对行业监管体制及安全预警机制的一次全面升级。

3. 智慧邮政管理（联盟链）平台的示范作用

1）国家监管和公共安全的互补作用

智慧邮政管理（联盟链）平台建设对整个国家邮政局的监管/审批系统和“绿盾”工程建设具有互补性和配套性作用，符合邮政监管建设发展的方向，在国家邮政局监管/审批系统涵盖的范围内，实时采集企业数据，实现数据更精细化的管理与分析。同时，针对邮政行业从业人数多、流动快、覆盖范围广且深等特点，该平台将通过实时采集录入的方式监督每家企业及从业人员的学习情况，通过培训签到等方式采集或分析从业人员信息。该平台与“i 厦门”平台和公共安全平台打通，在获取公共安全平台相关企业及从业人员数据的同时，智慧邮政管理（联盟链）平台上的数据和记录又可以优化和补全公共安全平台上的数据维度，使整个邮政行业的企业及从业人员的综合数据更加立体和丰满。

2）安全生产的预警作用

智慧邮政管理（联盟链）平台为厦门市邮政管理局对于下辖监管企业及从业人员的日常安全教育培训、安全生产五项台账管理等长期性工作提供上传、提交、反馈、存证等全流程系统服务。该平台将信息系统替代之前需要人工或手动完成的工作流程及材料提交，同时将数据上链，一旦提交则不可篡改、全程可追溯。并且该平台设置了预警机制，形成了综合评分体系，对于存在未达标、信息严重缺失等问题的相关企业，做到早知道、早防范、早处理。

3）行业数据的精确性

在原有监管/审批系统的基础上，智慧邮政管理（联盟链）平台可以对厦门所有快递企业的经营管理、申请审批、业务变更、人员监管等进行记录、收集和分析，打造厦门快递企业电子档案，形成"一企一档"，做到心中有数、有据可依、随时可查。同时，对于新业务（如智能快件箱备案）和新政策（福建省快递实名收寄系统"快递到家"），该平台也可以最大限度地进行数据存证、交互与分析。

4. 智慧邮政管理（联盟链）平台的四大能力

智慧邮政管理（联盟链）平台具备四大能力，可持续满足邮政监管未来发展与创新需求，具体如下。

1）联盟链去中心化与快递溯源能力

报送到厦门市邮政管理局的快递数据主要基于联盟链进行传输、哈希加密、存储，具有去中心化、不可篡改、可溯源、高安全性等特性；基于联盟链可实现快递从点到线、从线到面的全流程链上监控，且联盟链本身具备溯源特性，以此实现快递溯源能力。

2）全面风险预警能力

智慧邮政管理（联盟链）平台可建立风险预警模型，从起点到终点实现全流程、全生命周期的监管与风险预警。

3）大数据处理与智能化能力

智慧邮政管理（联盟链）平台通过数据中心与大数据处理，支撑邮政监管所涉及的海量数据的采集、存储、分析。同时，它集成了智能化分析引擎与算法，为智能监管提供支撑。

4）数据业务化能力

智慧邮政管理（联盟链）平台通过业务生产数据、数据反哺业务，使厦门市邮政管理局能够运用数据服务于监管，提高监管效率与精准性。

智慧邮政管理（联盟链）平台的总体设计如图 10.7 所示。

5. 邮政管理联盟链

智慧邮政管理（联盟链）平台结合当下最新的区块链技术，搭建邮政管理联盟链，具体如图 10.8 所示。

图 10.7　智慧邮政管理（联盟链）平台的总体设计

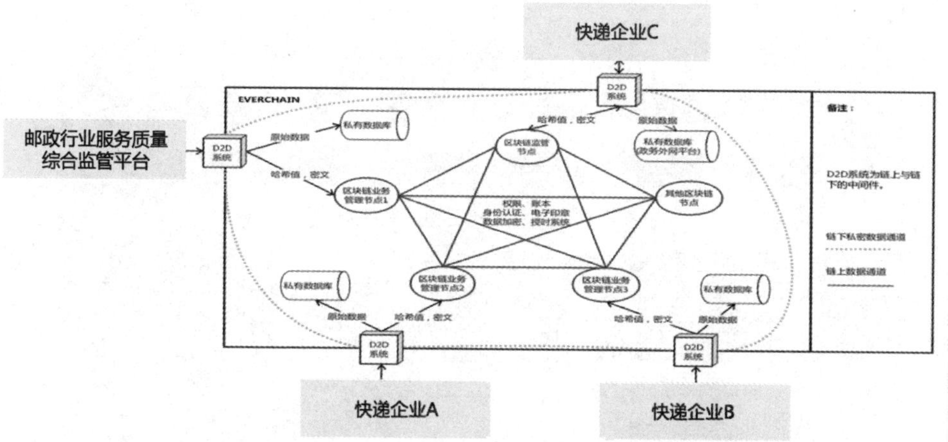

图 10.8　邮政管理联盟链

智慧邮政管理（联盟链）平台以厦门市邮政管理局为监管节点，以邮政、快递、网点为业务节点，形成邮政管理联盟链。邮政管理联盟链可将厦门市邮政管理局监管下的邮政、快递企业及其网点，以及外部互联网数据进行连接，同时具有数据去中心化、加密存储特性，使各参与方数据可信、透明、安全、可追溯。

邮政管理联盟链由以下几部分组成。

1）数据报送前台

数据报送前台可实现互联网化、线上化的管理，帮助厦门市邮政管理局提高监管效率，加强数据采集能力、信息传达能力，同时也为快递企业、快递人员、市民提供良好的体验性监管服务。另外，数据报送前台可为市民、消费者提供快递人员服务质量评价功能，促使快递人员的服务质量不断提升，通过对非快递人员或不法分子的识别，保护市民安全。

2）监管管理中台

监管管理中台可实现邮政行业服务质量综合监管信息化作业，解决人工作业低效率、易出错的问题，同时通过大数据赋能监管，使监管具备自动化、智能化能力。

3）大数据基础平台

邮政管理联盟链的监管数据来自邮政、快递企业及其网点，以及外部互联网数据，数据具有多样化、复杂化特点，因此智慧邮政管理（联盟链）平台必须具备大数据的采集、加工、存储等能力，其数据架构如图 10.9 所示。

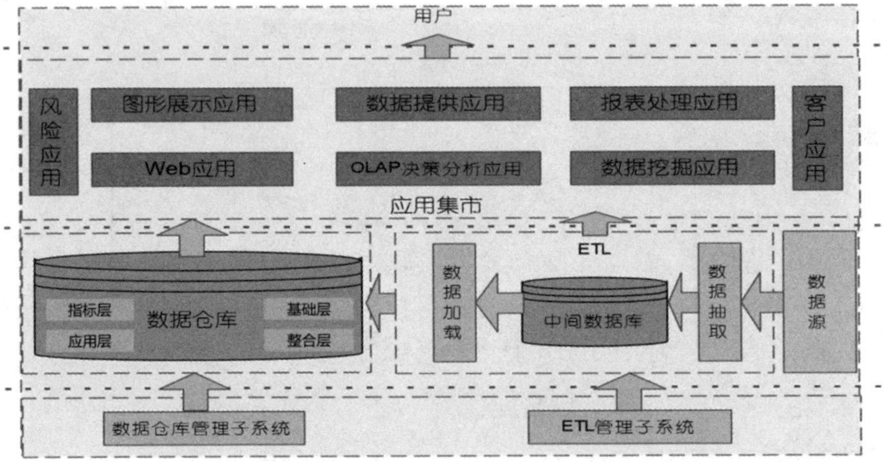

图 10.9　智慧邮政管理（联盟链）平台的数据架构

6. 智慧邮政管理（联盟链）平台的风险管理

智慧邮政管理（联盟链）平台针对快速服务质量的特性及历史数据提取特征点，形成特征指标，构建快速服务质量监管模型，并通过数据、算法、模型为快速服务质量提供自动化、智能化监管预警支撑。智慧邮政管理（联盟链）平台的风险管理如图 10.10 所示。

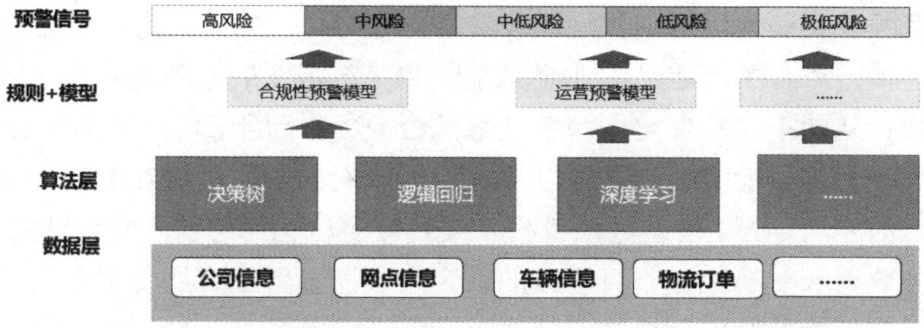

图 10.10 智慧邮政管理（联盟链）平台的风险管理

7．智慧邮政管理（联盟链）平台的经济效益与社会效益

厦门市邮政管理局的智慧邮政管理（联盟链）平台，可实现邮政行业数据对外服务、数据获取及反馈的渠道建设，为厦门政务开放数据服务提供技术支撑。通过平台的数据提报和采集，可以实现总公司—分公司—末端网点的全链路数据监管，对于存在未经许可擅自经营、停止经营的企业或网点，及时发现、及时整改，确保全网畅通运行。平台的企业端可进行企业和网点准入标准制定和材料上链，形成准入和评级制度。同时，对于邮政行业频繁出现的快件丢失、毁损现象，包括快件损失后的赔偿纠纷等问题，该平台实现了全业务流程的数据上链，通过区块链数据不可篡改并可追溯至事件源头的特点，完善问题追责、理赔求证等流程的处理和公示。

智慧邮政管理（联盟链）平台通过打造行业全流程数据产业链，有效地进行基于价值的数据联动，提升了数据的综合价值，发挥了风险预警机制，从本质上解决了跨部门数据安全与共享的矛盾。同时，平台也提高了企业数据实时采集与监控的效率，实现了区域邮政行业数据的高效灵活使用，做到信息全面归集、信息快速检索。另外，智慧邮政管理（联盟链）平台整合了厦门邮政行业的开放数据，降低了信息传递与交互的线下成本，实现了与政府开放数据和安全平台的有效结合，方便了市民、企业和政府的各种工作，提高了日常的生活和工作效率，将数据服务应用到城市服务的各个方面中，创造更为广泛的经济效益，助推智慧城市的现代化发展。

第十一节 首个校政银企联合平台——保定区块链金融综合服务平台

为更好地落实中央、省关于金融服务实体经济的有关精神，充分利用区块链技术保障各类要素资源与保定实体经济深度对接，缓解企业融资难、融资贵、融资渠道单一等有关问题，河北金融学院和保定市发展改革委联合中国工商银行保定分行共同搭建的保定区块链金融综合服务平台于 2021 年 3 月 15 日上线启动。该平台是目前首个由高校发起、协同政府和金融机构在金融领域落地区块链技术的应用场景。借助区块链技术实现政府机构可溯源、金融机构可取信、企业财务数据和交易数据不可篡改的保定区块链金融综合服务平台，从根本上完善了金融机构传统信贷模式，解决了民营企业融资难、融资贵问题，进而有效支持了保定实体经济的发展。

保定区块链金融综合服务平台首页如图 10.11 所示。

图 10.11　保定区块链金融综合服务平台首页

保定区块链金融综合服务平台可提供的金融服务如图 10.12 所示。

图 10.12　保定区块链金融综合服务平台可提供的金融服务

1. 区块链技术的特点

区块链技术是一种互联网数据库技术，其特点是去中心化、公开透明，可以让每个人参与数据库记录。区块链技术的核心是共识机制，它可以降低中心化机构的公信力，抛掉所有不必要的环节，节省成本、增加透明性。这种技术可以使企业的每个数据和银行的每笔资金拨付可溯源、可查询，不能篡改，极大地促进了银企双方的互信互通，提升了对接效率。

2. 保定区块链金融综合服务平台的作用

1）解决民营企业融资难问题

截至2019年年底，保定的民营经济单位达29万个，其中民营企业4.88万个，个体工商户24万个，民营经济从业人员共计234.3万人。2019年，全市民营经济增加值占GDP的比重达到68.8%。民营企业融资难的主要原因有三点：一是受当前银行传统信贷模式的限制，银行为防控风险，在信息不对称的前提下，一般需要抵押或担保，而这恰恰是中小民营企业的弱势，银行不想贷；二是民营企业平均寿命是3.8年，经营周期短，银行不敢贷；三是部分民营企业财务不规范，难以作为银行授信依据，银行不愿贷。利用保定区块链金融综合服务平台，银行等金融机构可以批量获取民营企业在工商、税务、社保、电力等政府部门的数据，通过100多项涉企数据整合，对企业整体运行情况及信用状况进行评估，从而为企业提供放贷等金融服务。

2）帮助银行提高服务实体经济的能力

中小企业在发展过程中普遍存在不少问题，如大多数是家族企业，管理结构落后，财务账目不规范、不清晰、不透明，产权关系复杂等。银企之间信息不对称，银行放贷之前需要耗费大量人力、财力等成本进行尽职调查，这也是银行不愿放贷的主要原因。利用保定区块链金融综合服务平台，银行等金融机构可实现多源涉企数据融合，高效准确地评估中小企业的信用质量，提高银行等金融机构的风控质量和效率，有效降低银行等金融机构的风控成本和贷前获客成本；保持贷前、贷中、贷后全周期信用管理，提高风险分担能力和水平，有效解决银企信息不对称的问题，进而缓解企业融资难、融资贵问题。

3. 保定区块链金融综合服务平台的总体架构

该平台基于区块链技术，以"数据+规则+模型"为出发点，帮助中小企业实现无须抵/质押和担保也可快速获得银行等金融机构信用贷款的融资效果，真正践行了利用金融科技赋能中小企业公平参与市场竞争，公平获取信贷资源。

平台的总体架构如下。

（1）数据源：主要包含政府部门提供的数据（工商、电力、知识产权、税务、社保、中国人民银行征信中心）、第三方服务平台的数据（财务、司法等）、企业填报数据等。

（2）数据融合：通过数据清洗、标准化、校验对比、融合等预处理环节，实现多源数据融合。

（3）数据存储：通过多维数据仓库、数据中心形成数据专业库。

（4）建模分析：运用自动特征工程、算法灵活部署、自动学习迭代等方式进行分析。

（5）授信撮合：将金融机构、中小企业、监管主体的状态实现可视化。

（6）业务系统：包含填报申贷、数据融合、融资评价、融资需求发布、融资动态监测、监管审核、发布管理、融资咨询、绩效评价等系统。

第十二节　区块链技术创新消费金融领域

1. 项目背景

中共中央政治局常务委员会于2020年3月4日召开会议，强调要把复工复产与扩大内需结合起来，把被抑制、被冻结的消费释放出来，把在疫情防控中催生的新型消费、升级消费培育壮大起来，使实物消费和服务消费得到回补。2020年2月26日，香港宣布将向18岁或以上香港永久性居民发放1万港元，用以鼓励和带动本地消费、缓解短期经济压力。而现金补贴的方式无法限定消费范围，难以满足当下政府促进市民消费的需求，因此如何加快推动复工复产，实现定点定向的消费复苏是疫情过后政府部门关注的重大课题。

2. 传统补贴模式存在的问题

传统补贴模式在拉动消费增长的同时，也存在无法限定消费范围、发放审计成本高等问题，如图10.13所示。

1）现金补贴管理困难

目前，部分区域采用现金补贴的方式来刺激当地消费。但现金补贴的方式无法限定消费范围和消费时间，无法起到精确推动关键消费服务产业的复苏的需求；此外，现金补贴的方式需要占用大量的财政资金与管理审计人力资源，且在资金使用过程中消费记录不可追溯。

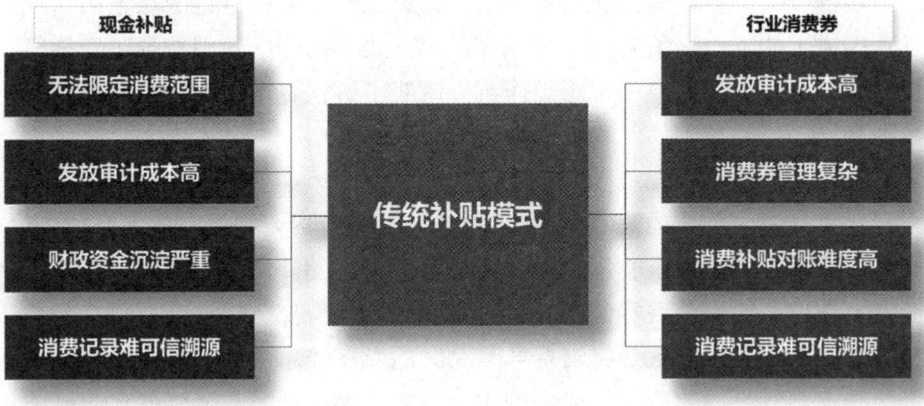

图 10.13 传统补贴模式存在的问题

2）传统发行方式效率低

一是行业消费券的发放涉及非常复杂的发放审计环节，企业在收到行业消费券后需要与政府相关部门进行大量的财务对账工作，缺乏一个可信的账本来帮助政府和企业快速梳理本次补贴的财务数据；二是电子或纸质版的行业消费券存在伪造和篡改超发的风险，政府和企业可能为此承担巨大的经济风险。另外，市民使用行业消费券进行消费的流程缺乏可信的消费数据记录溯源机制，政府相关部门无法可信了解行业消费券的使用数据。

3. 区块链技术赋能消费券产品方案

区块链具有分布式存储、链上数据不可篡改、消费交易操作全程留痕、数据永久可追溯、低维护成本、数据公开透明等特点。基于以上特点，区块链对定点定向消费券的发放和消费记录的管理具备天然的优势和记账属性。

1）消费券发放与使用链上存证

所有的消费券的发放、消费操作都在区块链上进行数据的存证和分布式存储，每笔消费券的发放和使用都有独立的时间戳进行标识，任何的第三方、政府人员甚至技术团队本身都无法对消费券的数据进行篡改，从而实现消费券的超发。另外，消费券的交易记录公开透明，并且可被查证，帮助政府部门从源头上实现可信的消费券数据管理。

2）消费券交易数据定向追踪

针对消费券定点定向使用以促进疫情后市民消费的需求，消费券可设定为仅在固定政府授权的商户中才能使用，且在一定时间内必须完成消费，过期失效。区块链在其中可以做到交易数据的定向追踪，只有经过链上认证的商户才可以获得链上的唯一区块链 ID，商户通过唯一区块链 ID 对消费券进行核算，并自动可信地完成消费券的记账工作，为政府了解消费券的转化情况提供可信的数据基础。

3）消费券点对点结算降低资金沉淀

相比直接发放现金的消费补贴方式，区块链消费券无须提前进行资金垫付，降低了政府部门的财政资金压力，提高了财政资金的使用率。商户通过唯一区块链 ID 在链上实现消费券的结算和记账，帮助政府部门轻松获取每个商户应承兑消费券的金额，降低最终消费券承兑时的对账成本。政府部门最终只需根据区块链上各商户的实际应承兑金额实行财政补贴，从源头上降低了政府部门的管理压力。

区块链消费券的系统架构如图 10.14 所示。

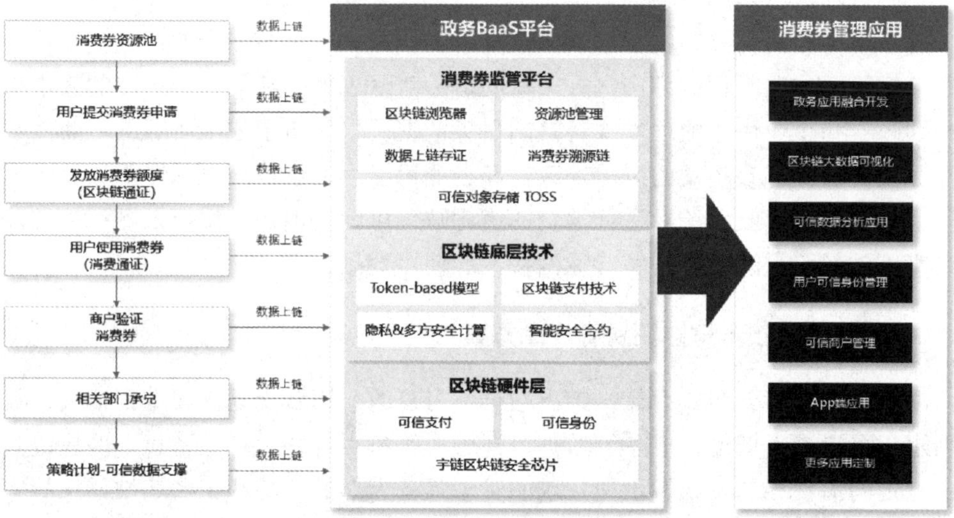

图 10.14　区块链消费券的系统架构

4. 区块链消费券可应用的场景

区块链消费券可以应用在文旅消费、娱乐消费、餐饮服务消费等各种消费场景，扩大有效需求、促进生产端的回暖，进而保障和稳定就业、增加居民收入，从而为下一轮消费提供基础。

1）夜市消费券

政府部门可向本地或来本地旅游的市民定向发放限制时间段的夜市消费

券，市民可限时在本地指定的夜市餐饮娱乐场所进行抵扣消费。这样做，一方面，可以吸引本地市民与外来游客前来进行夜市消费，提高当地夜市产业、旅游业和周边产业商户的收入，为拉动内需、促进消费奠定基础；另一方面，可以扩大有效消费需求，提升市民消费信心，促进本地夜市消费现金流的流转，最终帮助夜市产业加快复工复产进度，加快当地经济恢复速度。

2）企业复工券

为应对当前创新企业储备资金短缺、资金链路断裂等困境，政府有关部门可针对将要复工复产的创新企业专项发放企业复工券。该券可定向用于生产必需物料的购买、创新服务的支付等，在复工券的有效期内可随时使用，定点定向帮助创新企业快速开展复工复产工作，并促进企业供应链流转，为企业上下游相关厂商快速投入生产提供财政支持。同时，通过限定复工券的使用范围和使用时间，有效规避企业申请了财政补贴但用于非复工复产和创新用途导致财政浪费的风险。

3）消费金融创新

针对有稳定工作、有一定还款能力的群体，政府可引导发行贷款性质的消费券，引导他们在特定产业/行业先用券消费，再还款。

第十三节 区块链技术创新公益领域

区块链技术在公益领域的应用优势如下。

（1）信息公开且不可篡改，财务数据真实可信。区块链凭借信息公开且不可篡改等特性可确保慈善组织的财务数据真实可信，能重塑慈善信息披露机制，将相关数据上链，解决当前因信息披露不足而导致的社会信任问题。此外，将财务数据、行为数据等上链，便于管理者的决策、调控工作。

（2）链上追踪，极大地降低作假的可能性。利用区块链可溯源的技术特性可改善慈善物资跟踪机制，通过在链上记录并存储相关物资的募集、分配与使用情况，实现捐赠信息的公开和物资流向的可追溯，让社会了解每笔捐赠物资的最终去向，降低组织和个人作假的可能性。

（3）区块链数据加密，保障个人隐私安全。利用区块链隐私保护技术可进行数据加密，所有用户数据采用安全套接层（SSL）协议进行加密传输，所涉及的隐私数据将被存储在区块链上，与其他数据隔离存放，从源头上保护隐私数据安全。除政府需求外，敏感数据全面脱敏显示，数据非法访问将被区块链实时存证，从根本上保证收集到的隐私数据不被泄露，为公益服务的信息安全提供可靠支持。

区块链技术在公益领域的具体应用如下。

（1）“志愿汇”。“志愿汇”项目服务了7100万个用户和43万个公益组织，其中志愿中国是全球最大的公益与志愿活动SaaS平台。杭州宇链科技有限公司将用户的志愿、签到数据上链公证，帮助“志愿汇”以极低的成本和政府、银行轻松合作，通过自身透明运营的数据获得大量资金和业务支持。

（2）“亲青筹”。“亲青筹”是浙江省青少年基金会发起的网络募捐平台。“亲青筹”主要聚焦助困、助学、助医，实施范围已覆盖浙江全省和各大高校。杭州宇链科技有限公司帮助“亲青筹”快速建立了基于“宇链云”的区块链筹款存证系统，使得所有的善款来源透明、去处可见，大大造福了公益事业。

（3）浙江省血液中心。在杭州宇链科技有限公司的助力下，浙江省血液中心成为全国第一家采用内嵌区块链安全芯片的献血卡的血液中心。献血者的身份信息不可篡改，且更容易实现省内互联互通。未来，该卡片还可在技术上对接各类区块链应用，如购物优惠、城市积分等。

参考文献

[1] 唐婷．中本聪魅影．新经济，2014（3）：36-37.

[2] 朱建明，付永贵．区块链应用研究进展．科技导报，2017（13）：72-78.

[3] 陈腾．浅谈区块链防伪溯源．互联网经济，2018（12）：27-30.

[4] 范硕，宋波，董旭德，韩天齐．基于区块链的药品溯源追踪方案研究设计．成都信息工程大学学报，2019（3）：34-35.

[5] 张庆胜，刘海法．基于区块链的电子发票系统研究．信息安全研究，2017（6）：518-520.

[6] 韩劲松，徐鹏赢，李岩，等．区块链下的物流金融业务运作模型重构．财会月刊，2019（3）：159-165.

[7] 魏翀．区块链技术在农业领域的应用现状与展望．河南农业，2019（12）：38-39.

[8] 姚文初．区块链和农业的关系．农村•农业•农民（A 版），2019（12）：48-49.

[9] 陈治国，陈俭，杜金华．我国物流业与国民经济的耦合协调发展．中国流通经济，2020（1）：9-20.

[10] 梁雯，司俊芳．基于共享经济的“区块链+物流”创新耦合发展研究．上海对外经贸大学学报，2019（1）：60-69.

[11] 谢泗薪，刘慧娴．区块链视角下小微型企业金融服务平台构建与风险防控研究．价格月刊，2019（2）：57-64.

[12] 吴创南．浅谈区块链技术在政务信息资源共享和使用中的应用．信息技术与信息化，2020（3）：35-36.

[13] 刘洋．区块链金融：技术变革重塑金融未来．北京：北京大学出版社，2019.

[14] 马亮．新华网评：利用区块链技术赋能政务服务创新．新华网[2019-10-30]. http://www.xinhuanet.com/comments/2019-10/30/c_1125172738.htm.

[15] 郑学良．“区块链+智慧监督”监察执纪显威力．内蒙古日报[2019-12-19]. http://szb.northnews.cn/nmgrb/html/2019-12/19/content_19591_100798.htm.

[16] 叶蓁蓁．人民网评“解析区块链”之一：如何落实依法治理．人民网[2019-10-28]. http://opinion.people.com.cn/n1/2019/1028/c1003-31424952.html?tdsourcetag.

[17] 王岩．区块链在新型智慧城市建设中的应用现状．中国信息通信研究院[2018-09-26]. https://www.sohu.com/a/256245648_735021.

[18] 安永区块链咨询服务团队．区块链在应急疫情管理中的应用．产业财经圈[2020-02-21]. http://mini.eastday.com/bdmip/200221152900255.html#.

[19] 段林霄．贸易第一大国的使命：区块链重构世界贸易关系．互链脉搏[2020-01-02]. https://baijiahao.baidu.com/s?id=1654583210676749587&wfr=spider&for=pc.

[20] 难过非狗．区块链技术是提高金融精准扶贫效率的有效途径．腾讯网[2019-07-10]. https://xw.qq.com/cmsid/20190710A0MYYH00.

[21] 巩富文．以区块链赋能社会治理（新论）．人民日报[2019-11-21]. https://baijiahao.baidu.com/s?id=1650760682516026403&wfr=spider&for=pc.

[22] 省人民政府关于加快区块链技术应用和产业发展的意见（黔府发〔2020〕5 号）. http://www.guizhou.gov.cn/zwgk/zcfg/szfwj_8191/qff_8193/202005/t20200509_60378184.html.

[23] 中国人民银行　中央网信办　工业和信息化部　工商总局　银监会　证监会　保监会关于防范代币发行融资风险的公告. http://www.csrc.gov.cn/pub/newsite/zjhxwfb/xwdd/201709/t20170904_323047.html.

[24] C. Pop，T. Cioara，M. Antal，I. Anghel，I. Salomie，M. Bertoncini. Blockchain based decentralized management of demand response programs in smart energy grids. Sensors，2018.

[25] K. Gai，Y. Wu，L. Zhu，L. Xu，Y. Zhang. Permissioned blockchain and edge computing empowered privacy-preserving smart grid networks. IEEE Internet of Things Journal，2019.

[26] S. Tan，X. Wang，C. Jiang. Privacy-preserving energy scheduling for ESCOs based on energy blockchain network. Energies，2019.

[27] Z. Li，J. Kang，R. Yu，D. Ye，Q. Deng，Y. Zhang. Consortium blockchain for secure energy trading in industrial internet of things. IEEE Transactions on Industrial Informatics，2017.

[28] N. Z. Aitzhan, D. Svetinovic. Security and privacy in decentralized energy trading through multi-signatures，blockchain and anonymous messaging streams. IEEE Transactions on Dependable and Secure Computing，2016.

[29] S. Garg，K. Kaur，G. Kaddoum，F. Gagnon，J. J. Rodrigues. An efficient blockchain-based hierarchical authentication mechanism for energy trading in V2G environment. arXiv preprint arXiv：1904.01171，2019.

[30] S. Wang，A. F. Taha，J. Wang，K. Kvaternik，A. Hahn. Energy crowdsourcing and peer-to-peer energy trading in blockchain-enabled smart grids. arXiv preprint arXiv：1901.02390，2019.